四川省工程建设地方标准

四川省有轨电车施工及验收标准

Construction and acceptance criteria for trams in Sichuan Province

DBJ51/T 086 – 2017

主编部门：四 川 省 住 房 和 城 乡 建 设 厅
批准部门：四 川 省 住 房 和 城 乡 建 设 厅
施行日期：2 0 1 8 年 4 月 1 日

西南交通大学出版社

2018 成 都

图书在版编目（CIP）数据

四川省有轨电车施工及验收标准 /中国五冶集团有限公司，成都市建设工程质量监督站主编. —成都：西南交通大学出版社，2018.5
（四川省工程建设地方标准）
ISBN 978-7-5643-6104-4

Ⅰ. ①四… Ⅱ. ①中… ②成… Ⅲ. ①有轨电车－电气化铁道－铁路施工－技术标准－四川 ②有轨电车－电气化铁道－铁路工程－工程验收－质量标准－四川Ⅳ. ①U227-65

中国版本图书馆 CIP 数据核字（2018）第 046280 号

四川省工程建设地方标准

四川省有轨电车施工及验收标准

主编单位　中国五冶集团有限公司
　　　　　成都市建设工程质量监督站

责任编辑	杨　勇
封面设计	原谋书装
出版发行	西南交通大学出版社 （四川省成都市二环路北一段 111 号 西南交通大学创新大厦 21 楼）
发行部电话	028-87600564　028-87600533
邮政编码	610031
网　　址	http: //www.xnjdcbs.com
印　　刷	成都蜀通印务有限责任公司
成品尺寸	140 mm×203 mm
印　　张	11.75
字　　数	304 千
版　　次	2018 年 5 月第 1 版
印　　次	2018 年 5 月第 1 次
书　　号	ISBN 978-7-5643-6104-4
定　　价	64.00 元

各地新华书店、建筑书店经销
图书如有印装质量问题　本社负责退换

关于发布工程建设地方标准《四川省有轨电车施工及验收标准》的通知

川建标发〔2018〕33号

各市州及扩权试点县住房城乡建设行政主管部门，各有关单位：

由中国五冶集团有限公司和成都市建设工程质量监督站主编的《四川省有轨电车施工及验收标准》已经我厅组织专家审查通过，现批准为四川省推荐性工程建设地方标准，编号为：DBJ51/T 086－2017，自2018年4月1日起在全省实施。

该标准由四川省住房和城乡建设厅负责管理，中国五冶集团有限公司负责技术内容解释。

四川省住房和城乡建设厅

2018年1月10日

前　言

本标准根据《四川省住房和城乡建设厅关于下达工程建设地方标准〈四川省有轨电车施工及验收规程〉编制计划的通知》川建标发〔2016〕118 号文件的相关要求，由中国五冶集团有限公司、成都市建设工程质量监督站负责，会同教学、设计、科研、施工等有关单位共同编制。

标准编制过程中，编写组开展了较广泛的调查研究，认真总结了工程实践经验，参考了有关的国际和国内标准，广泛征求了专家及有关方的意见。

本标准共 14 章，主要内容包括：1 总则，2 术语，3 基本规定，4 地基处理，5 基床，6 一般路基，7 特殊路基，8 桥梁工程，9 涵洞工程，10 隧道工程，11 轨道工程，12 供电系统，13 信号系统，14 其他附属设施。

本标准由四川省住房和城乡建设厅负责管理，中国五冶集团有限公司负责具体技术内容的解释；各单位在执行本标准时，请将有关意见或建议反馈给中国五冶集团有限公司（地址：成都市锦江区五冶路 9 号五冶大厦技术部；邮编：610063；邮箱：wyjszx@mcc5.com.cn；电话：028-85957342），以供修订时参考。

主 编 单 位： 中国五冶集团有限公司

成都市建设工程质量监督站

参 编 单 位： 西南交通大学
成都现代有轨电车有限公司
中铁二局集团有限公司
中冶成都勘察研究总院有限公司
成都新车现代有轨电车建设有限公司
四川西南交大土木工程设计有限公司
中国铁建股份有限公司

主要起草人： 唐世荣　陈家利　杨栓民　谢尚英
王　平　石鹜劼　周祖清　李庆生
李耀家　连逢逾　廖兴国　杨根明
胡云洁　刘建国　陈　庆　彭　涛
吕　强　何　畏　吴咏亮　王　蕊
黄　枢　王晓文　张少昌　余春景
王新刚　林金阳　刘春军

主要审查人： 梁永峰　罗　康　王　成　向　学
苗彩霞　熊德武　聂　飞

目　次

Contents

1 总 则

1.0.1 为指导和规范四川省有轨电车工程施工及验收，保证有轨电车工程施工质量，遵循安全适用、技术先进、经济合理、耐久环保的原则，制定本标准。

1.0.2 本标准适用于四川省内新建和改扩建有轨电车工程施工及验收。

1.0.3 施工中有关安全、环保、消防、防汛和劳动保护等，应符合国家现行的有关标准的规定。

1.0.4 有轨电车工程施工和质量的验收除应符合本标准外，尚应符合国家现行有关标准的规定。

2 术 语

2.0.1 路基 subgrade

经开挖或填筑而成的直接支承轨道的土工结构物。

2.0.2 超前地质预报 geology forecast

在分析既有地质资料的基础上，采用地质调查、物探、超前地质钻探等手段，对隧道开挖工作面前方的工程地质和水文地质条件及不良地质体的工程性质、位置、产状、规模等进行探测、分析判译及预报。

2.0.3 盾构法 shield method

将盾构机械在地中推进，通过盾构外壳和管片支承四周围岩防止发生往隧道内的坍塌，同时在开挖面前方用切削装置进行土体开挖，通过出土机械运出洞外，靠千斤顶在后部加压顶进，并拼装预制混凝土管片，形成隧道结构的一种机械化施工方法。

2.0.4 物探 geophysical prospecting

利用物理学的原理、方法和专门的仪器，探测并综合分析天然或人工地球物理场的分布特征，判译地质体或地质构造形态的勘探方法。

2.0.5 监控量测 monitoring measurement

隧道施工中对围岩、地表、支护结构的变形和稳定状态，以及周边环境动态进行的观察和测量工作。

2.0.6 全断面法 full face method

按设计断面一次基本开挖成形的施工方法。

2.0.7 台阶法 bench cut method

先开挖隧道上部断面，待开挖至一定距离后再开挖下部断面，上、下部断面同时并进的施工方法。根据台阶长度，可分为短台阶、长台阶法等。

2.0.8 中隔壁法 center diagram method

在软弱围岩大跨隧道中，先分部开挖隧道的一侧，并施作中隔壁，必要时，施作临时仰拱，然后再分部开挖隧道的另一侧，最终封闭成环的施工方法。

2.0.9 双侧壁导坑法 double side drift method

在大跨隧道中，先开挖隧道两侧的导坑，并进行初期支护，再分部开挖剩余部分的施工方法。

2.0.10 超前支护 advanced support

在隧道开挖前，对未开挖范围内的岩土体进行预加固的支护技术。

2.0.11 超前锚杆 pioneer grouting

在隧道开挖前，沿隧道拱按一定角度设置的起着预加固围岩作用的锚杆。

2.0.12 锚喷支护 shotcrete and rock bolt support

由喷射混凝土、锚杆和钢筋网等组合而成的支护结构。

2.0.13 钢架 steel frame or beam support

用钢筋或型钢、钢管、钢轨等制成的支护骨架结构。

2.0.14 瓦斯工区 work area with gas

特指地层含有瓦斯的隧道施工工区。

2.0.15 无砟轨道 ballastless track

以混凝土等整体结构为轨下基础的轨道结构。

2.0.16 基础平面控制网（CPⅠ） basic horizontal control network（CPⅠ）

在框架控制网（CP0）的基础上，沿线路走向布设，按GPS静态相对定位原理建立，为线路平面控制网（CPⅡ）提供起闭的基准。

2.0.17 线路平面控制网（CPⅡ） route horizontal control network（CPⅡ）

在基础平面控制网（CPⅠ）基础上沿线路附近布设，为勘测、施工阶段的线路测量和轨道控制网测量提供平面起闭的基准。

2.0.18 轨道控制网（CPⅢ） track control network（CPⅢ）

沿线路布设的平面、高程控制网，平面起闭于基础平面控制网（CPⅠ）或线路控制网（CPⅡ）、高程起闭于线路水准基点，一般在线下工程施工完成后进行施测，是轨道铺设和运营维护的基准。

2.0.19 加密基标 desification reference mark

在轨道控制网（CPⅢ）基础上加密的轨道控制点，为轨道铺设所建立的基准点，一般沿线路中线布设。

2.0.20 轨道板 track slab

预制的钢筋混凝土板或预应力混凝土板，是板式轨道的主要部件。

2.0.21 混凝土底座 concrete base

现场浇筑的用于支承道床板的钢筋混凝土基础。

2.0.22 支承层 supporting layer

在无砟轨道系统中，用于支承混凝土道床板或轨道板的水硬性混合料或低塑性混凝土承载层。

2.0.23 混凝土道床板 concrete track bed slab

现场浇筑的埋设轨枕或混凝土岔枕的整体钢筋混凝土层。

2.0.24 单元轨节 unit rail link

一次铺设锁定的连续轨条。

2.0.25 跨区间无缝线路 trans-sectional continuously welded rail

长轨条长度跨越两个或更多区间，且车站正线上采用无缝道岔的无缝线路。

2.0.26 设计锁定轨温 design rail fastening down temperature

根据气象资料和无缝线路允许升温幅度、允许降温幅度，计算确定的无缝线路锁定轨温。

2.0.27 实际锁定轨温 actual fastening-down rail temperature

无缝线路温度应力为零时的钢轨温度。

2.0.28 胶接绝缘接头 glued insulated joint

由胶粘剂胶合的绝缘接头。

2.0.29 道岔基标 turnout reference mark

道岔铺设前，通过轨道控制网（CPⅢ）建立的用于道岔铺设调整的控制点。

2.0.30 轨道几何状态测量仪 meter for track alignment

能够自动检测线路中线坐标、轨顶高程和轨距、水平、高低和方向等轨道静态参数，并自动进行记录整理的轻型轨道检测设备。

2. 0. 31　接触网　contact　line

沿钢轨上空“之”字形架设的，供受电弓取流的输电线。

2. 0. 32　综合自动化系统　integrated automation system

能够实现全所当地监控、当地维护、数据采集与传输、数据预处理、当地和远程通信功能，以及线路变压器组、接触网馈电线的控制和保护功能为一体的自动化系统。

2. 0. 33　杂散电流　stray current

在非指定回路上流动的电流。

2. 0. 34　进路表示器　route indicator

指示出站列车运行方向的表示器。

2. 0. 35　道岔设备　switch equipment

使机车车辆从一股道转入另一股道的线路连接设备。

2. 0. 36　计轴设备　axle counting equipment

以检测列车通过铁路上某一点（计轴点）的车轴数，以检查两个计轴点之间或轨道区段内的空间情况，或判定列车通过计轴点的时间，自动校正列车行驶里程等的设备。

2. 0. 37　路口控制器 junction controller

采用数字电路实现对红灯、黄灯、绿灯显示来控制交通路口的装置。

2. 0. 38　AP 设备　AP equipment

将各个无线网络客户端连接到一起，然后将无线网络接入以太网的设备。

3　基本规定

3.1　一般规定

3.1.1　建设、施工、勘察设计、运营接收等单位应满足《建筑法》、《建设工程质量管理条例》等法律法规的相关规定及要求。

3.1.2　施工现场质量管理检查记录由施工单位按相关规定填写，需总监理工程师进行检查的，总监理工程师应进行检查，并做出检查结论。

3.1.3　施工前，施工单位应组织有关施工技术管理人员深入现场踏勘，了解施工界域内的地下管线等建（构）筑物及工程水文地质资料。

3.1.4　施工单位应按合同规定的、经过审批的有效设计文件进行施工。

3.1.5　施工中应对施工测量控制点进行复核与加密，并满足标准与设计要求。

3.1.6　施工前须对管理人员和作业人员进行相关的安全教育与培训，并分级进行安全技术交底，形成文件。

3.1.7　施工单位在开工前应该编制施工组织设计，对关键的分项、分部工程、引进或自主研发推广的四新技术应分别编制专项施工方案。施工组织设计、专项施工方案必须按规定程序审批后执行，若方案发生变更，必须按规定的变更审批程序善后执行。

3.1.8　工程施工应以批准的设计文件为依据，如需修改，应取得设计单位的同意并签署变更设计或洽商记录，需经原设计文件的审查单位确认的，应经原设计文件的审查单位确认后方可实施。

3.1.9 采用的原材料、预制品、设备等，应符合国家现行的有关技术标准规定。产品应有合格证和出厂说明书。设备应有铭牌。特种作业设备必须执行其相关规定。

3.1.10 施工中，上一道工序未经验收合格严禁进入下一道工序施工。

3.1.11 施工中应按合同文件要求，根据国家现行有关标准的规定，进行施工过程中的质量控制。

3.1.12 工程的外观质量应由验收人员通过现场检查评分共同确认。

3.2 施工界面划分

3.2.1 本标准施工界面主要内容应包括地基处理、基床、一般路基、特殊路基、桥梁工程、涵洞工程、隧道工程、轨道工程、供电系统、信号系统及其他附属设施。

3.2.2 其他附属设施主要应包含给水及排水。

3.3 工程施工质量验收的划分

3.3.1 施工质量验收应划分为单位（子单位）工程、分部（子分部）工程、分项工程和检验批。

3.3.2 单位（子单位）工程应按一个完整工程或一个相当规模的施工范围划分，并按下列原则确定：

1　每座特大桥、大桥、中桥、隧道为一个单位（子单位）工程；

2　当一座特大桥、大桥、隧道由多个施工单位施工时，也可按施工标段划分单位（子单位）工程。

3.3.3　分部工程应按一个完整部位或主要结构及施工阶段划分。

3.3.4　分项工程应按工种、工序、材料、施工工艺等划分。

3.3.5　检验批可根据施工及质量控制和验收需要按施工段或部位等划分。

3.4　工程施工质量验收

3.4.1　检验批质量验收合格应满足下列要求：

1　主控项目的质量检验应全部合格；

2　一般项目的质量经抽样检验合格；当采用计数检验时，除有专门要求外，一般项目的合格点率应达到80%及以上，且不得有严重缺陷；

3　具有完整的施工操作依据和质量检查记录。

3.4.2　分项工程质量验收合格应满足下列要求：

1　分项工程所含检验批均应符合合格质量的规定；

2　分项工程所含检验批的质量验收记录完整。

3.4.3　分部（子分部）工程质量验收合格应满足下列要求：

1　所含分项工程的质量均应验收合格；

2　相关质量保证资料应完整；

3　涉及结构安全和使用功能的关键工序质量应按规定验收合格；

4 外观质量验收应符合要求。

3.4.4 子单位工程质量验收合格应满足下列要求：

1 所含分部（子分部）工程的质量均验收合格；

2 相关质量保证资料应完整；

3 所含分部工程验收资料应完整；

4 实体量测的抽查结果符合本标准的规定要求；

5 外观质量验收应符合要求。

3.4.5 单位工程质量验收合格应满足下列要求：

1 所含子单位工程的质量均验收合格；

2 相关质量保证资料应完整；

3 所含分部工程中关键工序验收资料应完整；

4 子单位工程验收资料应完整；

5 整体外观质量验收应符合要求。

3.4.6 工程竣工验收合格应满足下列要求：

1 完成所有的单位工程质量验收；

2 单位工程质量验收中提出的整改项目已整改完成；

3 主要性能指标抽查符合相关专业规范的规定。

3.4.7 检验批施工质量不符合要求的处理规定：

1 返工重做，并重新进行验收；

2 经检测单位检测鉴定能达到设计要求的，应予以验收；

3 经检测单位检测鉴定达不到设计要求，但经原设计单位核算认可能满足结构安全和使用功能的，可予以验收。

3.4.8 经返修或加固处理的分项、分部工程，虽然改变外形尺寸但仍能满足安全使用要求，可按处理方案和协商文件进行验收。

3.4.9 通过返修或加固处理仍不能满足安全使用要求的分部工程，不予验收。

3.5 工程施工质量验收的程序和组织

3.5.1 检验批及分项工程应由专业监理工程师组织施工单位项目专业质量（技术）负责人等进行验收。

3.5.2 关键工序和首次检验批应由总监理工程师组织施工单位（项目经理和技术、质量负责人）及建设、勘察、设计等相关人员进行验收。

3.5.3 分部工程应有总监理工程师组织施工单位（项目经理和技术、质量负责人）及建设、勘察、设计等相关人员进行验收。

3.5.4 单位（子单位）工程应由总监理工程师组织建设单位项目负责人、设计单位项目负责人、勘察单位项目负责人、施工单位项目经理等进行验收。

3.5.5 单位工程有分包单位施工时，分包单位应对所承担的工程项目按本标准规定的程序进行检查评定，总包单位应派人参加。分包工程完成后，应将有关工程资料移交总包单位。

3.5.6 工程竣工验收由建设单位组织 。由建设（运营接收单位）、勘察、设计、施工、监理等单位的有关负责人组成。必要时应邀请相关的专家参加。

4 地基处理

4.1 一般规定

4.1.1 地基处理施工应具备下列资料：

1 岩土工程及地质水文勘察资料；

2 临近建筑物和地下设施类型、地下管线分布及结构质量情况；

3 工程设计图纸、设计要求及需达到的标准、检验手段；

4 地面及地下管线资料。

4.1.2 砂、石子、水泥、石灰、粉煤灰等原材料的质量、检验项目、批量和检验方法，应符合国家现行标准的规定。

4.1.3 地基处理施工完成后，应对路基进行保护，并应及时进行基床施工。为验证加固效果所进行的载荷试验，其施加载荷应不低于设计载荷的 2 倍。

4.2 原地面碾压

4.2.1 碾压前，应清除原地面的耕植土、地表植被或软弱表土层等。

4.2.2 压实机械应根据土的性质、状态，压实机械的技术特性与生产率、设计参数选取。碾压过程中，应避免扰动填土下卧的淤泥或淤泥质土层。

4.2.3 碾压遍数、碾压范围和有效加固深度等施工参数，应根据机械的性能、地基土性质、压实系数和施工含水量等，并结合现场试验确定。

4.2.4 在斜坡上碾压时，应验算其稳定性。

4.2.5 碾压施工应满足下列要求：

1 应根据临近结构类型和地质条件确定允许加载量和范围，并按设计要求均衡分步施加。

2 碾压施工过程中，应采取防雨、防冻措施，防止地基土受雨水淋湿或冻结。

3 压实地基施工场地附近有对震动和噪声环境控制要求时，应合理安排施工工序和时间，减少噪声和振动对环境的影响，或采取挖减振沟等减振和隔振措施，并进行振动和噪声监测。

4.2.6 压实施工结束检验合格后，应及时进行基础施工。

4.2.7 当原地基承载力达不到设计要求时，应予以处治。

4.3 土方换填

4.3.1 换填材料的选用应符合下列规定：

1 砂石宜采用级配良好的砂石，砂石的最大粒径不宜大于50 mm，含泥量不应大于5%。

2 粉质黏土的土料中有机质含量不得超过5%，且不得含有冻土和膨胀土。用于膨胀土地基的粉质黏土，土料中不得夹有砖、瓦或石块等。

3 灰土体积配合比宜为2∶8或3∶7。石灰宜选用新鲜的消石灰，其最大粒径不得大于 5 mm。土料宜选用粉质黏土，不宜使用块状黏土，且不得含有松软杂质，土料应过筛且最大粒径不得大于

15 mm。

4 选用的粉煤灰应满足相关标准对腐蚀性和放射性的要求。粉煤灰垫层上宜覆土 0.3 m ~ 0.5 m，具体厚度根据试验段的试验结果确定。粉煤灰垫层中采用掺加剂时，应通过试验确定其性能及使用条件。大量填筑粉煤灰时，应经场地地下水和土壤环境的不良影响评价合格后，方可使用。

5 土工合成材料加筋垫层所选用土工合成材料的品种与性能及填料，应符合现行国家标准《土工合成材料应用技术规范》GB 50290 的相关要求。

4.3.2 压实机械包括静碾压路机、振动压路机、轮胎压路机、夯实机、冲击式压路机等，可根据设计参数、地基土性质选用。采用机械挖除换填时，应预留保护层由人工清理，保护层厚度宜为 30 cm ~ 50 cm。

4.3.3 回填土应分层摊铺和夯压密实，填方施工过程中应检查排水措施，每层填筑厚度、含水量控制、压实程度。换填的施工方法、分层铺填厚度、每层压实遍数应通过现场试验确定。为保证分层压实质量，应控制机械碾压速度。

4.3.4 换填层的底面宜设在同一标高上，如深度不同，底面土层应挖成阶梯或斜坡搭接，并按先深后浅的顺序进行施工，搭接处应夯压密实。

4.3.5 换填施工验收合格后，应及时进行路基施工。

4.4 复合地基

4.4.1 振冲碎石桩施工应符合下列规定：

1 振冲施工可根据设计荷载的大小、原土强度的高低、设计桩长等条件选用不同功率的振冲器。施工前应在现场进行试验，以确定水压、振密电流和留振时间等各种施工参数。

2 升降振冲器的机械可用起重机、自行井架式施工平车或其他合适的设备。施工设备应配有电流、电压和留振时间自动信号仪表。

3 施工现场应事先开设泥水排放系统，或组织好运浆车辆将泥浆运至预先安排的存放地点，应设置沉淀池，重复使用上部清水。

4 桩体施工完毕后，应将顶部预留的松散桩体碾压夯实或挖除，铺设垫层并压实。

5 不加填料振冲加密宜采用大功率振冲器，造孔速度 8 m/min ~ 10 m/min，到达设计深度后宜将射水量减至最小，留振至密实电流达到规定时，上提 0.5 m，逐段振密直至孔口，每米振密时间约 1 min。在粗砂中施工，如遇下沉困难，可在振冲器两侧增焊辅助水管，加大造孔水量，降低造孔水压。

4.4.2 沉管砂石桩施工应符合下列规定：

1 施工前应进行成桩工艺和成桩挤密试验。当成桩质量不能满足设计要求时，应调整施工参数后，重新进行试验或设计。

2 锤击沉管成桩法施工可采用单管法或双管法。锤击法挤密应根据锤击能量，控制分段的填砂石量和成桩的长度。

3 振动沉管成桩法施工，应根据沉管和挤密情况，控制填砂石量、提升高度和速度、挤压次数和时间、电机的工作电流等。

4 砂石桩桩孔内材料填料量，应通过现场试验确定，估算时，可按设计桩孔体积乘以充盈系数确定，充盈系数可取 1.2 ~ 1.4。

5 砂石桩的施工顺序：对砂土地基宜从外围或两侧向中间进行。

6 砂石桩施工可采用振动沉管、锤击沉管或冲击成孔等成桩法。当用于消除粉细砂及粉土液化时，宜用振动沉管成桩法。

7 施工中应选用能顺利出料和有效挤压桩孔内砂石料的桩尖结构。当采用活瓣桩靴时，对砂土和粉土地基宜选用尖锥形；一次性桩尖可采用混凝土锥形桩尖。

8 施工时桩位偏差不应大于套管外径的 30%，套管垂直度允许偏差应为 ± 1%。

9 砂石桩施工后，应将表层的松散层挖除或夯压密实，随后铺设并压实砂石垫层。

4. 4. 3 水泥土搅拌桩施工应符合下列规定：

1 水泥土搅拌桩施工现场施工前应予以平整，清除地上和地下的障碍物。

2 水泥土搅拌桩施工前，应根据设计进行工艺性试桩，数量不得少于 3 根，多轴搅拌施工不得少于 3 组。应对工艺试桩的质量进行检验，确定施工参数。

3 搅拌头翼片的枚数、宽度、与搅拌轴的垂直夹角、搅拌头的回转数、提升速度应相互匹配，钻头每转一圈的提升（或下沉）量以 1.0 cm ~ 1.5 cm 为宜，以确保加固深度范围内土体的任何一点均能经过 20 次以上的搅拌。

4 搅拌桩施工时，停浆（灰）面应高于桩顶设计标高 500 mm。在开挖基坑时，应将桩顶以上 500 mm 土层及搅拌桩顶端施工质量较差的桩段采用人工挖除。

5 施工中应保持搅拌桩机底盘的水平和导向架的竖直，搅拌桩的垂直偏差不得超过 1%；桩位的偏差不得大于 50 mm；成桩直径和桩长不得小于设计值。

6 水泥土搅拌湿法施工应符合下列规定：

1）施工前应确定灰浆泵输浆量、灰浆经输浆管到达搅拌机喷浆口的时间和起吊设备提升速度等施工参数，并根据设计要求通过工艺性成桩试验确定施工工艺。

2）所使用的水泥都应过筛，制备好的浆液不得离析，泵送必须连续。拌制水泥浆液的罐数、水泥和外掺剂用量以及泵送浆液的时间等应有专人记录；喷浆量及搅拌深度必须采用经国家计量部门认证的监测仪器进行自动记录。

3）搅拌机喷浆提升的速度和次数必须符合施工工艺的要求，并设专人记录。

4）当水泥浆液到达出浆口后，应喷浆搅拌 30 s，在水泥浆与桩端土充分搅拌后，再开始提升搅拌头。

5）搅拌机预搅下沉时不宜冲水，当遇到硬土层下沉太慢时，方可适量冲水，但应考虑冲水对桩身强度的影响。

6）施工时如因故停浆，应将搅拌头下沉至停浆点以下 0.5 m 处，待恢复供浆时，再喷浆搅拌提升。若停机超过 3 h，宜先拆卸输浆管路，并妥加清洗。

7）壁状加固时，相邻桩的施工时间间隔不宜超过 12 h。

8）水泥土搅拌干法施工中，喷粉施工前应仔细检查搅拌机械、供粉泵、送气（粉）管路、接头和阀门的密封性、可靠性。送气（粉）管路的长度不宜大于 60 m；水泥土搅拌法（干法）喷粉施工机械必须配置经国家计量部门确认的具有能瞬时检测并记录出粉体计量装置及搅拌深度自动记录仪；搅拌头每旋转一周，其提升高度不得超过 15 mm；搅拌头的直径应定期复核检查，其磨耗量不得大于 10 mm；当搅拌头到达设计桩底以上 1.5 m 时，应即开启喷粉机提前进行喷粉作业。当搅拌头提升至地面下 500 mm 时，喷粉机应停止喷粉；成桩过程中因故停止喷粉，应将搅拌头下沉至停灰面以下 1 m 处，待恢复喷粉时再喷粉搅拌提升。

4.4.4 旋喷桩复合地基施工应符合下列规定：

1 施工前应根据现场环境和地下埋设物的位置等情况，复核高压喷射注浆的设计孔位。

2 高压旋喷注桩的施工参数应根据土质条件、加固要求通过试验或根据工程经验确定，并在施工中严格加以控制。单管法及双管法的高压水泥浆和三管法高压水的压力宜大于 20 MPa，流量大于 30 L/min，气流压力宜取 0.7 MPa，提升速度可取 0.1 m/min ~ 0.2 m/min。

3 高压喷射注浆，宜采用强度等级为 42.5 级普通硅酸盐水泥，根据需要可加入适量的外加剂及掺合料。外加剂和掺合料的用量，应通过试验确定。

4 水泥浆液的水灰比应按工程要求确定，可取 0.8 ~ 1.2。

5 高压喷射注浆的施工工序为机具就位、贯入喷射管、喷射注浆、拔管和冲洗等。

6 喷射孔与高压注浆泵的距离不宜大于 50 m。钻孔的位置与设计位置的偏差不得大于 50 mm。垂直度偏差不大于 1%。实际孔位、孔深和每个钻孔内的地下障碍物、洞穴、涌水、漏水及岩土工程勘察报告不符的情况均应详细记录。

7 当喷射注浆管贯入土中，喷嘴达到设计标高时，即可喷射注浆。在喷射注浆参数达到规定值后，随即按旋喷的工艺要求，提升喷射管，由下而上旋转喷射注浆。喷射管分段提升的搭接长度不得小于 100 mm。

8 对需要局部扩大加固范围或提高强度的部位，可采用复喷措施。

9 在高压喷射注浆过程中出现压力骤然下降、上升或冒浆异常时，应查明原因并及时采取措施。

10 高压喷射注浆完毕，应迅速拔出喷射管。为防止浆液凝固收缩影响桩顶高程，必要时可在原孔位采用冒浆回灌或第二次注浆等措施。

11 施工中应做好泥浆处理，及时将泥浆运出或在现场短期堆放后作土方运出。

12 施工中应严格按照施工参数和材料用量施工，用浆量和提升速度应采用自动记录装置，并如实做好各项施工记录。

4.4.5 灰土挤密桩、灰土桩复合地基施工应符合下列规定：

1 成孔应按设计要求、成孔设备、现场土质和周围环境等情况，选用振动沉管、锤击沉管、冲击或钻孔等方法。

2 桩顶设计标高以上的预留覆盖土层厚度，宜符合下列规定：

1）沉管成孔不宜小于 0.5 m；

2）冲击成孔或钻孔夯扩法成孔不宜小于 1.2 m。

3 成孔时，地基土宜接近最优（或塑限）含水量，最优含水量应根据试验段的具体试验结果确定。

4　土料有机质含量不应大于5%，且不得含有冻土和膨胀土，使用时应过10 mm ~ 20 mm的筛，混合料含水量应满足最优含水量要求，允许偏差应为±2%，土料和水泥应拌和均匀。

5　成孔和孔内回填夯实应符合下列规定：

1）成孔和孔内回填夯实的施工顺序，当整片处理地基时，宜从里（或中间）向外间隔（1 ~ 2）孔依次进行，对大型工程，可采取分段施工；当局部处理地基时，宜从外向里间隔（1 ~ 2）孔依次进行；

2）向孔内填料前，孔底应夯实，并应检查桩孔的直径、深度和垂直度；

3）桩孔的垂直度允许偏差应为±1%；

4）孔中心距允许偏差应为桩距的±5%；

5）经检验合格后，应按设计要求，向孔内分层填入筛好的素土、灰土或其他填料，并应分层夯实至设计标高。

6　铺设灰土垫层前，应按设计要求将桩顶标高以上的预留松动土层挖除或夯（压）密实。

7　施工过程中，应有专人监督成孔及回填夯实的质量，并应做好施工记录；如发现地基土质与勘察资料不符，应立即停止施工，待查明情况或采取有效措施处理后，方可继续施工。

8　雨期或冬期施工，应采取防雨或防冻措施，防止填料受雨水淋湿或冻结。

4.4.6　夯实水泥土桩施工应符合下列规定：

1　成孔应根据设计要求、成孔设备、现场土质和周围环境等，选用钻孔、洛阳铲成孔等方法。当采用人工洛阳铲成孔工艺时，处理深度不宜大于 6.0 m。

2 桩顶设计标高以上的预留覆盖土层厚度不宜小于 0.3 m。

3 成孔和孔内回填夯实应符合下列规定：

1） 宜选用机械成孔和夯实；

2） 向孔内填料前，孔底应夯实；分层夯填时，夯锤落距和填料厚度应满足夯填密实度的要求；

3） 土料有机质含量不应大于 5%，且不得含有冻土和膨胀土，混合料含水量应满足最优含水量要求，允许偏差应为 ± 2%，土料和水泥应拌和均匀；

4） 成孔经检验合格后，按设计要求，向孔内分层填入拌和好的水泥土，并应分层夯实至设计标高。

4 铺设垫层前，应按设计要求将桩顶标高以上的预留土层挖除。垫层施工应避免扰动基底土层。

5 施工过程中，应有专人监理成孔及回填夯实的质量，并应做好施工记录。如发现地基土质与勘察资料不符，应立即停止施工，待查明情况或采取有效措施处理后，方可继续施工。

6 雨期或冬期施工，应采取防雨或防冻措施，防止填料受雨水淋湿或冻结。

4.4.7 水泥粉煤灰碎石桩施工应符合下列规定：

1 施工工艺应符合下列条件：

1） 长螺旋钻孔灌注成桩：适用于地下水位以上的黏性土、粉土、素填土、中等密实以上的砂土地基。

2）长螺旋钻中心压灌成桩：适用于黏性土、粉土、砂土和素填土地基，对噪声或泥浆污染要求严格的场地可优先选用；穿越卵石夹层时应通过试验确定适用性。

3）泥浆护壁成孔灌注成桩，适用于地下水位以下的黏性土、粉土、砂土、填土、碎石土及风化岩层等地基；桩长范围和桩端有承压水的土层应通过试验确定其适应性。

2 长螺旋钻中心压灌成桩施工和振动沉管灌注成桩施工应符合下列规定：

1）施工前，应按设计要求在试验室进行配合比试验；施工时，按配合比配制混合料；长螺旋钻中心压灌成桩施工的坍落度宜为 160 mm ~ 200 mm，振动沉管灌注成桩施工的坍落度宜为 30 mm ~ 50 mm；振动沉管灌注成桩后桩顶浮浆厚度不宜超过 200 mm。

2）长螺旋钻中心压灌成桩施工钻至设计深度后，应控制提拔钻杆时间，混合料泵送量应与拔管速度相配合，不得在饱和砂土或饱和粉土层内停泵待料；沉管灌注成桩施工拔管速度宜为 1.2 m/min ~ 1.5 m/min，如遇淤泥质土，拔管速度应适当减慢；当遇有松散饱和粉土、粉细砂或淤泥质土，当桩距较小时，宜采取隔桩跳打措施。

3）施工桩顶标高宜高出设计桩顶标高不少于 0.5 m；当施工作业面高出桩顶设计标高较大时，宜增加混凝土灌注量。

4）成桩过程中，应抽样做混合料试块，每台机械每台班不应少于一组。

3　泥浆护壁成孔灌注成桩施工应符合下列规定：

1）泥浆植被应选用高塑性黏土或膨润土。泥浆应根据施工机械、工艺及穿越土层情况进行配合比设计。

2）施工期间护筒内的泥浆面应高出地下水位 1.0 m 以上，在受水位涨落影响时，泥浆面应高出最高水位 1.5 m 以上。

3）废弃的浆、渣应进行处理，不得污染环境。

4）钢筋笼吊装完毕后，应安置导管或气泵管二次清孔，并应进行孔位、孔径、垂直度、孔深沉渣厚度等检验，合格后应立即灌注混凝土。

4　冬期施工时，混合料入孔温度不得低于 5 °C，对桩头和桩间土应采取保温措施。

5　清土和截桩时，应采用小型机械或人工剔除等措施，不得造成桩顶标高以下桩身断裂或桩间土扰动。

6　褥垫层铺设宜采用静力压实法，当基础底面下桩间土的含水量较低时，也可采用动力夯实法，夯填度不应大于 0.9。

4.4.8　柱锤冲扩桩施工应符合下列规定：

1　宜采用直径 300 mm ~ 500 mm、长度 2 m ~ 6 m、质量 2 t ~ 10 t 的柱状锤进行施工。

2　起重机具可用起重机、多功能冲扩桩机或其他专用机具设备。

3　柱锤冲扩桩复合地基施工可按下列步骤进行：

1）清理平整施工场地，布置桩位。

2）施工机具就位，使柱锤对准桩位。

3）柱锤冲孔：根据土质及地下水情况可分别采用冲击成孔、填料冲击成孔、复打成孔三种成孔方式。当采用该三种方法仍难以成孔时，也可以采用套管成孔，即用柱锤边冲孔边将套管压入土中，直至桩底设计标高。

4）成桩：用料斗或运料车将拌和好的填料分层填入桩孔夯实。当采用套管成孔时，边分层填料夯实，边将套管拔出。锤的质量、锤长、落距、分层填料量、分层夯填度、夯击次数和总填料量等，应根据试验或按当地经验确定。每个桩孔应夯填至桩顶设计标高以上至少 0.5 m，其上部桩孔宜用原地基土夯封。

5）施工机具移位，重复上述步骤进行下一根桩施工。

4　成孔和填料夯实的施工顺序，宜间隔跳打。

4.4.9　多桩型复合地基的施工应满足下列要求：

1　对处理可液化土层的多桩型复合地基，应先施工处理液化的增强体。

2　应降低或减小后施工增强体对已施工增强体的质量和承载力的影响。

4.5　土工合成材料加筋层

4.5.1　土工材料应由耐高温、耐腐蚀、抗老化、不易断裂的聚合物材料制成，其抗拉强度、顶破强度、负荷延伸率等均应符合设计及有关产品质量标准的要求。

4.5.2　应避免土工合成材料暴晒或裸露。

4.5.3 土工材料铺设前，应对基面压实整平。宜在原地基上铺设一层 30 cm ~ 50 cm 厚的砂垫层。

4.5.4 土工合成材料铺设顺序应先纵向后横向。

4.5.5 施工中应采取措施防止土工合成材料受损，出现破损时应及时修补或更换。

4.5.6 土工合成材料摊铺时，应拉直、平顺，紧贴下承层，不得扭曲、褶皱。在斜坡上摊铺时，应保持一定的松紧度。

4.5.7 土工合成材料的连接宜采用搭接法、缝接法或胶接法。土工合成材料的连接，采用搭接时，搭接长度宜为 300 mm ~ 600 mm；采用缝接时，接缝宽度应不小于 50 mm，接缝强度应不低于土工合成材料的抗拉强度；采用胶接，黏合宽度应不小于 50 mm，黏合强度应不应低于土工合成材料的抗拉强度。

4.5.8 路基边坡留置的回卷土工材料，其长度不应小于 2 m。

4.5.9 土工材料铺设完后，应立即铺筑上层填料，其间隔时间不应超过 48 h。

4.5.10 双层土工材料上下层接缝应错开，错缝距离不应小于 50 cm。

4.6 砂（碎石）垫层

4.6.1 宜选用碎石、卵石、角砾、圆砾、砾砂、粗砂、中砂或石屑，并应级配良好，不含植物残体、垃圾等杂质。当使用粉细砂或石粉时，应掺入不少于总重量 30%的碎石或卵石。选用时应符合下列规定：

1 砂石的最大粒径不宜大于 50 mm，不得含有杂草、树根等有机杂质，含泥量不得大于 3%。对膨胀土地基，不得选用砂石等透水性材料。

2 砂垫层应采用天然级配的中、粗、砾砂，不含草根、垃圾等杂质，其含泥量不得大于 5%，用作排水固结地基的砂垫层其含泥量不得大于 3%。同一产地、品种、规格且连续进场的砂料，每 3 000 m^3 为一批，当不足 3 000 m^3 时也按一批计。施工单位每批抽样检验 1 组。

3 监理单位按施工单位抽样数量的 10%平行检验或 20%见证检验。

4.6.2 垫层的施工方法、分层铺填厚度、每层压实遍数宜通过现场的试验确定。除接触下卧软土层的垫层底部应根据施工机械设备及下卧层土质条件确定厚度外，其他垫层的分层铺填厚度宜为 200 mm ~ 300 mm。为保证分层压实质量，应控制机械碾压速度。

4.6.3 当垫层底部存在古井、古墓、洞穴、旧基础、暗塘时，应根据建筑物对不均匀沉降的控制要求予以处理，并经检验合格后，方可铺填垫层。

4.6.4 地基开挖时应避免坑底土层受扰动，可保留 180 mm ~ 220 mm 厚的土层暂不挖去，待铺填垫层前再由人工挖至设计标高。严禁扰动垫层下的软弱土层，应防止软弱垫层被践踏、受冻或受水浸泡。在碎石或卵石垫层底部宜设置厚度为 150 mm ~ 300 mm 的砂垫层或铺一层土工织物，并应防止基坑边坡塌土混入垫层中。

4.7 毛细水隔断层

4. 7. 1 隔断层类型按采用材料有土工布（膜）隔断层、风积砂或河砂隔断层，砾（碎）石隔断层和沥青砂等隔断层。隔断层材料的选择应根据当地材料、路线等级、路基高度及水文地质情况、并进行技术经济比较后确定。当路堤高度大于 1.8 m 时可选用砾石，风积砂做透水性隔断层，路堤高度不足 1.8 m 时，宜用土工膜、沥青砂等材料作不透水的隔断层。

4. 7. 2 沥青胶砂隔断层施工应符合下列规定：

1 沥青应采用 200 号石油沥青与 60 号石油沥青，按 7∶3（重量比）进行混合，称混合沥青，混合沥青与砂的比例按 1∶9（重量比）。砂宜采用中、粗砂和细砂，不宜采用粉砂。因粉砂不易拌和均匀，且消耗沥青量大（沥青∶粉砂为 1∶4）。

2 配置程序如下：200 号沥青脱水（熬油），按比例将 60 号固体沥青放入脱水的 200 号沥青中，全部溶化后，搅拌均匀，熬至 150 °C。同时将砂的温度预热至 80 °C 以上。然后将拌匀的混合沥青倒入预热的砂中，捣拌均匀即可使用。

3 铺设前，应将基底 30 cm 厚的土层压实，路基中部略高，按 2%的坡度向两侧倾斜、整平，然后将配制好的沥青砂运至工地，宜按 5 cm 厚迅速摊开、刮平，撒少量粉砂（防止粘结），随之压实。接缝处要密贴。

4 沥青砂铺设后，随之填土，以防止牲畜踏破或其他人为破坏。填土在 0.6 m 厚度内时，禁止用羊足碾；若用推土机施工，为防止铲刀将隔断层推坏，可采用横向推土，逐步延伸，在降雨和低温（日均气温≤5 °C）季节不宜施工，以免影响工程质量。

4.7.3 土工合成材料隔断层施工应符合下列规定：

1 原材料质量应符合下列规定：

1）土工合成材料应具有出厂合格证。土工合成材料进场时，应检查产品标签、生产厂家、产品批号、生产日期、有效期限等，并取样送检，其性能指标应满足设计要求。

2）土工合成材料渗透系数<1×10^{-11} cm/s；在当地硫酸盐、氯盐的作用下，具有50年以上的使用寿命；顶破强度>1.5 kN，抗拉强度>600 N/5 cm；长期处在－25 °C的环境中，产品性能不能改变。

3）路堤填料。选择含盐量不超标的土场，并于开工前进行取样检验；填料的检验项目包括填料粒径和填料含泥量，填料粒径应符合设计要求，填料含泥量<5%。

4）垫层用砂。土工布隔断层下的垫层，全部使用干净的细砂，并将其中的石子、杂质清除干净。

2 施工过程控制应符合下列规定：

1）在盐渍土地区填筑路基，必须认真做好基底处理，做法是：填筑前按照设计要求清除基底0.2 m～0.3 m厚的超盐渍土层，确认清除干净后再填筑路基；

2）进场的土工布必须堆放在棚内，以防日光曝晒和雨水淋浇造成其老化；

3）进行填筑压实工艺性试验，确定合适的压实施工参数。

3 施工质量应符合下列规定：

1）铺设面的填土含盐量不能超过允许范围，无植物根茎；

2）铺设面位于路基中部的略高，位于两侧边坡的略低，但其坡度不宜太大，铺设面要平整；

3）铺设时的适宜温度要在施工前进行试验确定；

4）透水性土隔断层必须满足最小布设厚度的要求，设置于路基填筑顶面位置1.5 m深度以下。

4.8 复合土工膜隔断层

4.8.1 施工前应做好下列准备工作：

1 复核设计文件，明确施工具体部位，工程数量，相关技术指标。

2 复合土工膜厂家选定，选购第一批材料。

3 材料送检（委外试验）。

4.8.2 施工应按下列步骤进行：

1 基地处理，挖除表层松散并平整基底。

2 铺设下垫层，一般采用砂或砂类土。

3 铺设土工膜，采用木桩或石块固定就位，其搭接长度纵向和横向宜为100 cm。对于有特别防渗要求的可采用焊接。

4 回填填筑材料，为防止土工膜被挤压、褶皱，尽量采用人工摊铺，对于排水隔离层，摊铺最小厚度为50 cm。

5 填料压实，对于大面积排水隔离层宜采用重型机械压实，对于其他下面积隔离层采用人工夯实。

4.8.3 复合土工膜隔断层施工应符合下列质量规定：

1 必须认真做好基底处理，确认清除干净或换填完成之后再填筑路堤。

2 铺设土工布进场的土工布必须放在棚内，以防阳光暴晒和雨水淋浇造成其老化。

3 设置防渗层时，自线路中心向两边顶面横坡不应小于4%。

4 坡面铺设采用自下而上进行，坡顶、坡脚应以锚固沟或其他可靠方法固定，防止其滑动。

5 土工布的连接采用纵横向搭接或缝合，采用搭接时，搭接宽度以 100 cm 为宜，误差不得超过 5 cm。

6 复合土工膜铺设应力求平顺，松紧适度，不得绷拉过紧；复合土工膜应与土面密贴，不留空隙。

7 土工布铺好后要及时回填，回填第一层应以人力摊铺，厚度不得小于 0.5 m，以防土工布损坏和变形。

4.9 施工质量验收

4.9.1 原地面碾压的质量检验应符合下列规定：

1 施工过程中，应取样检验地基土的干密度和含水量；每 50 m^2 ~ 100 m^2 面积内应设不少于 1 个检验点。

2 有地区经验时，可采用动力触探、静力触探、标准贯入等原位试验，并结合干密度试验的对比结果进行质量检验。

3 冲击碾压法施工宜进行变形量、压实系数等土的物理力学指标监测和检测。

4 地基承载力验收检验，可通过静载荷试验并结合动力触探、静力触探、标准贯入等试验结果综合判定。

4.9.2 土工合成材料加筋层的质量检验标准应符合表 4.9.2 的规定。

表 4.9.2 土工合成材料加筋层质量检验标准

项	序	检查项目	允许偏差或允许值		检查方法
			单位	数值	
主控项目	1	土工合成材料强度	%	≤5	置于夹具上做拉伸试验（结果与设计标准相比）
主控项目	2	土工合成材料延伸率	%	≤3	置于夹具上做拉伸试验（结果与设计标准相比）
主控项目	3	地基承载力	设计要求		按规定方法
一般项目	1	土工合成材料搭接长度	mm	≥300	用钢尺量
一般项目	2	土石料有机质含量	%	≤5	焙烧法
一般项目	3	层面平整度	mm	≤20	用 2 m 靠尺
一般项目	4	每层铺设厚度	mm	±25	水准仪

4.9.3 土方换填的检验应符合下列要求：

1 在压实填土过程中，应分层取样检验土的干密度和含水量。每 50 m^2 ~ 100 m^2 面积内应有一个检验点，检验结果符合设计要求。

2 填方施工结束后，应检查标高、边坡坡度、压实程度等，检验标准应符合表 4.9.3 的规定。

表 4.9.3 土方换填质量检验标准

项	序	检查项目	允许偏差或允许值		检查方法
			人工	机械	
主控项目	1	标 高	± 30 mm	± 50 mm	水准仪
	2	分层压实系数	设计要求		按规定方法
一般项目	1	回填土料	设计要求		取样检查或直观鉴别
	2	分层厚度及含水量	设计要求		水准仪及抽样检查
	3	表面平整度	20 mm	30 mm	用靠尺或水准仪

4.9.4 振冲碎石桩、沉管砂石桩复合地基的质量检验应符合下列规定：

1 检查各项施工记录，如有遗漏或不符合要求的桩，应补桩或采取其他有效的补救措施。

2 施工后，应间隔一定时间方可进行质量检验。对粉质黏土地基不宜小于 21 d，对粉土地基不宜小于 14 d，对砂土和杂填土地基不宜少于 7 d。

3 施工质量的检验，对桩体可采用重型动力触探试验；对桩间土可采用标准贯入、静力触探、动力触探或其他原位测试方法；对消除液化的地基检验应采用标准贯入试验。桩间土质量的检测位置应在等边三角形或正方形的中心。检验深度不应小于处理地基深度，检测数量不应少于桩孔总数的 2%。

4 竣工验收时，地基承载力检验应采用复合地基静载荷试验，试验数量不应少于总桩数的 1%。

5 振冲碎石桩质量应符合表 4.9.4 的规定。

表 4.9.4　振冲碎石桩质量检验标准

项	序	检查项目	允许偏差或允许值		检查方法
			单位	数值	
主控项目	1	填料粒径	设计要求		抽样检查
	2	密实电流（黏性土） 密实电流（砂性土或粉土） （以上为功率 30 kW 振冲器） 密实电流（其他类型振冲器）	A A A_0	50 ~ 55 40 ~ 50 1.5 ~ 2.0	电流表读数 电流表读数 A_0为空振电流
	3	地基承载力	设计要求		按规定方法
一般项目	1	填料含泥量	%	＜5	抽样检查
	2	振冲器喷水中心与孔径中心偏差	mm	≤50	用钢尺量
	3	成孔中心与设计孔位中心偏差	mm	≤100	用钢尺量
	4	桩体直径	mm	＜50	用钢尺量
	5	孔深	mm	±200	量钻杆或重锤测

4.9.5　水泥土搅拌桩地基处理质量检验应符合下列规定：

1　水泥土搅拌桩的施工质量检验可采用下列方法：

1）成桩 3 d 内，可用轻型动力触探（N10）检查上部桩身的均匀性。检验数量为施工总桩数的 1%，且不少于 3 根。

2）成桩 7 d 后，采用浅部开挖桩头进行检查，开挖深度宜超过停浆（灰）面下 0.5 m，目测检查搅拌的均匀性，量测成桩直径。检查量为总桩数的 5%。

3）桩身强度检验应在成桩 28 d 后，用双管单动取样器钻取芯样作搅拌均匀性和水泥土抗压强度检验，检验数量为施工总桩（组）数的 0.5%，且不少于 6 点。钻芯有困难时，可采用单桩抗压静载荷试验检验桩身质量。

2 载荷试验宜在成桩 28 d 后进行。验收检验数量不少于桩总数的 1%，其中每单项工程单桩复合地基载荷试验的数量不应少于 3 根（多头搅拌为 3 组），其余可进行单桩静载荷试验或单桩、多桩复合地基载荷试验。

3 水泥搅拌桩地基质量应符合表 4.9.5 的规定。

表 4.9.5 水泥土搅拌桩地基质量检验标准

项	序	检查项目	允许偏差或允许值		检查方法
			单位	数值	
主控项目	1	水泥及外渗剂质量	设计要求		查产品合格证书或抽样送检
	2	水泥用量	参数指标		查看流量计
	3	桩体强度	设计要求		按规定办法
	4	地基承载力	设计要求		按规定办法
一般项目	1	机头提升速度	m/min	≤0.5	量机头上升距离及时间
	2	桩底标高	mm	±200	测机头深度
	3	桩顶标高	mm	+200 −50	水准仪（最上部 500 mm 不计入）
	4	桩位偏差	mm	<50	用钢尺量
	5	桩径		<0.04*D*	用钢尺量，*D* 为桩径
	6	垂直度	%	≤1.5	经纬仪
	7	搭接	mm	>200	用钢尺量

4.9.6 旋喷桩复合地基质量检验应符合下列规定：

1 质量检验宜在高压喷射注浆结束 28 d 后进行。

2 旋喷桩地基竣工验收时，承载力检验可采用复合地基载荷试验和单桩载荷试验。

3 载荷试验必须在桩身强度满足试验条件时，并宜在成桩 28 d 后进行。检验数量不得少于桩总数的 1%，且每项单体工程复合地基静载荷试验不应少于 3 点。

4 旋喷桩复合地基质量应符合表 4.9.6 的规定。

表 4.9.6 旋喷桩复合地基质量检验标准

项	序	检查项目	允许偏差或允许值		检查方法
			单位	数值	
主控项目	1	水泥及外掺剂质量	符合出厂要求		查产品合格证书或抽样送检
	2	水泥用量	设计要求		查看流量表及水泥浆水灰比
	3	桩体强度或完整性检验	设计要求		按规定方法
	4	地基承载力	设计要求		按规定方法
一般项目	1	钻孔位置	mm	≤50	用钢尺量
	2	钻孔垂直度	%	≤1.5	经纬仪测钻杆或实测
	3	孔深	mm	±200	用钢尺量
	4	注浆压力	按设定参数指标		查看压力表
	5	桩体搭接	mm	>200	用钢尺量
	6	桩体直径	mm	≤50	开挖后用钢尺量
	7	桩身中心允许偏差		≤0.2*D*	开挖后桩顶下 500 mm 处用钢尺量，*D* 为桩径

4.9.7 灰土挤密桩、土挤密桩复合地基质量检验应符合下列规定：

1　桩孔质量检验应在成孔后及时进行，所有桩孔均需检验并作出记录，检验合格或经处理后方可进行夯填施工。

2　承载力检验应在成桩后 14 d ~ 28 d 后进行，检测数量不应少于总桩数的 1%，且每项单体工程复合地基静载荷试验不应少于 3 点。

3　灰土挤密桩、土挤密桩地基质量应符合表 4.9.7 的规定。

表 4.9.7　灰土挤密桩、土挤密桩地基质量检验标准

检查项目	允许偏差或允许值		检查方法
	单位	数值	
桩体及桩间土干密度	设计要求		现场取样检查
桩长	mm	+500	测桩管长度或垂球测孔深
地基承载力	设计要求		按规定的方法
桩径	mm	−20	用钢尺量
土料有机质含量	%	≤5	试验室焙烧法
石灰粒径	mm	≤5	筛分法
桩位偏差		满堂布桩≤0.40*D* 条基布桩≤0.25*D*	用钢尺量，*D* 为桩径
垂直度	%	<1.5	用经纬仪测桩管
桩径	mm	<0.04*D*	用钢尺量

注：桩径允许偏差负值是指个别断面。

4.9.8　夯实水泥土桩复合地基质量检验标准应符合表 4.9.8 的规定，并符合下列规定：

表 4.9.8 夯实水泥土桩复合地基质量检验标准

检查项目	允许偏差或允许值		检查方法
	单位	数值	
桩径	mm	－20	用钢尺量
桩长	mm	＋500	测桩孔深度
桩体干密度	设计要求		现场取样检查
地基承载力	设计要求		按规定的方法
土料有机质含量	%	≤5	焙烧法
含水量（与最优含水量比）	%	±2	烘干法
土料粒径	mm	≤20	筛分法
水泥质量	设计要求		查产品质量合格证书或抽样送检
桩位偏差		满堂布桩≤0.40D 条基布桩≤0.25D	用钢尺量，D 为桩径
桩孔垂直度	%	≤1.5	用经纬仪测桩管
褥垫层夯填度	≤0.9		用钢尺量

1 成桩后，应抽样检验水泥土桩的质量；

2 夯填桩体的干密度质量检验应随机抽样检测，抽检的数量不应少于总桩数的 2%；

3 复合地基静载荷试验和单桩静载荷试验检验数量不应少于桩总数的 1%，且每项单体工程复合地基静载荷试验检验数量不应少于 3 点。

4.9.9 水泥粉煤灰碎石桩复合地基质量检验应符合下列规定：

1 承载力检验宜在施工结束 28 d 后进行，其桩身强度应满足试验荷载条件；复合地基静载荷试验和单桩静载荷试验的数量不应少于总桩数的 1%，且每个单体工程的复合地基静载荷试验的试验数量不应少于 3 点。

2 破除桩头不得影响桩的完整性，应采用截桩机等专用设备切割桩头。清土、开挖基槽、截桩和浇注桩帽或桩顶筏板时，不得造成桩顶标高以下的桩身断裂或者扰动桩间土。施工时应根据地质情况和工艺水平等因素确定保护桩长。根据对施工实际截除桩头的调查情况，采用长螺旋钻孔、管内泵压混合料灌注成桩工艺，保护桩长预留在 50 cm，桩体质量一般可得到保证，截取桩头在桩顶附近的桩体强度可靠。施工中存在置换土和保护土层的清运，如采用机械、人工联合清运，应避免机械设备超挖，避免造成桩头断裂和扰动桩间土。若桩顶标高下发生断桩，必须按照设计要求接桩至桩顶高程，确保桩体充分、有效地发挥作用。

3 水泥粉煤灰碎石桩复合地基质量应符合表 4.9.9 的规定。

表 4.9.9 水泥粉煤灰碎石桩复合地基质量检验标准

检查项目	允许偏差或允许值		检查方法
	单位	数值	
原材料	设计要求		查产品合格证书或抽样送检
桩径	mm	－20	用钢尺量或计算填料量
桩身强度	设计要求		查 28 d 试块强度
地基承载力	设计要求		按规定的办法
桩身完整性	按桩基检测技术规范		按桩基检测技术规范

续表

检查项目	允许偏差或允许值		检查方法
	单位	数值	
桩位偏差		满堂布桩≤0.40*D* 条基布桩≤0.25*D*	用钢尺量，*D* 为桩径
桩垂直度	%	≤1.5	用经纬仪测桩管
桩长	mm	+100	测桩管长度或垂球测孔深
褥垫层夯填度	≤0.9		用钢尺量

注：1 夯填度指夯实后的褥垫层厚度与虚体厚度的比值。

2 桩径允许偏差负值是指个别断面。

4.9.10 柱锤冲扩桩复合地基的质量检验应符合下列规定：

1 施工过程中应随时检查施工记录及现场施工情况，并对照预定的施工工艺标准，对每根桩进行质量评定；

2 施工结束后 7 d～14 d，可采用重型动力触探或标准贯入试验对桩身及桩间土进行抽样检验，检验数量不应少于冲扩桩总数的 2%，每个单体工程桩身及桩间土总检验点数均不应少于 6 点；

3 竣工验收时，柱锤冲扩桩复合地基承载力检验应采用复合地基静载荷试验；

4 承载力检验数量不应少于总桩数的 1%，且每个单体工程复合地基静载荷试验不应少于 3 点；

5 静载荷试验应在成桩 14 d 后进行。

4.9.11 多桩型复合地基的质量检验应符合下列规定：

1 竣工验收时，多桩型复合地基承载力检验，应采用多桩复合地基静载荷试验和单桩静载荷试验，检验数量不得少于总桩数的 1%；

2 多桩复合地基载荷板静载荷试验，对每个单工程检验数量不得少于 3 点；

3 增强体施工质量检验，对散体材料增强体的检验数量不应少于其总桩数的 2%，对具有粘结强度的增强体，完整性检验数量不应少于其总桩数的 10%，可采用静荷载试验进行检验。

4.9.12 砂（碎石）垫层的检验应符合下列规定：

1 对碎石垫层的施工质量可采用重型动力触探试验等进行检验。压实系数可采用灌砂法、灌水法或其他方法进行检验。

2 换填垫层的施工质量检验应分层进行，并应在每层的压实系数符合设计要求后铺填上层。

3 采用标准贯入试验或动力触探法检验垫层的施工质量时，每分层平面上检验点的间距不应大于 4 m。

4 竣工验收应采用静载荷试验检验垫层承载力，且每个单体工程不宜少于 3 个点；对于大型工程应按单体工程的数量或工程划分的面积确定检验点数。

4.9.13 桩基施工相关技术要求应符合现行国家标准《建筑桩基技术规范》JG J94 的要求；桩基施工质量验收应符合现行国家标准《建筑基桩检测技术规范》JGJ 106 的要求。

5 基 床

5.1 一般规定

5.1.1 整体道床路基、普通路基工后沉降≤50 mm，不均匀沉降≤20 mm，路桥、路涵过渡段工后不均匀沉降≤10 mm，路基与桥梁或涵洞折角≤1/1 000。

5.1.2 基床检验批长度宜为200 m，不足200 m的施工区段按一个检验批计。

5.2 基床底层

5.2.1 路基填筑作业应按四区段八流程作业方式进行，分层碾压。碾压时，各区段交接处应重叠压实，填料粒径应符合设计及规范要求。

5.2.2 碾压时填料的含水量应严格控制，其施工含水量应控制在最优含水率的－3%～+2%范围以内。严禁雨天进行非渗水土的填筑作业。

5.2.3 填料的颗粒粒径不得大于填筑厚度的三分之二且小于15 cm。

5.2.4 每层压实面应有不小于2%的横坡且平整、无积水、无明显碾压轮迹、无明显局部凸凹等现象。两侧应按一定加宽值填筑，且应将路基两侧边缘碾压密实。

5.2.5 河滩、滨河路堤宜在枯水季节施工，并在洪汛前做完水下防护工程。滨河路堤应采用围堰拦潮或利用潮汐间隙期施工。水库路堤宜在水库蓄水前或低水位期施工。

5.2.6 填筑桥头河滩路堤，不得在河滩上取土。填筑滨河路堤，不得在临水一侧取土。

5.2.7 涵洞两侧必须同时填筑。

5.2.8 不同类别的填料应分别填筑，不应混填，每一摊铺层填料中的粗细料应摊铺均匀。原地面高低不平时，应先从最低处分层填筑。

5.3 基床表层

5.3.1 基床表层每一层压实层全宽必须使用同一种类且条件相同的填料。

5.3.2 基床表层的填筑施工应符合下列规定：

1 填料的颗粒粒径最大不得大于 15 cm。

2 基床表层填料与基床底层填料的颗粒级配不满足 $D_{15} < 4\ d_{85}$ 时，应在两层填料间铺设粒径过渡层（下部填土为改良土时，可不受此项限制）。

3 填料的含水量应严格控制，其施工含水量应控制在最优含水量的－3%～+2%范围以内。

4 摊铺压实宜按四区段八流程作业方式作业。碾压时，各区段交接处应重叠压实，纵向搭接长度不得小于 2 m，纵向行与行之间的轮迹重叠压实不小于 0.3 m，横向同层接头处重叠压实不小于 1 m，上下两层填筑接头应错开不小于 3 m。

5 填筑时应按一定值加宽，且两侧边缘应碾压密实。

6 每层压实面应有排水横坡且平整、无积水、无明显碾压轮迹、无明显局部凹凸等现象。

7 基床表层填筑前应验收基床底层，检验几何尺寸，核对压实标准。不符合标准的基床底层应进行修整，使其达到基床底层验收标准后方可进行基床表层填筑。

8 填料必须场拌生产，拌和设备应计量准备。

9 严禁在雨天进行填筑作业。

10 路基应平顺无缺损，肩棱整齐，不易风化的硬质岩石路堑路基面超挖凹坑应用不低于C25的混凝土填平，凸起部分人工凿平。

11 接触网支柱基础、渗水暗沟、电缆槽等施工不应破坏路基面。如有破坏，应用混凝土补齐。

5.4 路基面

5.4.1 有路拱与无路拱路基面的连接，应在无路拱地段按设计要求长度削铲顺坡。

5.4.2 路基填筑至设计高程后，应在路肩设观测桩，与边桩和沉降同步进行观测，通过测量路肩观测桩的高程变化，确定路基面的沉降量。

5.4.3 工程埋设穿过路基的管、线、桩、柱等预埋构件，不得侵入设计规定的限界，且应保持路基的外观整齐。接触网支柱基础、渗水暗沟、电缆沟槽等施工不应破坏路基面。如有破坏，应用混凝土补齐。

5.4.4 路拱、坡面应平顺。路肩线平直、肩棱整齐、曲线圆顺、线型美观。

路基面应平顺无缺损，肩棱整齐，不易风化的硬质岩石路堑路基面超挖凹坑应用不低于C25的混凝土填平，凸起部分人工凿平。

5.4.5 路基面不得积水，雨后的路基面必须晾晒、刮除表面浮土和复压处理，并经抽检合格后才能继续施工。填补路基面凹坑时应将深10 ~ 15 cm的表层挖松，并采用与路基面相同的填料压实。

5.4.6 昼夜平均气温在0 °C以下且连续15天时，应按低温施工办理。低温施工施工期间路基面及边坡修整工作必须在解冻后进行。

5.4.7 路堑的路基面应平顺，肩棱整齐；爆破时局部缺损的路肩以混凝土修补平整。路堑洞穴施工时路基面上的溶洞，应采用片石混凝土或钢筋混凝土封闭，封闭厚度不小于 0.5 m，顶部与路基面齐平，搭盖洞口0.1 m以上。土工合成材料垫层。

5.4.8 路基面混凝土初凝前进行拉毛，拉毛深度不小于 2 mm，不大于5 mm。

5.4.9 路基面平整度施工允许偏差应满足表5.4.9的要求。

表5.4.9 路基面平整度施工允许偏差

项 目	允许误差	施工单位检验数量	检验方法
路堤和土路堑基床	15 mm	100 m等间距检查5点	用2.5 m长尺量测

5.5 施工质量验收

Ⅰ 基 床

5.5.1 基床施工前应选择试验段进行换填摊铺压实工艺性试验，

确定主要工艺参数，并报监理单位确认。

5.5.2 基床底层验收的主控项目应符合下列规定：

1 填料种类、质量应符合设计要求。填筑前对取土场填料进行取样检验；填筑时应对运至现场的填料进行抽样检验。当填料土质发生变化或更换取土场时应重新进行检验。填料的检验项目、检验数量应符合表 5.5.2-1 的规定。

表 5.5.2-1 填料的检验项目、检验数量

填料种类	颗粒级配	相对密度	液、塑限	击实试验	大于 5 mm 颗粒的单位体积重	大于 20 mm 颗粒的单位体积重	大于 40 mm 颗粒的单位体积重
细粒土及粉砂、黏砂	—	—	每 5 000 m^3 ~ 10 000 m^3	每 5000 m^3 ~ 10 000 m^3	每 5 000 m^3	—	每 5 000 m^3
粗粒土（除粉砂、黏砂外）	每 10 000 m^3	每 10 000 m^3	—	—	每 10 000 m	—	每 10 000 m^3
碎石类土	每 10 000 m^3	每 10 000 m^3	—	每 5 000 m^3 ~ 10 000 m^3	—	每 10 000 m^3	—

注：1 表列数字为进行一次实验的填料体积（m^3）；
2 大于 5 mm、20 mm、40 mm 颗粒的单位体积重进行密度校正计算时应做的试验；
3 当细粒土中含粗颗粒的最大粒径大于重型击实实验试筒所规定的最大粒径时，超过尺寸的粗颗粒应做颗粒密度试验。

2 路基分层摊铺压实厚度应符合工艺性试验确定的填筑厚度和压实工艺参数要求。

通过对不同松铺厚度、不同含水量的填料压实次数及检测指标的总结，确定适宜的松铺厚度、最佳含水量及相应的碾压遍数，最佳的机械配置和施工组织，并对填土的施工工艺流程进行优化，最终形成最佳的用于指导施工的填筑厚度及压实工艺参数。

施工单位每 100 m 检查 3 处；监理单位每 100 m 见证检验 1 处；通过观察、尺量检测。

3 基床底层填料粒径应满足设计压实性能要求，压实度及 K_{30} 检测符合设计要求。

监理单位按施工单位检验数量的 20%见证检验或 10%平行检验，均不少于 1 次。基床填筑层压实质量的检验数量、检验方法应符合表 5.5.2-2 的规定。

表 5.5.2–2 基床填筑层压实质量的检验数量、检测方法

填料种类	检验数量	检验方法
各种土类	每填高 0.9 m，纵向每 100 m 检查 2 个断面 4 个点，距路基边缘 2 m 处 2 点、中间 2 点。不足 0.9 m 亦检查 2 个断面 4 点	K_{30} 平板载荷仪
细粒土和黏砂土	每层沿纵向每 100 m 等间距检查 2 个断面 6 点，每断面左、中、右各 1 点，左、右点距路基边缘 1 m 处	核子密度仪、环刀法
粗粒土、细粒土		灌砂法、气囊法
粗粒土、细粒土、碎石类、最大粒径小于 60 mm 的块石类土		灌水法

4 路堤与路堑结合部应按设计要求在原地面开挖台阶，台阶宽度不小于 1 m，台阶土应密实。

施工单位每个结合部检查 3 个点；监理单位见证检验 1 个点，通过观察、尺量检测。

5 改良土应符合下列规定:

1）外掺水泥、石灰、粉煤灰的品种、规格、质量应符合设计要求。

检验数量：施工单位对同一产地、厂家、品种且连续进场的水泥每 500 t 做一次水泥强度等级和终凝时间检验，石灰每 4 000 t 做一次有效钙、氧化镁检验，粉煤灰每 4 000 t 做一次烧失量检验；监理单位在掺用量每 10 000 t 时平行检验 1 组，且每分部工程不少于 1 组。

检验方法：应符合《铁路工程土工试验规程》TB 10102 的有关规定。

2）外掺砂、砾石、碎石的种类、质量应符合设计要求，进场应进行材料检验。

检验数量：同一产地、品种、规格且连续进场的砂、砾石、碎石材料每 2 000 m^3 为 1 批，不足上述数量时亦按一批计。施工单位每批检验 1 组；监理单位按施工单位检验数量的 20%见证检验或 10%平行检验 1 组，且每分部工程不少于 1 组。

检验方法：颗粒分析、密度、压碎值、有机质试验。

3）改良土填筑过程中应对改良土的混合料进行现场检验，应符合表 5.5.2-3 的规定。

表 5.5.2–3　掺砂、砾石、碎石改良土检验项目、检验数量

改良土种类	颗粒级配	相对密度	液、塑限	压碎值	击实试验	大于 5 mm 颗粒的单位体积重	大于 20 mm 颗粒的单位体积重
掺砂改良土	5 000 m^3	5 000 m^3	5 000 m^3	—	5 000 m^3	5 000 m^3	—
掺砾石改良土	5 000 m^3	5 000 m^3	5 000 m^3	5 000 m^3	5 000 m^3	—	5 000 m^3
掺碎石改良土	5 000 m^3	5 000 m^3	5 000 m^3	5 000 m^3	5 000 m^3	—	5 000 m^3

注：1　表列数字为进行一次检验的填料数量；

2　大于 5 mm、20 mm 颗粒的单位体积重量进行密度校正计算时应做的试验；

3　压碎值为评定土中的砾、碎石抗压碎能力。

检验数量：施工单位对改良土的检验项目、检验数量应符合上表规定；监理单位在每填筑 10 000 m^3 时平行检验 1 组，且每分部工程不少于 1 组。检验方法：应符合《铁路工程土工试验规程》TB 10102 的有关规定。

4）改良土施工时应注意最大干密度的时效性，当改良土含水量发生变化时应采取相应措施，保证其最大干密度。

6 基床底层边坡的施工质量应符合本标准路堤边坡的质量规定，应密实、稳固，其压实质量应符合设计要求。

检验数量：施工单位每 100 m 等间距检查 4 点（距路基边线 0.5 m 处，每侧 2 点）；监理单位每 200 m 见证检查 2 点。

5.5.3 基床底层验收的一般项目应符合下列规定：

1 使用不同种类填料填筑时，上下两层填料的颗粒级配应满足 $D_{15} < 4\,d_{85}$，且每一压实层全宽宜采用同一种类且条件相同的填料。当渗水土填在非渗水土上时，非渗水土层顶面应向两侧设置 4% 的横向排水坡；非渗水土填在渗水土上，接触面可为平面。施工单位每 100 m 等间距检查 3 处。通过观察、坡度尺量检测。

2 改良土填筑层石灰、水泥掺料剂量试验配比允许偏差为 +1% ~ −0.5%。

施工单位每层每 100 m 检查 3 处。通过 EDTA 滴定法检测。

3 基床底层顶面中线高程、中线至路肩边缘距离、宽度、横坡、平整度允许偏差及检验标准应符合表 5.5.3 的规定。

表 5.5.3 基床底层顶面允许偏差及检验

序号	项　目	允许偏差	施工单位检验数量	检验方法
1	中线高程	± 20 mm	每 100 m 等间距检验 3 点	水准仪测量
2	路肩高程	± 20 mm	每 100 m 等间距检验 6 点（左、右各 3 点）	水准仪测量
3	中线至路肩边缘距离	路堑：0 ~ 100 mm 路堤：不小于设计值	每 100 m 等间距检验 3 个断面	尺　量
4	宽　度	不小于设计值	每 100 m 等间距检验 3 个断面	尺　量
5	横　坡	± 0.5%	每 100 m 等间距检验 5 个断面	坡度尺量/水准测量
6	平 整 度	15 mm	每 100 m 等间距检验 5 点	用 2.5 m 长直尺量测

5.5.4　基床表层验收的主控项目应符合下列规定：

1　基床表层填料的种类、质量应符合设计要求。填筑前应对拌和站成品进行取样检验；填筑时应对运至现场的填料进行抽样检验，检验项目、检验数量应符合表 5.5.4-1 的规定。当更换拌和料原材料或更换拌和站时应重新进行检验。

表 5.5.4–1 基床表层填料检验项目、检验数量

填料种类	颗粒级配	液、塑限	击实试验	大于 5 mm 颗粒的单位体积重	大于 20 mm 颗粒的单位体积重	大于 40 mm 颗粒的单位体积重
细粒土及黏砂土	—	5 000 m^3	5 000 m^3	5 000 m^3	—	—
粗粒土（黏砂土除外）	5 000 m^3	—	—	5 000 m^3	—	—
碎石土	5 000 m^3	5 000 m^3	—	—	5 000 m^3	5 000 m^3

监理单位应检查试验结果，在每填筑 5 000 m^3 时平行检验一组。

2　级配碎石、级配砂砾石的质量应符合设计要求。

检验数量：施工单位在填筑前应对级配碎石、级配砂砾石填料抽样检验，填料的检验项目、检验数量应符合表 5.5.4-2 的规定；监理单位对颗粒分析、磨耗率、有机质含量每填筑 50 000 m^3 平行检验 1 组，其余项目每填筑 10 000 m^3 平行检验 1 组，且每个桥台过渡段不少于 1 组。

表 5.5.4–2　级配碎石、级配砂砾石检验项目、检验数量

颗粒分析	磨耗量	有机质含量	颗粒级配	击实试验	大于 5 mm 颗粒的单位体积量
10 000 m^3	10 000 m^3	10 000 m^3	2 000 m^3	2 000 m^3	2 000 m^3

3　基床表层的分层填筑摊铺厚度应符合工艺性试验确定的填筑厚度和压实工艺参数要求，并不得大于 0.3 m。基床填筑层压实质量的检验数量、检测方法应符合表 5.5.4-3 的规定。

施工单位每 100 m 检查 3 处；监理单位每 100 m 见证检验 1 处。通过观察、尺量检测。

表 5.5.4–3　基床填筑层压实质量的检验数量、检测方法

<table>
<tr><th>填料种类</th><th>检验数量</th><th>检验方法</th></tr>
<tr><td>各种土类</td><td>每填高 0.9 m，纵向每 100 m 检查 2 个断面 4 个点，距路基边缘 2 m 处 2 点、中间 2 点。不足 0.9 m 亦检查 2 个断面 4 点</td><td>K_{30} 平板载荷仪</td></tr>
<tr><td>细粒土和黏砂土</td><td rowspan="3">每层沿纵向每 100 m 等间距检查 2 个断面 6 点，每断面左、中、右各 1 点，左、右点距路基边缘 1 m 处</td><td>核子密度仪、环刀法</td></tr>
<tr><td>粗粒土、细粒土</td><td>灌砂法、气囊法</td></tr>
<tr><td>粗粒土、细粒土、碎石类、最大粒径小于 60 mm 的块石类土</td><td>灌水法</td></tr>
</table>

4 基床表层的厚度不得小于设计值。

施工单位每 100 m 检查 6 点;监理单位每 300 m 见证检验 4 点。通过挖坑尺量检测。

5 施工单位在填筑前对填料抽样检验，填料的检验项目、检验数量应符合表 5.5.4-4 的规定；监理单位对颗粒分析、磨耗率、有机质含量每填筑 50 000 m^3 平行检验 1 组,其余项目每填筑 10 000 m^3 平行检验 1 组，且每个桥台过渡段不少于 1 组。

表 5.5.4–4 路基基床的压实标准

层位	填料类别	细粒土和黏砂、粉砂	细砂、中砂、粗砂、砾砂	砾石类	碎石类	块石类混合料
表层	压实系数 K_h	0.91	—	—	—	—
	地基系数 K_{30}	0.9	1	1.5	1.5	—
	相对密度 D_r	—	0.75	—	—	—
	孔隙率 n	—	—	28	28	
底层	压实系数 K_h	0.91	—	—	—	—
	地基系数 K_{30}	0.9	1	1.2	1.2	1.5
	相对密度 D_r	—	0.75	—	—	—
	孔隙率 n	—	—	33	33	—

5.5.5 基床表层验收的一般项目应符合下列规定：

1 有路拱与无路拱路基的连接，应在无路拱地段按设计要求削铲顺坡，长度不应小于 10 m。

检查数量：施工单位全部检查。

2 路基基床表层中线高程、路肩高程、中线至路肩边缘距离、宽度、横坡允许偏差及检验标准应符合表 5.5.5 规定。

表 5.5.5　基床表层顶面允许偏差及检验

序号	项　目	允许偏差	施工单位检验数量	检验方法
1	中线高程	± 20 mm	每 100 m 等间距检验 3 点	水准仪测量
2	路肩高程	± 20 mm	每 100 m 等间距检验 6 点(左、右各 3 点)	水准仪测量
3	中线至路肩边缘距离	路堑：0 ~ 100 mm 路堤：不小于设计值	每 100 m 等间距检验 3 个断面	尺　量
4	宽　度	不小于设计值	每 100 m 等间距检验 3 个断面	尺　量
5	横　坡	± 0.5%	每 100 m 等间距检验 5 个断面	坡度尺量/水准测量

II　路基面

5.5.6　路基面验收的主控项目应符合下列规定：

1　路基中线和路肩的位置、高程应符合设计要求，测量检验标准应符合表 5.5.6 的规定。

表 5.5.6　路基中线测量检验标准

序号	项　目	允许偏差	检验频率		检验方法
			范围	点数	
1	直线方向闭合	KC≤400 m 时，每 100 m 允许 5 mm; KC > 400 m 时允许 20 mm	每施工段	全部	水准仪、经纬仪测量
2	直线测距闭合	1/2 000			
3	曲线方向闭合	50 mm			
4	曲线测距闭合	1/2 000			

注：KC—直线上转点的点间距。

检验数量：施工单位等间距检查 9 个断面 27 个点(每断面中线 1 点，路肩 2 点)；监理单位见证检验 3 个断面 9 个点。

检验方法：水准仪、经纬仪测量。

2 工程埋设穿过路基的管、线、桩、柱等预埋构件，不得侵入设计规定的限界，且应保持路基的外观整齐。

检验数量：施工单位、监理单位全部检查。

检验方法：观察、用钢尺量。

3 路拱、坡面应平顺。路肩线平直、肩棱整齐、曲线圆顺、线型美观。

检验数量：施工单位、监理单位全部检查。

检验方法；观察。

4 路基面厚度应符合设计要求

检测数量：200 m 检测一次。

检测方法：钢尺测量。

5.5.7 路基面验收的一般项目应符合下列规定：

1 路基面不得积水，填补路基面凹坑时应将深 10 cm ~ 15 cm 的表层挖松，并采用与路基面相同的填料压实。

检验数量：施工单位每填补一个凹坑检查 2 处。

检验方法：观察、用钢尺量。

2 路基面平整度检验标准应符合表 5.5.7 的规定。

检验数量：施工单位全部检查。

表 5.5.7 路基面平整度检验标准

序号	项目	允许偏差	检验频率		检验方法
			范围	点数	
1	平整度	15 mm	每 100 m	5	3 m 靠尺检查

6 一般路基

6.1 一般规定

6.1.1 基床填筑前应选择试验段做换填摊铺压实工艺试验，确定主要工艺参数，并报监理确认。

6.1.2 基床换填、摊铺、压实的一般要求应符合本规范 5.2 的相关规定。

6.1.3 基床表层填料施工每一层必须使用同一类且条件相同的填料。

6.2 路 堑

6.2.1 路堑两侧顶部排水截流设施开工前应先施工，并应满足下列要求：

1 排水设施应与城市排水系统相沟通，排出的水不得危害附近建筑物、地下管线、道路和农田；

2 路堑与隧道洞口连接处，应安装排水设施。

6.2.2 路堑天沟、侧沟及其他引、截、排水设施，基底应坚实，沟坡、沟底应平顺，沟内无浮土和杂物，排水畅通。

6.2.3 路堑开挖前应标出边坡线，坡顶、坡面应无危石、裂缝和其他不安全因素，必要时应进行处理。

6.2.4 路堑应自上而下逐级开挖，严禁掏洞施工；且开挖一级防护一级。然后再开挖下一级。

6.2.5 在岩层走向及倾角不利边坡稳定的地段应顺层开挖，不得扰动岩层。设有挡土墙地段，应短开挖或采用马口式开挖，并采取临时支护措施。

6.2.6 路堑两侧不宜弃土；如弃土时，则应保证路堑边坡稳定且距边坡开挖边界线稳定。

6.2.7 路堑边坡应密实平整、无明显高低差、凸悬危石、浮石、渣堆和杂物，平台台面应平整并符合设计要求。

6.2.8 路堑挖至接近堑底时，应核对地质，测放基床边界线，并修整压实。

6.2.9 石质路堑开挖严禁采用洞室爆破，宜采用深孔、预裂、光面爆破。

6.3 路 堤

6.3.1 路堤基底土质应符合设计要求，并在填筑前按下列要求进行处理：

1 挖除树根、树墩、杂草，清除杂物和积水；

2 基底坡度陡于 1∶5 时，应挖成不小于 1 m 宽的台阶；

3 原地面松土应进行翻挖和压实；

4 路堤填筑前基地以下 25 米范围内应符合表 6.3.1 的规定。

表 6.3.1 路堤地基条件

地 层	地 基 条 件
基岩	无条件
碎、卵、砾石类	无条件
砂类土	$P_s \geqslant 5$MPa 或 $N \geqslant 10$，且无地震液化可能
黏性土	$P_s \geqslant 1.2$ MPa 或 $\sigma_0 \geqslant 0.15$ MPa

注：P_s——标准贯入度；σ_0——基本承载力；N—标准贯入试验锤击数。

6.3.2 路堤填料和边坡坡度应符合设计要求。路堤填筑密实度如设计无规定时应符合表 6.3.2 的规定。

表 6.3.2 路堤填筑密实度标准

路肩高程以下范围（cm）	密实度要求（%）
0 ~ 50	95/98
50 ~ 120	93/95
> 120	87/90

注：1 表中分子为重锤击实标准，分母为轻锤击实标准，两者均以相应的击实试验法求得的最大压实度为 100%；

2 路堤压实度应采用重锤击实标准，如回填土含水量大，缺少重型压实机具时，可采用轻锤击实标准；

3 构筑物基础以下的回填土密实度，应根据设计要求确定。

6.3.3 路堤填筑施工应符合下列规定：

1 碾压应顺路堤边缘向中央进行，碾轮外缘距填土边坡外沿 500 mm 的填筑部位应辅以小型机具夯实。

2 分段填筑时，每层接缝处应做成斜坡形，碾迹重叠 0.5 m ~ 1.0 m，上下层错缝不应小于 1 m。

3 采用振动压路机碾压时，宜先静压之后再振压。

4 同一填筑层不同土质不得混填。分层填筑时，下层宜填筑透水性较大填料，如条件限制，只能填筑透水性小的填料时，表面应做排水坡或盲沟，边坡不得用透水性小的填料封闭。

6.3.4 桥头、涵洞（管）结构强度达到设计要求时方可进行背后土方填筑，施工按本规范第 6.3.3 条要求外，尚应满足下列要求：

1 桥头及挡土墙应填筑透水性好的填料，如受条件限制，填筑透水性差的填料时，应保证其密实度；

2 桥台护坡和填筑宜同时进行，填面微向外侧倾斜；

3 涵洞（管）填土应自两侧对称、均匀分层填筑，对防水层应有保护措施；

4 桥头护坡及挡土墙背后填筑时，其滤水层或排水盲沟应按设计施工。

6.3.5 路堤边坡应夯实，其坡度应符合设计要求。对受自然因素易损坏的路堤边坡坡面，应按设计要求采取防护措施。

6.3.6 路堤雨季填筑施工应满足下列要求：

1 取、运、填、铺、压各工序应连续作业，逐段完成；

2 路堤周围应做好排水系统，傍山沿河地段，应采取防洪措施；

3 涵洞（管）和易翻浆或低洼地段应提前施工；

4 严禁在大、中雨或连阴雨天填筑非透水性填料；

5 路堤填筑应留横向排水坡度并应边填边压实。

6.3.7 冬季路堤填筑应满足下列要求：

1 填料：应选用未冻结的砂类土、碎石、卵石土、石渣等透水性良好的材料，不得用含水量过大的黏性土；

2 取、运、填、铺、压各工序应连续作业，周转时间应大于土的冻结时间；

3 遇大雪或其他原因中途停工时，应整平填层及边坡面并加以覆盖，施工前应清除填筑面的冰雪和保温材料；

4 路堤面及边坡整修宜在解冻后进行。

6.3.8 路堤填筑应严格控制填料含水量，其碾压密实度检测应符合下列规定：

1 每层填筑按路基长度，每 50 m（也不大于 1000 m^2）取样一组，每组不应小于 3 个点，即路基中部和两边各 1 点；

2 遇有填料类别和特征有明显变化和对压实质量可疑处，应增加测点。

6.4 施工质量验收

6.4.1 路堑基床底层验收主控项目应满足下列要求：

1 路堑基床底层填料种类、质量应符合设计要求，其检验应符合本标准第 5.5.2 条规定。

2 路堑基床底层厚度范围内含有软弱土层时，天然土层静力触探比贯入阻力 P_s 值不得小于 1.2 MPa，当低于指标时，应挖除底层范围内的软弱天然土层，换填符合设计要求的填料或改良土填筑。

检查数量：施工单位每 100 m 检查 2 点；监理单位每 200 m 见证检验 1 点，且每个检验批工程不少于 2 点。

检验方法：静力触探。

3 路堑基床底层的换填厚度应符合设计要求。

检验数量：施工单位每 100 m 等间隔检查 3 点；监理单位见证检验 1 点。

检验方法：尺量。

4 路堑基床底层换填分层摊铺压实厚度应符合工艺性试验确定的填筑厚度和压实工艺参数要求。

检验数量：施工单位每 100 m 检查 3 处；监理单位每 100 m 见证 1 处。

检验方法：观察、尺量。

5 路堑基床底层换填土压实质量应符合本标准第 5.5.2、表 5.5.4-4 相关要求。

6.4.2 路堑基床底层一般项目应满足下列要求：

1 路堑基床底层顶面高程、中线至路肩边缘线距离、宽度、横坡、平整度的允许偏差应符合本标准第 5.5.3 相关规定。

6.4.3 路堑基床表层主控项目应满足下列要求：

1 路堑基床表层的填料种类、质量、路基压实质量及检验应符合本标准第 5.5.4 相关规定。

2 路堑基床表层换填分层摊铺压实厚度应符合工艺性试验确定的填筑厚度和压实工艺参数要求，并不得大于 0.3 m。

检验数量：施工单位每 100 m 检查 3 处；监理单位每 100 m 见证 1 处。

检验方法：观察、尺量。

3 路堑基床表层换填的厚度应符合设计要求。

检验数量：施工单位每 100 m 检查 3 点；监理单位见证 1 点。

检验方法：尺量。

6.4.4 路堑基床表层一般项目应满足下列要求：

1 有路拱与无路拱的路基面衔接，应符合本标准第 5.5.5 相关规定。

2 路基面应平顺、无积水、路肩肩棱整齐、曲线圆顺。石质路堑路基面超爆凹坑超过 30 cm 时，应用浆砌片石填平。

检查数量：施工单位全部检查。

检查方法：观察、尺量。

3 路堑基床表层中线高程、路肩高程、中线至路肩边缘距离、宽度、横坡允许偏差及检验标准应符合本标准第 5.5.5 相关规定。

7 特殊路基

7.1 一般规定

7.1.1 特殊路基施工，应进行必要的相关试验，编制专项施工组织设计。

7.1.2 采用新技术、新工艺、新设备、新材料时，必须制定相应的工艺、质量标准。

7.1.3 选择适宜的季节进行路基加固处理施工，并宜符合下列要求：

1 湖、塘、沼泽等地的软土地基宜在枯水期施工。

2 膨胀土路基宜在少雨季节施工。

3 强盐渍土路基应在春季施工；黏性盐渍土路基宜在夏季施工；砂性盐渍土宜在春季和夏初施工。

7.1.4 特殊路基施工除符合本章规定外，还应遵守一般路基章节的规定。

7.2 软土路基

7.2.1 软土地基处治前，应复核处治方案的可行性，编制实施性施工组织设计。

7.2.2 软土地基处治材料的选用及处治方案，宜因地制宜就近取材。

7.2.3 软土路基应符合下列规定：

1 软土或松软土地基加固处理应满足路堤稳定和工后沉降要求。

2 路堑及高度小于基床厚度的低路堤，地基加固措施应满足基床承载力要求。

3 饱和粉土及粉细砂地基，加固深度及密度应满足防止振动液化的要求。

4 当软土层厚度小于 3 m，且表层无硬壳时，宜采用换填措施处理。

7.2.4 软土路基施工应符合下列规定：

1 软土路基施工应列入地基固结期。应按设计要求进行预压，预压期内，除补填因加固沉降引起的补方外，严禁其他作业。

2 施工前应修筑路基处理试验路段，获取各种施工参数。

3 置换土施工应符合下列规定：

1）填筑前，应排除地表水，清除腐殖土、淤泥。

2）填料宜采用透水性土。处于常水位以下部分的填土，不得使用非透水性土壤。

3）填土应由路中心向两侧按要求分层填筑并压实，层厚宜为 15 cm。

4）分段填筑时，接茬应按分层作成台阶形状，台阶宽不宜小于 2 m。

4 当软土层厚度小于 3.0 m，且位于水下或为含水量极高的淤泥时，可使用抛石挤淤，并应符合下列规定：

1）应使用不易风化石料，石料中尺寸小于 30 cm 的粒径含量不得超过 20%。

2）抛填方向应根据道路横断面下卧软土地层坡度而定。坡度平坦时自地基中部渐次向两侧扩展；坡度陡于 1∶10 时，自高侧向低侧抛填，并在低侧边部多抛投，使低侧边部约有 2 m 宽的平台顶面。

3）抛石露出水面或软土面后，应用较小石块填平、碾压密实，再铺设反滤层填土压实。

5 采用砂垫层置换时，砂垫层应宽出路基边脚 0.5 m ~ 1.0 m，两侧以片石护砌。

6 采用反压护道时，护道宜与路基同时填筑。当分别填筑时，必须在路基达到临界高度前将反压护道筑完。压实度应符合设计规定，且不应低于最大干密度的 90%。

7 采用土工材料处理软土路基应符合本标准 4.5 节相关要求。

8 采用袋装砂井排水应符合下列规定：

1）宜采用含泥量小于 3%的粗砂或中砂做填料。砂袋的渗透系数应大于所用砂的渗透系数。

2）砂袋存放使用中不得长期曝晒。

3）砂袋安装应垂直入井，不得扭曲、缩颈、断割或磨损，砂袋在孔口外的长度应能顺直伸入砂垫层不小于 30 cm。

4）袋装砂井的井距、井深、井径等应符合设计要求。

9 采用塑料排水板应符合下列规定：

1）塑料排水板应具有耐腐性，柔韧性、强度与排水性能应符合设计要求；

2）塑料排水板储存与使用中不得长期曝晒，并应采取保护滤膜措施；

3）塑料排水板敷设应直顺，深度符合设计规定，超过孔口长度应伸入砂垫层不小于 50 cm。

7.2.5 水泥为主剂的注浆施工应符合下列规定：

1 注浆施工时，宜采用自动流量和压力记录仪，并应及时进行数据整理分析。

2 注浆孔的孔径宜为 70 mm ~ 110 mm，垂直度允许偏差应为 ± 1%。

3 浆液黏度应为 80 s ~ 90 s，封闭泥浆 7 d 后 70.7 mm × 70.7 mm × 70.7 mm 立方体试块的抗压强度应为 0.3 MPa ~ 0.5 MPa。

4 浆液宜用普通硅酸盐水泥。注浆时可部分掺用粉煤灰，掺入量可为水泥重量的 20% ~ 50%。根据工程需要，可在浆液拌制时加入速凝剂、减水剂和防析水剂。

5 注浆用水 pH 值不得小于 4。

6 水泥浆的水灰比可取 0.6 ~ 2.0，常用的水灰比为 1.0。

7 注浆的流量可取 7 L/min ~ 10 L/min，对充填型注浆，流量不宜大于 20 L/min。

8 当用花管注浆和带有活堵头的金属管注浆时，每次上拔或下钻高度宜为 0.5 m。

9 浆体应经过搅拌机充分搅拌均匀后，方可压注，注浆过程中应不停缓慢搅拌，搅拌时间应小于浆液初凝时间。浆液在泵送前应经过筛网过滤。

10 水温不得超过 30 °C，盛浆桶和注浆管路在注浆体静止状态不得暴露于阳光下，防止浆液凝固；当日平均温度低于 5 °C 或最低温度低于 − 3 °C 的条件下注浆时，应采取措施防止浆液冻结。

11 应采用跳孔间隔注浆，且先外围后中间的注浆顺序。当地下水流速较大时，应从水头高的一端开始注浆。

12 对渗透系数相同的土层，应先注浆封顶，后由下而上进行注浆，防止浆液上冒。如土层的渗透系数随深度而增大，则应自下而上注浆。对互层地层，应先对渗透性或孔隙率大的地层进行注浆。

7.3 膨胀土路基

7.3.1 膨胀土地基施工应符合下列规定：

1 施工应避开雨期，且保持良好的地基排水条件。

2 应采取分段施工。各道工序应紧密衔接，连续施工，逐段完成。

3 路堑开挖应符合下列规定：

1）边坡应预留 30 cm ~ 50 cm 厚土层，路堑挖完后应立即按设计要求进行削坡与封闭边坡。

2）地基应比设计标高超挖 30 cm，并应及时采用粒料或非膨胀土等换填、压实。

4 地基填方应符合下列规定：

1）施工前应按规定做试验段。

2）当填方地基填土高度小于 1 m 时，应对原地表 30 cm 内的膨胀土挖除，进行换填。

3）强膨胀土不得做地基填料。中等膨胀土应经改性处理方可使用，但膨胀总率不得超过 0.7%。

4）施工中应根据膨胀土自由膨胀率，选用适宜的碾压机具，碾压时应保持最佳含水量；压实土层松铺厚度不得大于 30 cm；土块粒径不得大于 3.75 cm，且粒径大于 2.5 cm 的土块量应小于 40%。

5）在路堤与路堑交界地段，应采用台阶式搭接，每阶宽度不得小于 2 m，并碾压密实。

7.3.2 膨胀土地区路基施工，应避开雨季作业，加强现场排水，基底和已填筑的路基不得被水浸泡。

7.3.3 膨胀土作为填料时应符合下列规定：

1 强膨胀土不得作为路堤填料。

2 中等膨胀土经处理后可作为填料，改性处理后胀缩总率应不大于 0.7%。

3 胀缩总率不超过 0.7%的弱膨胀土可直接填筑。

7.3.4 膨胀土路基的压实度应大于等于 93%。

7.3.5 基床底层应采取换填或土质改良措施。对弱、中膨胀土（岩）处理厚度，不应小于 0.5 m；强膨胀土（岩）处理厚度应大于气候剧烈影响层且不宜小于基床底层深度。

7.4 高边坡、滑坡地段路基

7.4.1 高边坡、滑坡地段施工前，应制定应对滑坡或边坡危害的安全预案，施工过程中应进行监测。

7.4.2 高边坡、滑坡整治宜在旱季施工。需要在冬季施工时，应了解当地气候、水文情况，严格按照冬季施工的有关规定实施。

7.4.3 路基施工应注意对高边坡、滑坡区内其他工程和设施的保护。在滑坡区内有河流时，应尽量避免因滑坡治理工程的施工使河流改道或压缩河道。

7.4.4 高边坡、滑坡整治，应及时采取技术措施封闭滑坡体上的裂隙，应在滑坡边缘一定距离外的稳定地层上，按设计要求并结合实际情况修筑一条或数条环形截水沟，截水沟应有防渗措施。

7.4.5 应采取措施截断流向滑坡体的地表水、地下水及临时用水。

7.4.6 高边坡、滑坡体未处理之前，严禁在高边坡、滑坡体上增加荷载，严禁在高边坡、滑坡前缘减载。

7.4.7 高边坡、滑坡整治完成后，应及时恢复植被。

7.4.8 采用削坡减载方案整治高边坡、滑坡时，减载应自上而下进行，严禁超挖或无序开挖，不宜爆破减载。

7.4.9 采用加填压脚方案整治高边坡、滑坡时，只能在抗滑段加重反压，并且做好地下排水，不得因为加填压脚土而堵塞原有地下水出口。

7.4.10 抗滑支挡工程施工应满足下列要求：

1 采用不同类型抗滑支挡结构整治措施时，应有合理的施工方法和施工程序。在上一道工序未达到设计要求之前，不得进行下一道工序。

2 首件工程施工中，应核查实际地质情况并进行地质编录。

3 当墙后有支撑渗沟及排水工程时，应先期施工。

4 抗滑支挡结构物的尺寸和位置应符合设计要求。

5 施工中遇到异常地质情况时，应会同有关单位进行处理。

6 开挖基坑时，应分段跳槽施工，并应加强支撑，随挖随支护，及时回填。

7.4.11 降雨前后及降雨过程中，应加强对施工现场的检查巡视。

7.5 崩塌地段路基

7.5.1 崩塌地段路基施工中，必须采取有效措施，预防岩石塌落，确保安全。

7.5.2 施工过程中必须按设计要求做好截水、排水、防渗设施，处理好岩堆地段的渗入水及地下水。

7.5.3 对单个危岩，应根据地形和岩层情况采用相应的处理措施。地面坡度陡于 1∶1.5 时，应对较大孤石进行处理。

7.5.4 在崩塌地段上进行路堤施工，应清除表层堆积物并挖台阶。

7.5.5 在较大而稳定性较好的岩堆上修筑路基，应按设计要求采取治理岩堆的措施，可注入水泥砂浆、修建护面墙、挡土墙等。对较大而稳定性较差的岩堆，应按设计要求采用综合治理措施，可先修筑下挡墙，再分阶梯形成边坡或修筑护面墙，然后在岩堆体内分段注入水泥砂浆等。

7.6 泥石流地段路基

7.6.1 施工前，应结合设计，详细调查泥石流的成因、规模、特征、活动规律、危害程度等相关情况，核实泥石流形成区、流动区和堆积区，确定适宜的施工方案。

7.6.2 泥石流地区路基施工，应设置专职巡查人员，监测泥石流动态，遇有异常情况应及时处理，确保施工安全。

7.6.3 采用桥梁形式跨越泥石流地段时，应按设计要求采取防护加固措施。

7.6.4 采用排泄道、排导沟、明洞、涵洞、渡槽等排导功能为主的结构进行泥石流处治时，排导构造物应满足下列要求：

1 排导构造物基础应牢固，强度、断面与高度应符合设计要求。

2 排导构造物平面线形应圆滑、渐变，上下游应有足够长的衔接段，行进段沟槽不宜过分压缩，出口不宜突然放宽。流向改变处的转折角不宜超过 15°，避免因急弯突然收缩和扩大而造成淤塞。

3 排导构造物行进段和出口段的纵坡应满足设计要求或大于沟槽的淤积平衡坡度。

7.6.5 永久性调治构造物采用浆砌片（块）石时，应采用质地坚硬、不易风化的片（块）石，基础应置于设计要求的深度，强度符合设计要求。

7.6.6 利用植被治理泥石流时，植物物种应选择生长期短、见效快、根须发达，适宜本地区生长的品种。

7.7 岩溶地区路基

7.7.1 施工前，应结合设计详细核查岩溶分布、地形、地表水、地下水活动规律及设计处治方案的可行性和完整性，严禁随意堵塞溶洞。

7.7.2 在路基边坡上的干溶洞，应清除洞内沉积物并用干砌或浆砌片石堵塞。

7.7.3 路基上方的溶泉或壅水，应按设计先做好排水涵（管）。

7.7.4 路基基底下的干溶洞，可结合设计要求采取下列措施：

1 铲除溶洞石笋，整平基底，直接用砂砾石、碎石、干（浆）

砌片石等回填密实。

2 当溶洞顶板太薄或者顶板较破碎，按设计要求进行加固时，应严格控制加固质量，确保强度。

3 当溶洞顶板较完整、厚度较大时，应根据设计要求，确定处理方案。

4 采用桥涵跨越通过时，桥涵基础必须置于有足够承载能力的稳定地基上。

7.7.5 路基基底下有溶泉或雍水，应采取排导措施保证路基不受浸害；应按设计要求采取措施防止因温差作用而使水汽上升，聚集在路面基层下。

7.7.6 应对路基基底范围内的石笋、石牙进行处理。

7.7.7 流水量大的暗洞及消水洞，用桥涵跨越时，应确保基础稳定。

7.8 洞穴、陷穴、墓穴地段路基

7.8.1 施工前应进行下列工作：

1 对施工地段进行地质核查。

2 疏排地表水，防止地表水下渗。

3 选取洞穴处理所用材料。

7.8.2 洞穴、陷穴、墓穴地段路基施工应满足下列要求：

1 严格按施工图规定的施工方法和要求进行洞穴地基处理。

2 洞穴处理前、后应分别测量、记录处理范围和高程。

7.8.3 人工洞穴处治施工方法及要点应包括下列内容：

1 检查坑洞内的环境，采取安全保护措施。对不稳定的坑洞应加强临时支撑。坑洞内有害气体和物质应予以排除。

2 揭露其表盖层，清除洞内沉积物。

7.8.4 施工质量控制应满足下列要求：

1 洞穴处理需清除浅溶洞中淤泥及其松软沉积物，铲除溶洞表面溶蚀部分，将洞壁倾斜部分做成台阶。采用填片石及水泥土组成的混合物回填，需回填密实。

2 压浆加固处理，加固地基前应通过试验确定灌浆孔深度、孔距及灌浆压力等有关技术参数。

7.9 采空区路基

7.9.1 施工前，应结合设计详查路幅内采空区类型（平洞、竖井或斜井）、水文地质、地下水高度和顶板地层厚度，复核设计方案的可行性，编制施工组织设计，完善处治措施。

7.9.2 路基边沟及排水沟底部，应采取措施防止地表水渗漏到采空区内。

7.9.3 采空区路基基底采用砂砾石、碎石、干（浆）砌片石等回填时，填料质量和填筑压实度应符合设计要求，片石强度满足设计要求。

7.9.4 开挖回填处治采空区，应按设计要求的处理长度、宽度、深度进行处理。

7.9.5 采空区采用充填注浆处理时，处理后地基应满足设计对沉降稳定的要求。

7.10 施工质量验收

7.10.1 工程施工质量应符合本规范和相关专业验收规范的规定。

7.10.2 工程施工应符合工程勘察、设计文件的要求。

7.10.3 参加工程施工质量验收的各方人员应具备规定的资格。

7.10.4 工程质量的验收均应在施工单位自行检查评定合格的基础上进行。

7.10.5 隐蔽工程在隐蔽前，应由施工单位通知监理工程师和相关单位人员进行隐蔽验收，确认合格，并形成隐蔽验收文件。

7.10.6 监理工程师应按规定对涉及结构安全的试块、试件和现场检测项目，进行平行检测、见证取样检测并确认合格。

7.10.7 检验批的质量应按主控项目和一般项目进行验收。

7.10.8 对涉及结构安全和使用功能的分部工程应进行抽样检测。

7.10.9 承担复验或检测的单位应为具有相应资质的独立第三方。

7.10.10 工程的外观质量应由验收人员通过现场检查共同确认。

8 桥梁工程

8.1 一般规定

8.1.1 桥梁工程的预制场应按节约用地、环保节能、永临结合的原则进行规划设计。

8.1.2 桥梁工程应积极推行机械化、工厂化、专业化、信息化施工。

8.1.3 桥梁工程的深基坑、制架梁、现浇梁、悬灌梁、转体梁和梁体吊装等危险性较大的分部分项工程，应制定安全专项施工方案并按照相关规定履行审批手续。

8.1.4 桥梁基础施工前，施工单位应对地下管线进行详细调查并探明具体位置，制定迁改或保护方案并经管线产权单位或管理单位批准。

8.1.5 桥梁的基础、墩台、梁体混凝土浇筑前，应检查预埋接地装置是否符合设计要求。

8.1.6 桥梁预制节段拼装施工应符合《预应力混凝土桥梁预制节段逐跨拼装施工技术规程》GJJ/T 111 的规定。

8.1.7 环境气温达到冬期施工条件时，应编制混凝土冬期施工专项方案，并按照相关规定履行审批手续。

8.1.8 桥梁工程范围内的排水设施、挡土墙、引道等工程施工及验收应符合本标准路基工程施工的有关规定。

8.2 预应力混凝土

8.2.1 预应力材料应满足下列要求：

1 预应力混凝土结构所采用的钢丝、钢绞线、精轧螺纹钢筋等材料（以下统称为“预应力筋”）的性能和质量，应符合现行国家标准《预应力混凝土用钢丝》GB/T 5223、《预应力混凝土用钢绞线》GB/T 5224、《预应力混凝土用螺纹钢筋》GB/T 20065 的规定。

2 预应力锚具、夹具、连接器的性能和质量，应符合现行国家和行业标准《预应力筋用锚具、夹具和连接器》GB/T 14370 和《预应力筋用锚具、夹具和连接器应用技术规程》JGJ 85 的规定。

3 预应力管道的性能和质量，应符合现行行业标准《预应力混凝土用金属波纹管》JG 225 或《预应力混凝土桥梁用塑料波纹管》JT/T 529 的规定。

4 预应力筋及其锚具、夹具、连接器进场时，应对其质量证明文件、包装、标志和规格、型号及数量进行检查，并按上述国家、行业标准和《城市桥梁工程施工与质量验收规范》CJJ2 的相关规定对同一厂家、同一牌号、同一规格、同一生产工艺的产品分批进行检验。

5 预应力材料在存放和运输时应保持清洁，避免损伤、锈蚀和腐蚀。预应力材料宜存放在干燥、通风、防潮、无腐蚀性气体和介质的仓库内，存放时间不宜超过 6 个月。预应力材料存放在室外时，应采用支垫与地面隔离，并进行遮盖防雨、防潮，存放时间不宜超过 3 个月。

8.2.2 预应力筋制作和安装应符合下列规定：

1 预应力钢绞线下料长度应符合设计要求。当设计无要求时，可按下式计算，并通过试用后进行修正。

$$L = L_0 + 2\left(L_1 + L_2\right) + n\left(L_3 + L_4\right) \qquad (8.2.2)$$

式中 L——钢绞线下料长度（mm）;

L_0——锚具支承板间管道长度（mm）;

L_1——工作锚具厚度（mm）;

L_2——长度富余量（可取 100 mm）;

L_3——张拉千斤顶长度（mm）;

L_4——工具锚具厚度（mm）;

n——单端张拉取 1，两端张拉取 2。

2 预应力筋应在保持顺直情况下采用切断机、砂轮锯等机械切割下料，且不得损伤和污染其表面；不得使用电弧、火焰切割。预应力筋搬运时不得在地上拖拉。

3 预应力钢丝和钢绞线下料后应在平整的平台上逐根梳理顺直，避免扭曲和相互交叉、缠绞；应边梳理边捆扎成束，绑扎间距为 1.0 m ~ 1.5 m。

4 下料和编束后的预应力筋应编号存放，并标明其长度及使用部位。预应力筋存放时支点距离不宜大于 3 m，端部悬出长度不宜大于 1.5 m。

5 预应力筋的品种、级别、规格、数量和穿入管位必须符合设计要求。

6 后张法预应力筋可在混凝土浇筑之前或之后穿入管道；预应力穿束前应清除孔道内的杂物、积水，检查孔道有无串孔、漏浆现象。穿束后，应采取措施保护外露预应力筋，并防止水和杂物进入预应力管道。

8.2.3 预应力孔道施工应符合下列规定：

1 采用抽拔胶管（胶棒）制作预应力孔道时，胶管（胶棒）直径应保证成孔孔径符合设计要求，其极限抗拉力不得小于 7.5 kN 且弹性恢复性能较好；胶管（胶棒）内应插入芯棒，以增加刚度。胶管（胶棒）接头宜设在梁体跨中处，接头用铁皮套接，长度不得小于 30 cm，并应密封不漏浆。胶管（胶棒）抽拔后，应对预留孔道逐根检查、疏通。

2 采用金属（或塑料）波纹管制作预应力孔道时，波纹管的规格应符合设计要求。波纹管接长时，可用大一号波纹管做接头套管，套管长度不得小于 30 cm；接头位置宜避开孔道弯曲处。套管两端应采用密封胶带或塑料热缩管包裹严密。

3 管道应严格按照设计位置进行放样后安装，并采用定位钢筋固定，保证管道在钢筋、模板安装和混凝土浇筑期间不发生位移。金属波纹管直线段的定位钢筋间距不应大于 0.8 m，曲线段不应大于 0.4 m；胶管（胶棒）、塑料波纹管直线段的定位钢筋间距不应大于 1.0 m，曲线段不应大于 0.5 m。

4 预应力管道末端轴线应与锚垫板顶面垂直；锚垫板应采取措施进行固定，保证在施工过程中不发生位移。

5 浇筑混凝土前应检查管道和锚具的位置及完好情况，符合设计要求方可浇筑混凝土。

6 在安装后的波纹管旁边进行焊接作业前，应采取隔离措施，防止焊接损伤波纹管。

8.2.4 混凝土施工应符合下列规定：

1 设计有综合接地系统的结构，在混凝土浇筑前应按设计要求安装或连接接地钢筋并标识；应按设计要求检测综合接地网的电阻值，检测合格后方可浇筑混凝土；设计无要求时，接地网任意一点的接地电阻不应大于 10 Ω。

2 混凝土浇筑前及浇筑过程中，应对支架、模板、钢筋、预应力管道及锚具、预埋件和支座等的位置、数量及稳固程度等进行检查。

3 混凝土浇筑前，应将模板内和钢筋上的杂物、油污等清理干净；木模板和新旧混凝土面用水润湿，但不得留存积水；模板的缝隙和孔洞应予堵塞，防止漏浆。

4 混凝土浇筑时，模板温度应为 5 °C ~ 35 °C；否则应采取措施升高或降低模板温度。混凝土入模温度应控制在 10 °C 到 40 °C 之间，否则应采取措施升高或降低混凝土温度。

5 梁体混凝土应连续浇筑、一次成型，并在最先浇筑的混凝土初凝前完成。一般可采取斜向分段、水平分层的浇筑方法；斜向分段长度宜为 4 m ~ 5 m，水平分层厚度不宜大于 30 cm。

6 采用泵送混凝土浇筑时，泵送管路不得与支架、模板、钢筋等直接接触。

7 混凝土浇筑时的自由倾落高度不得大于 2 m，否则应采用滑槽、串筒、漏斗等器具降低自由倾落高度。

8 混凝土振捣应符合施工工艺设计要求，保证混凝土振捣密实。采用插入式振捣器时，应避免碰撞损坏模板、预埋件和预应力管道等部件。

8. 2. 5 混凝土养护应符合下列规定：

1 应根据施工对象、混凝土性能、环境温度及湿度等因素制订具体的养护措施并严格实施。

2 在混凝土浇筑完成且其表面收浆后应尽快予以覆盖，并洒水保湿养护；覆盖时不得损伤或污染混凝土表面。对于硬性混凝土、高强度混凝土、高性能混凝土、炎热天气浇筑的混凝土以及桥面铺装等大面积裸露的混凝土，应加强初始保湿养护。混凝土面有模板覆盖时，应在养护期间使模板保持湿润。

3 混凝土养护用水不得对混凝土有腐蚀作用。混凝土的洒水保湿养护时间不应少于 7 天；对重要工程或有特殊要求的混凝土，应根据环境湿度、温度、水泥品种及掺用的外加剂和掺合料等情况，适当延长养护时间，并应使混凝土表面始终保持湿润状态。环境温度低于 5 °C 时应采取保湿、保温措施，且不得洒水养护。

4 混凝土强度达到设计强度的 50%之前，不得与流动的地下水或地表水接触；混凝土强度达到设计强度的 75%之前，不得与具有侵蚀性的环境水接触。

8.2.6 预应力筋张拉应符合下列规定：

1 预应力混凝土施工所采用的设备、机具、仪表等应符合设计要求及国家相关技术标准的规定。宜优先选用智能张拉及压浆设备。

2 千斤顶的额定张拉力宜为所需张拉力的 1.5 倍，且不得小于 1.2 倍。与千斤顶配套使用的压力表应选用防振型产品，其最大读数应为张拉力的 1.5 ~ 2.0 倍，标定精度应不低于 1.0 级。

3 预应力张拉设备应配套标定、配套使用；标定期限不应超过 6 个月和 200 次张拉作业。

4 预应力张拉前，应实测预应力管道和锚口摩阻损失，以确定锚外张拉控制应力，必要时应由设计单位对张拉控制应力进行调整。

5 预应力张拉时，应拆除端模、松开内模，不得对构件压缩造成阻碍。

6 预应力张拉时的混凝土强度、弹性模量和龄期应满足设计要求。预应力张拉以应力控制为主，以伸长值进行校核；实际伸长值与理论伸长量之差应符合设计要求，设计无要求时应不大于±6%。

7 预应力张拉顺序和张拉程序应符合设计要求。张拉时，千斤顶、锚具和孔道应位于同一轴线上，两端千斤顶的加压速度和钢绞线伸长量应基本一致。

8 预应力筋的断丝或滑丝数量等应符合设计要求和相关标准的规定。

8.2.7 孔道压浆应符合下列规定：

1 孔道压浆应在预应力筋张拉完成后 48 h 内进行。压浆过程中和压浆后 3 d 内，梁体混凝土内部温度不得低于 5 °C，否则应采取保温措施。当环境温度高于 35 °C 时，应在温度较低时段进行压浆。

2 压浆前应采用密封罩或水泥浆封闭锚具孔隙。

3 水泥浆的强度及所用材料应符合设计要求；水胶比不宜大于 0.33 且不应泌水；初凝时间不宜小于 4 h，终凝时间不宜大于 12 h。压浆材料不得掺加含氯盐类、亚硝酸盐类等对预应力筋有腐蚀作用的外加剂。

4 水泥浆应随拌随用，置于储浆罐中的浆体应持续搅拌，从拌制到压入孔道的时间间隔不宜超过 40 min。水泥浆拌制均匀后，应经孔径不大于 3 mm × 3 mm 筛网过滤后方可使用。

5 孔道压浆顺序和压浆工艺应符合设计要求；设计对压浆工艺无要求时宜采用真空辅助压浆。同一孔道应连续一次完成压浆。

6 真空辅助压浆应符合下列规定：

1）真空泵性能应达到 – 0.1 MPa 压力。

2）压浆前孔道内真空度应稳定在 – 0.06 MPa 到 – 0.08 MPa 之间；在孔道内真空度稳定后，立即开启压浆泵和进浆阀门进行连续压浆，待抽真空端流出的浆体稠度与压浆端一致时，关闭抽真空阀门及真空泵，压浆端继续按 0.6 MPa 压力持压不少于 3 min，然后关闭压浆口阀门，使孔道内维持正压力直至水泥浆凝固。

3）水泥浆终凝后，方可拆除抽真空阀门和压浆阀门。

8.2.8 预应力封锚应符合下列要求：

1 锚垫板外露超长预应力筋应在孔道压浆完成 3 天后采用机械切割；切割后预应力筋的外露长度应为 30 mm ~ 40 mm。

2 封锚前锚具和预应力筋应按设计要求进行防锈处理。

3 锚穴内混凝土表面应凿毛和清理干净，并按设计要求设置钢筋网。

4 封锚混凝土的强度及钢筋保护层厚度应符合设计要求。封锚混凝土应采用干硬性的补偿收缩混凝土。

5 封锚混凝土应进行保湿、保温养护，养护结束后，对封锚混凝土表面应按设计要求进行防水处理。

8.2.9 预应力混凝土冬期施工应符合下列规定：

1 施工现场昼夜平均气温连续 3 天低于 5 °C 或最低气温低于

–3 °C 时，预应力混凝土工程进入冬期施工，应制定冬期施工方案并按规定审批后执行。

2 混凝土浇筑应满足下列要求：

1） 在混凝土浇筑前应清除模板、钢筋上的冰雪和污垢，并将地基、旧混凝土等接合面和模板面加热到 5 °C 以上。

2） 混凝土原材料和搅拌设备应设置在气温不低于 10 °C 的厂房或暖棚内；原材料中不得有冰渣、冰块。混凝土应优先采用热水拌制，水温不宜超过 80 °C，搅拌时间较常温时延长 50%。

3） 混凝土运输设备应有保温措施；混凝土入模温度不得低于 10 °C。

4） 混凝土浇筑过程中和养护等强期间的温度不得低于 5 °C。

3 混凝土的养护应满足下列要求：

1） 浇筑完成后开始养护时的温度——采用蓄热法养护时不得低于 10 °C，采用蒸汽加热法养护时不得低于 5 °C，细薄结构不得低于 8 °C。

2） 采用硅酸盐水泥或普通硅酸盐水泥配制的混凝土，在其抗压强度达到设计值的 40%以前不得受冻；采用矿渣硅酸盐水泥配制的混凝土，在其抗压强度达到设计值的 50%以前不得受冻。

3） 混凝土的养护方法宜根据技术、经济比较和热工计算确定，一般宜采用蓄热法养护；当蓄热法不能适应强度增长速度要求时，可根据具体情况，选用蒸汽加热、暖棚加热等方法进行养护。

4） 采用蓄热法养护时，混凝土应采用较小的水胶比，养护过程中应采取加速混凝土硬化和降低混凝土冻结温度的措施；对容易冷却的结构部位应加强保温。

5）采用蒸汽加热法养护时，混凝土的升、降温速度不得超过国家相关技术标准的规定。当采用普通硅酸盐水泥时，养护温度不应超过 80 °C；采用矿渣硅酸盐水泥时，养护温度不应超过 85 °C。

6）采用暖棚加热法养护时，暖棚应坚固、不透风，内墙宜采用阻燃性材料，且暖棚内应有防火、防煤气中毒等安全防护措施。暖棚内的温度不得低于 5 °C，且宜保持一定的湿度，湿度不足时，应向混凝土面及模板洒水。

8.2.10 混凝土拆模时的强度应符合设计要求。当设计无要求时，应符合下列规定：

1 侧模、内模和预留孔洞的模板应在混凝土强度能保证构件表面不发生裂缝和塌陷时方可拆除。

2 钢筋混凝土梁、拱、板的结构跨度 < 8 m 时，底模拆除时的混凝土强度应达到设计值的 75%；钢筋混凝土梁、拱、板的结构跨度 ≥ 8 m 时和钢筋混凝土悬臂梁（板），底模拆除时的混凝土强度应达到设计值的 100%。预应力混凝土结构应在预应力体系施工完成后方可拆除底模。

3 拆模时，混凝土内部温度与表面温度、表面温度与环境温度之差应不大于 15 °C。当环境温度在 0 °C 以下时，应待混凝土冷却到 5 °C 以下后方可拆除模板。

8.3 桥梁基础

I 扩大基础

8.3.1 基础开挖前应根据地形、地貌、地质、水文条件和环保要求等现场情况制定施工方案，确定开挖范围、开挖坡度、支护方式、防排水措施和弃土位置等。

8.3.2 基础降水和开挖过程中应对支护结构、周边地表和邻近构（建）筑物进行观察和监测，发现异常情况应查明原因、妥善处理后方可继续施工。

8.3.3 基坑支护和开挖前，应测定基坑中心线、标画出开挖轮廓线。

8.3.4 基坑开挖范围有地表水时，应先采取改河、改沟、修筑围堰等措施排开地表水后再进行基坑开挖。基坑顶面应设置截排水设施，防止地面水流入基坑。

8.3.5 当基础位于河、湖、浅滩中采用围堰进行施工时，施工前应对围堰进行专项设计。围堰的设计与施工应符合下列规定：

1 围堰内平面尺寸应满足基础施工的需要。

2 围堰顶应高出施工期间可能出现的最高水位（包括浪高）0.5 m；在有潮汐的水域，应同时考虑最高潮位和最低潮位对围堰的不利影响。

3 围堰除应满足自身的强度、刚度和稳定性要求外，还应考虑河床断面被压缩后，流速增大导致的河床冲刷和对通航、导流等影响。

4 围堰应便于施工、维护和拆除。围堰的材质不得对施工水域产生污染。

8.3.6 基坑地下水位高于基础底面需采用集排水、降水开挖时，应符合下列规定：

1 采用集水坑排水时，应在坑底基础范围外设置排水沟和集水坑，将水抽排到基坑地下水渗流范围之外。抽水设备的排水能力应不小于总渗水量的 1.5 倍。

2 井点降水应满足下列要求：

1）井点布置应根据基坑形状、土壤类别、地下水位和降水深度等条件确定。在无砂的粘质土中不宜采用井点降水。

2）井点安装应先造孔后下管，不得将井管硬打入土内。造孔深度应比滤管底深 0.5 m；滤管底应比基坑底低 1.5 m 以上。

8.3.7 当基坑受场地限制不能按规定放坡开挖或土质松软、含水量较大基坑坡度不易保持时，应对坑壁采取支护措施。

8.3.8 基坑开挖应符合下列规定：

1 当基坑及其周围有地下管线时，必须在开挖前探明现况、采取迁改或保护措施。

2 基坑宜安排在枯水或少雨季节开挖，坑壁必须稳定。

3 基底应避免超挖，严禁受水浸泡和受冻。基坑挖至标高后应及时进行基础施工，不得长期暴露。

4 基坑顶四周有较大施工荷载时，应以该施工荷载对基坑边坡或支护结构进行检算、满足承载要求，并限定施工荷载的大小和作用范围。

8.3.9 基坑开挖完成后，应会同设计、勘察单位实地查验坑底地质类别和地基承载力是否满足设计要求；不能满足要求时，应进行设计变更。

8.3.10 基底处理应符合下列规定：

1 对强风化岩层，应在挖至设计高程并满足地基承载力要求后尽快进行封闭，防止其继续风化。

2　在中、弱风化岩层，基础施工前应先将泥土、松散石块等清除干净，并凿出新鲜岩面。

3　土质基底应浇筑 10 cm 厚的混凝土垫层。

4　基底处理完毕后应检查基底平面位置、尺寸、标高是否符合设计要求。

8.3.11　基础混凝土施工应符合下列规定。

1　基础混凝土应在基底无水情况下浇筑，混凝土终凝前不得浸水。

2　基础混凝土宜连续浇筑成型。当基础体积较大需分块或分层浇筑时，接缝设置应取得监理或设计同意，并按施工缝采取连接措施和进行凿毛、清洗处理。

3　当基础混凝土水化热可能引起混凝土内部最高温度与外界温度之差大于 25 °C 时，应按《大体积混凝土施工规范》GB 50496 要求采取降温技术措施。

8.3.12　基坑回填应符合下列要求：

1　填筑材料的质量和压实度应符合设计要求。

2　基坑回填应分层填筑、分层压实；填筑前应排干基坑内积水。

3　基坑在道路范围时，其回填要求应符合本标准路基施工的有关规定。

4　当回填涉及管线时，管线四周的填土压实度应符合相关管线的技术规定。

Ⅱ　钻孔灌注桩

8.3.13　钻孔灌注桩施工应符合下列要求：

1　钻孔施工前，施工单位应获取工程地质、水文地质和地下管线、建（构）筑物等资料；对地质情况复杂地区的大直径嵌岩桩，宜有每桩孔的钻探资料。

2　对工程地质、水文地质或技术条件特别复杂的钻孔灌注桩，宜在施工前进行工艺试桩，获得相应的工艺参数后再正式施工。

3　钻孔桩施工前应制订环境保护措施，施工过程中产生的泥浆和钻渣应妥善处理，不得随意排放污染环境。

4　临近堤防及其他水利、防洪设施进行灌注桩施工时，应符合有关部门的相关规定。

8.3.14　钻孔施工准备工作应符合下列规定：

1　钻孔场地应平整、坚实，遇软土地基时应采取措施提高场地承载力。位于浅水区时，宜采用筑岛平台进行钻孔桩施工；位于深水区或淤泥较厚时，宜搭设钢制固定式平台进行钻孔桩施工。水中施工平台应进行专项设计，并采取防冲刷措施和设置临时防撞设施；通航河道需办理水上施工许可手续，并设置通航标志和进行通航管控。

2　根据钻孔方法合理设置制浆池、储浆池、沉淀池，确定泥浆和钻渣处理方式及弃放位置。

3　钻孔前应埋设护筒，并满足下列要求：

1）护筒可用钢或混凝土制作，应坚实、不漏水；护筒内径应比桩径大 20 cm 以上。

2）护筒顶面宜高出施工水位或地下水位 2 m，并宜高出施工地面 0.5 m。

3）护筒埋置深度陆地上宜为 2 m ~ 4 m，水中应沉入施工期局部冲刷线以下 1.0 m ~ 1.5 m。

4）护筒埋设前应测放桩中心线；护筒倾斜度不得大于 1%，顶面中心偏位不得大于 5 cm。

8.3.15 钻孔泥浆应符合下列要求：

1 泥浆的配合比和配制方法宜通过试验确定，其性能应与钻孔方法、土层情况相适应。

2 钻孔过程中，应随时对孔内泥浆的性能进行检测，不符合要求时应及时调整。

3 钻孔泥浆宜进行循环处理后重复使用，减少排放量。对重要的钻孔桩施工，宜采用泥浆处理器进行泥浆的循环。

4 钻孔泥浆和钻渣应集中沉淀、晾晒后运输到指定场地弃放，严禁随意排放污染环境和水域。

8.3.16 钻孔施工应符合下列规定：

1 钻孔时，孔内泥浆顶面宜高出护筒底脚 0.5 m 以上和地下水位以上 1.5 m ~ 2 m。

2 钻孔时，起落钻头速度应均匀，不得过猛或骤然变速。孔内出土，不得堆积在钻孔周围。

3 钻孔过程中，在地质变化处应捞取渣样、判断地质类型，并做好记录、与设计提供的地质资料对照，如差别较大时应提请设计单位现场核对后决定是否变更桩长。

4 钻孔达到设计深度后，应采用检孔器对孔径、孔深和孔形等进行检查。

8.3.17 清孔应符合下列规定：

1 钻孔质量经检查合格后方可进行清孔。清孔时，必须保持孔内水头，防止坍孔；不得用加深钻孔深度的方式代替清孔。

2 清孔后应对孔内泥浆取样进行性能试验。混凝土灌注前孔内泥浆比重应不大于1.1，含砂率应不大于2%，黏度宜为17 s ~ 20 s。

3 清孔后的沉渣厚度应符合设计要求；设计无要求时，摩擦桩的沉渣厚度不得大于10 cm，端承桩的沉渣厚度不得大于5 cm。

8.3.18 钢筋笼吊装应符合下列规定：

1 钢筋笼宜整体吊装入孔；需分节段吊装入孔时，各节段应保持顺直、连接牢固。钢筋笼接头质量应符合《城市桥梁工程施工与质量验收规范》CJJ 2的有关规定。

2 应在骨架外侧设置控制保护层厚度的垫块；垫块的竖向间距宜为2 m，每横截面不得少于4处。钢筋笼入孔后，应牢固定位。

3 为防止骨架起吊变形，可对钢筋笼采取临时加固措施，并在钢筋笼吊放入孔时拆除。

4 钢筋笼吊放入孔时应防止碰撞孔壁。下放时应随时观察孔内水位变化，发现异常应停止下放，查明原因并妥善处理后方可继续下放。

8.3.19 桩基混凝土施工应符合下列规定：

1 桩基混凝土灌注之前，应再次检查孔内泥浆性能指标和孔底沉渣厚度，符合要求后方可灌注水下混凝土；如泥浆性能指标超过规定，应进行第二次清孔直至符合规定。

2 桩基混凝土的原材料及配合比应符合《城市桥梁工程施工与质量验收规范》CJJ 2的相关规定。

3 混凝土导管应满足下列要求：

1）导管内壁应光滑圆顺，直径宜为 20 cm ~ 30 cm，节长宜为 2 m。

2）导管不得漏水，使用前应试拼、试压；试压的压力应为孔底静水压力的 1.5 倍。

3）导管安装轴线偏差不宜超过孔深的 0.5%，且不宜大于 10 cm。

4）导管采用法兰盘接头时应设置锥形活套；采用螺旋丝扣型接头时应有防松脱装置。

4 水下混凝土灌注应满足下列要求：

1）水下混凝土的灌注时间不宜超过首批混凝土初凝时间。

2）混凝土运至灌注地点时，应检查其和易性、坍落度等，不符合不得使用。

3）在水下混凝土灌注前，宜向孔底射水（或射风）翻动沉淀物 3 min ~ 5 min。

4）首灌混凝土的数量应能将导管埋置 1 m 以上。

5）水下混凝土应连续灌注，中途不得停顿。

6）在灌注过程中，导管的埋置深度宜控制在 2 m 到 6 m 之间。

7）混凝土灌注时应采取措施防止钢筋骨架上浮。当混凝土顶面距钢筋骨架底部 1 m 左右时，宜降低灌注速度；混凝土顶面上升到骨架底部约 4 m 以时，宜提升导管使其底口高于骨架底部 2 m 以上后再恢复正常灌注速度。

8）灌注的桩顶标高应比设计高出 0.5 m ~ 1 m。

9）使用全套管灌注水下混凝土时，套管底端应埋于混凝土内不小于 1.5 m，随导管提升逐步上拔套管。

8.3.20 桩基混凝土灌注过程发生断桩时，应会同设计、监理根据断桩情况制定处理措施。

8.3.21 在特殊条件下需将钻孔桩改为挖孔桩时，应办理变更设计手续，并编制挖孔桩安全专项施工方案，明确防坠落、坍塌、缺氧和有毒、有害气体中毒的安全措施。

Ⅲ 承台

8.3.22 承台施工前应检查桩基位置、强度和完整性是否符合设计要求；如偏差超过检验标准，应会同设计、监理制定措施并实施后，方可进行承台施工。

8.3.23 桩顶超灌部分凿除时不得损坏桩基钢筋；凿除后的桩顶应平整、粗骨料呈均匀状态；桩头主筋锚入承台的预留长度应符合设计要求。

8.3.24 桩头预留钢筋上的泥土及鳞锈应清理干净，并按设计进行调整定型。

8.3.25 承台钢筋安装前，应测放出承台轮廓线和中心线。

8.3.26 水中高桩承台采用套箱法施工时，套箱应架设在可靠的支承上，并具有足够的强度、刚度和稳定性。套箱顶面高程应高于施工期间的最高水位 0.5 m 以上。套箱应拼装严密，不漏水。套箱底板与基桩之间缝隙应堵塞严密。套箱下沉就位后，应及时浇注水下混凝土封底。

8.3.27 承台混凝土浇筑、养护和基坑开挖、降水、回填等应符合本标准“扩大基础”的相关规定。

8.4 墩 台

Ⅰ 现浇混凝土墩台

8.4.1 墩台混凝土浇筑前，应将基础混凝土顶面或分节施工墩台的施工缝凿毛、清洗干净，测定墩台中线、高程，标出墩台立模位置。凿毛时混凝土强度，人工凿毛应不小于 2.5 MPa，机械凿毛不小于 10 MPa；凿毛后应使梁体接缝面露出不少于 75%新鲜混凝土面积。

8.4.2 墩台模板施工应满足下列要求：

1 墩台模板宜采用大块钢模板。模板面应平整，接缝应严密、不漏浆；模板分节高度宜为 3 m ~ 6 m。

2 墩台模板应经过设计计算具有足够的强度、刚度与稳定性，能可靠地承受各项施工荷载，保证结构物各部形状和尺寸准确。

3 模板安装前应进行试拼，检查合格后对其进行编号存放。

4 墩台模板必须与承台或基础顶面密封，封闭材料不得侵入墩身。

5 模板安装完成后，应对垂直度，平整度、错台、拉杆和螺栓的连接牢固程度以及脚手架的稳固性等进行检验，合格后方可浇筑混凝土。

6 采用预制混凝土管作墩身外模时，预制管安装应满足下列要求：

1）基础面宜采用凹槽接头，凹槽深度不得小于 5 cm。

2）上下管节安装就位后，应在管柱四周进行支撑并绑扎牢固，保证浇筑时的稳定性。

3）管节接口应采用水泥砂浆密封。

8.4.3 墩台施工过程中应经常检查中线、高程，发现偏差应及时调整。支承垫石施工前应准确测量桥梁跨度和支承垫石中心线及高程，正确设置锚栓孔位置和尺寸。

8.4.4 钢管混凝土柱应采用补偿收缩混凝土、一次连续浇筑完成。钢管的焊制与防腐应符合《城市桥梁工程施工与质量验收规范》CJJ 2的有关规定。

8.4.5 墩台施工完毕后，应对全桥中线、高程及跨度进行贯通测量，标画出各墩台顶面的纵横中心线、支座十字线，并检查锚栓孔位置、尺寸。

Ⅱ 现浇混凝土盖梁

8.4.6 在交通繁华路段宜采用快装组合支架、整体组装模板进行盖梁施工。

8.4.7 盖梁的支架、模板应经过设计计算具有足够的强度、刚度与稳定性，能可靠地承受各项施工荷载。

8.4.8 盖梁上跨道路施工时，应设置必要的交通导流标志和防撞设施；施工中采取交通管控措施保证施工安全及交通安全。

8.4.9 预应力钢筋混凝土盖梁的底模拆除时间应符合设计要求；如设计无规定，预应力孔道压浆强度应达到设计强度后，方可拆除模板、支架。

Ⅲ 台背填土

8.4.10 台背填筑材料的质量和填筑范围应符合设计要求。

8.4.11 台背填土宜与路基填土同时进行，并采用机械碾压。台背0.8 m ~ 1 m 范围内应采用小型压实设备夯实。

8.4.12 回填土均应分层夯实，填土压实度应符合设计要求和现行行业标准《城市道路工程施工与质量验收规范》CJJ 1 的有关规定。

8.5 预应力混凝土桥位制梁

8.5.1 预应力混凝土桥位制梁施工准备应符合下列规定：

1 施工前，应根据桥位地形、地质、水文、气象、交通、航运等实际施工条件，结合工程结构特点编制安全专项施工方案。

2 制梁前，应测量检查桥梁中线、墩台跨距和支座垫石的位置、尺寸和顶面高程，并依据梁体结构形式、跨径及精度要求等编制施工线形控制措施，选定控制测量等级，确定测量方法。

3 桥位制梁应根据梁体结构特点和所处环境条件，确定混凝土养护措施。

8.5.2 支架法制梁应符合下列规定：

1 支架法制梁适用于地基条件较好，跨越旱地或浅水河流且桥墩高度较低的预应力混凝土梁施工。

2 支架结构型式应根据桥位地质和环境条件、桥下净空、通车或通航要求和现浇梁结构尺寸等进行经济技术比较后确定，可采用满堂支架、梁柱式支架或两者的组合结构。满堂支架可采用碗扣式钢管、盘扣式钢管、大力神钢管等定型材料；不得采用扣件式钢管。梁柱式支架可采用型钢、钢管和贝雷梁等材料。

3 支架和模板应经设计计算具有足够的强度、刚度、稳定性，能可靠地承受各项施工荷载，并满足下列要求：

1）支架设计检算应考虑梁体重量、模板及支架重量、施工荷载、风荷载等荷载，并应考虑梁体重量的分布情况和预应力张拉可能出现的最不利荷载情况。

2）水中支架应考虑水流作用、漂浮物、冰凌等影响，其基础应采取必要的防冲刷措施。

3）冬期施工时应考虑冰雪荷载和保温养护设施荷载。

4 支架跨越道路和通航河道时，应设置必要的交通导流标志和防撞设施，施工中采取交通管控措施保证施工安全及交通安全。

5 支架基础必须具有足够的承载力，并应做好地表排水措施，严格控制沉降，满足支架设计要求。

6 支架应根据施工设计图进行制作和安装，支架材料的规格、材质等质量应经验收符合国家和行业相关标准的规定。支架立杆的垂直度、剪刀撑及扫地杆的间距和底座、顶托伸出及插入立杆的长度应符合国家和行业相关标准的规定；支架构件间应结合紧密，连接系应符合支架设计并连接牢固，保证支架整体稳定性。

7 支架安装完成应经检查合格后方可进行预压试验和梁体混凝土浇筑。

8 支架使用前应进行预压试验，检验结构的承载能力和稳定性，消除非弹性变形，观测结构弹性变形及基础沉降情况。预压荷载可按最大施工荷载的 60%、100%、110%分级加载；每级加载完毕 1 h 后进行支架的变形观测，全部荷载加载完毕后宜每 6 h 观测一次；两次观测平均沉降值之差小于 2 mm 时，可视为支架变形及地基沉降已稳定。

9 底模应设置预拱度。预拱度最大值一般设在梁跨跨中，并以梁的两端支点为零点按设计线形（圆曲线或二次抛物线）进行分配。预拱度依据梁体各级恒载变形值、预应力张拉上拱值和混凝土收缩徐变影响等理论值，并结合支架预压实测变形数据确定。

10 一跨或一个节段的梁体混凝土应在最先浇筑的混凝土初凝前浇筑完成。

11 支架卸落应符合设计文件和施工技术方案的要求。

8.5.3 移动模架制梁施工应符合下列规定：

1 预应力混凝土梁采用预制架设、支架法或悬灌法等有困难或不经济时，可采用移动模架桥位制梁。移动模架拼装、拆除和制梁都应编制安全专项施工方案。

2 移动模架的功能、承载能力、结构尺寸及支承系统等应与所施工的混凝土梁的各项要求相适应。新制、改制移动模架的设计制造单位应具有相应资质；设计制造单位应提供移动模架产品出厂质量合格证书、操作手册等相关技术文件。

3 移动模架应具有足够的强度、刚度和稳定性。主梁挠度不应大于 $L/550$（L 为主梁支撑跨度），在各种工况下稳定系数均不得小于 1.5。

4 施工单位应将拟采用的移动模架类型及主要技术参数提交桥梁设计单位，对桥梁下部结构进行受力检算。移动模架施工需要在墩台相应部位设置预留孔及预埋件时应征得桥梁设计单位的同意。

5 移动模架每次拼装前，应对各零部件的完好情况进行检查，拼装完毕后进行全面检查和调试，符合设计要求方可投入使用。

6 移动模架拼装完成，主梁应顺直无旁弯，外侧模顺桥向位置偏差应不大于 10 mm，底模中线及高程偏差应小于 5 mm。内模小车运输轨道应安装稳固、平顺，纵向中线偏差应不大于 10 mm，两轨面高差应不大于 5 mm。

7 移动模架首次浇筑混凝土前应进行预压，检验其承载能力和稳定性，消除非弹性变形，观测弹性变形及各部状况。首次安装后的预压荷载应为最大施工荷载的 120%，再次安装后的预压荷载应为最大施工荷载的 110%。预压加载可按最大施工荷载的 60%、100%、120%（非首次为 110%）分级加载，每级加载持荷时间应不少于 2 h、2 h、8 h。全部荷载加载完毕后宜每 6 h 观测一次；最后两次观测平均值之差不大于 2 mm 时，即可视为移动模架变形已稳定。

8 移动模架走行应严格按操作手册进行；走行就位后应对支承、锚固和吊挂系统等关键部位进行全面检查，并准确设置梁底预拱度值。

9 移动模架制梁的活动支座安装除应根据温度变化和梁体的收缩徐变调整上下座板的相对位置外，还应计入设计单位提供的梁体混凝土在预应力作用下的梁长压缩量。

10 梁体混凝土宜在温差变化较小时段浇筑，并应在最先浇筑的混凝土初凝前一次浇筑完成。浇筑过程中应对移动模架各部状况及挠度变化进行观测，必要时对移动模架受力进行监测。

11 预应力张拉时，梁体混凝土强度、弹性模量及龄期和预应力张拉顺序及张拉值必须符合设计要求；必要时应配合每批预应力筋张拉相应调整底模高程。

12 风力大于 6 级时，不得进行移动模架施工作业，所有支腿应处于锚固和锁定状态，外模板应闭合。

13 采用移动模架桥位制梁，两端桥台支撑垫石以上部分宜安排在首、尾孔混凝土梁完成后施工。

8.6 预应力混凝土梁预制及架设

8.6.1 预制场建设应符合下列规定：

1 预制场布置应满足混凝土梁预制、移运、存放和架设等施工作业要求；场地应平整、坚实，并采取有效措施防止场地沉降。

2 预制场内和四周应设置必要的排水设施；施工设备走行场地和材料运输通道应硬化处理。

3 预制台座和存梁台座应进行专项设计检算，保证其坚固、稳定、不沉陷；地基承载力不满足要求时应进行加固处理。

4 预制台座的顶面宜铺设钢板，表面应光滑、平整，在 2 m 长度上平整度应小于 2 mm。台座顶面应根据梁体各级恒载变形值、预应力张拉上拱值和混凝土收缩徐变影响的理论值设置预拱度（或反拱度）。

5 梁场的龙门吊、搬运机等大型起重设备应符合国家现行《特种设备安全监察条例》、《起重机械安全监督规定》的规定；其安装、调试、运行试验和使用均应严格按照操作规程或使用说明书进行操作，并应建立完善的检修、保养制度。

8.6.2 模板结构应符合下列规定：

1 侧、底模长度和底模支座螺栓孔应根据设计要求和实际情况设置预留压缩量，并在生产过程中根据实测梁体压缩量等数据及时进行调整。

2 箱梁外侧模应采用整体式钢模，内箱可采用拼装式或液压式内模。内模顶部宜留置混凝土浇筑下料口，底部两侧应加设水平压板防止梁体底板混凝土上涌。模板安装应定位准确、固定牢靠，确保浇筑混凝土时不上浮、不偏移。

3 端模应采用刚度较大的整体钢模板，预留孔位置和尺寸应符合设计要求和工艺要求。锚垫板应固定牢靠，位置准确，端面应垂直于预留孔道中心线。

4 模板预留孔洞位置及尺寸应符合设计要求，接缝应严密不漏浆、平齐无错台，板面应平整无凹凸。

5 侧模及端模安装可设拉杆固定位置，浇筑在混凝土中的拉杆应按时拔出；拉杆不拔出时应采取相应的处理措施防止锈蚀。

8.6.3 梁体预制顺序应与架梁顺序相匹配。同跨梁体需配套生产，混凝土龄期及预应力施加时间应符合设计要求且不应超过 10 d。

8.6.4 混凝土浇筑施工应符合下列规定：

1 梁体混凝土浇筑前，应全面仔细检查模板、钢筋、预应力管道、预埋件和钢筋保护层垫块的位置、数量及其稳固程度，符合设计要求方可浇筑混凝土。

2 梁体混凝土应连续浇筑、一次成型，并在最先浇筑的混凝土初凝前完成。

3 混凝土振捣应符合施工工艺设计要求，保证混凝土具有良好的密实性。

8.6.5 预制梁的养护、拆模、预应力施工等应符合本标准“8.2 预应力混凝土”的相关要求。

8.6.6 预制梁场内移运应符合下列规定：

1 梁上吊点设置应符合设计规定；设计未规定时，应根据计算确定。吊点的吊环应采用未经冷拉的 HPB 235 钢筋制作，且安装顺直。吊绳与起吊梁面的交角小于 60° 时，应设置吊架或扁担梁使吊环垂直受力。

2 移运时，预制梁的混凝土强度和预应力张拉压浆应符合设计规定；设计未规定时，应满足下列要求：

1）施加预应力后移运到存梁台座上再进行孔道压浆的，应事先征得设计单位同意，且在孔道压浆前仅限移运一次。

2）梁体压浆后移运时，压浆浆体强度应不低于设计强度的 80%。

3）梁体封锚后移梁时，封锚混凝土强度不得低于设计强度的 50%。

4）钢筋混凝土梁移运时的混凝土强度不得小于设计强度的 75%。

3 移运时，吊绳与梁体转角接触部位应设置护铁或垫木，防止损伤梁体。

8.6.7 预制梁存放应符合下列规定：

1 存放时的支点应符合设计规定；支点处应采用垫木、橡胶板或其他具有相应承载能力及韧性的适宜材料进行支承，不得将预制梁直接支承在坚硬的存梁台座上。

2 箱梁存放时，各支点应均匀受力；箱梁底面任一支点与其他支点组成平面的高差应不大于 2 mm。

3 T 形梁、I 形梁存放时，梁体支承处的两侧应采取支撑措施，防止梁体倾倒。

4　双层存梁时，上下层梁体的支点位置必须在同一竖直线上。

5　梁体存放时，混凝土养护期未满的应继续洒水养护。

6　冰冻地区的春融期间和雨季，应采取有效措施防止存梁台座下沉造成预制梁断裂。

8.6.8　预制梁安装应符合下列规定：

1　预制梁架设应编制安全专项施工方案，明确架梁顺序、施工工艺、安全操作细则等要求，并认真组织实施。

2　预制梁必须经检验并获得合格证书后方可出场架设。预制梁存放时，应在梁体适当位置分步完善身份铭牌；铭牌应注明梁体编号、架设位置、混凝土浇筑时间、预应力张拉时间、架设时间等信息。

3　架梁设备应符合国家现行《特种设备安全监察条例》、《起重机械安全监督规定》的规定；应严格按照操作规程或使用说明书进行安装、调试和使用，并应建立完善的检修、保养制度。

4　运梁前应检查确认运架设备通过的线路和结构物能安全承受运梁车的荷载；运梁线路的纵横向坡度、最小曲线半径和路面宽度等应符合运架设备走行的要求。走行界限内障碍物应清除，在平交道口处应设专人防护。

5　预制梁运输时的吊点或支点位置应与预制场内移运、存放一致。运梁车运梁时，应对梁体采取稳固措施。

6　预制梁安装和架桥机过孔时，严禁人员、车辆和船舶在作业区域的桥下通行。

7　架梁时，梁体到达设计平面位置后，应先坐落在临时支点千斤顶上调整支点高程及反力，使每个支点反力不超过四个支点平均反力的 5%，然后采用流动性强的支座砂浆在支座与支承垫石之间进行重力灌浆填满空隙，待浆体材料强度达到设计要求后方可撤除千斤顶。临时支点千斤顶撤除前严禁架桥机过孔。

8 T 形梁、I 形梁架设就位后应设置保险垛或支撑将梁体临时稳固，直至相邻梁片之间的横向连接系施工完成后方可拆除。

9 组合梁的湿接缝施工应满足下列要求：

1）箱梁端隔板及桥面板连接的结构、尺寸应符合设计要求。

2）湿接缝模板应与梁体密贴不漏浆，且有足够的强度及刚度，保证底模定位牢固不变形。

3）湿接缝拼接面应凿毛、清理干净，混凝土种类和强度等级应符合设计要求，浇筑完成后，应进行保温保湿养护。

4）横向预应力张拉时，湿接缝混凝土强度应符合设计要求。

8.7 预应力混凝土连续梁（连续刚构）悬臂浇筑

8.7.1 预应力混凝土连续梁（连续刚构）悬臂浇筑施工应符合下列要求：

1 混凝土连续梁（连续刚构）施工应编制专项施工方案。

2 混凝土连续梁（连续刚构）施工的支架、托架、挂篮等临时承重结构应经设计计算具有足够的强度、刚度和稳定性。

8.7.2 挂篮设计应符合下列规定：

1 挂篮结构应满足强度、刚度及稳定性要求。

2 挂篮设计总重应控制在连续梁设计要求的限重之内，当设计无要求时，挂篮设计总重与梁段混凝土重量的比值宜控制在0.3～0.5。

3 挂篮施工及走行时的抗倾覆稳定系数不得小于2。

4 挂篮锚固系统、限位系统等结构的安全系数不得小于2。

5 挂篮加工时，应对原材料质量、加工工艺等进行全面检查。挂篮出厂前应进行组装、试拼，对主桁架、前后吊带、销子等关键部件进行力学性能试验，对销座等关键焊缝进行超声波探伤检验。

6 挂篮现场组拼完成投入使用前，应全面检查安装质量，并应进行走行试验和静载试验，预压荷载为最大施工荷载的1.2倍。

7 挂篮前端应设置作业平台，四周应设置围栏，作业平台下应设置安全网，人员上下应设置安全扶梯。

8.7.3 梁段浇筑施工符合下列规定：

1 连续刚构墩梁固结段与桥墩接缝位置及连接措施应符合设计要求。

2 墩顶现浇梁段、边跨现浇梁段的托架、支架安装完成后应进行预压试验，预压荷载为最大施工荷载的1.1倍。

3 连续梁悬臂施工前，必须在墩顶现浇段下设置临时支座保证梁体稳定。临时支座应按悬浇工况的最大不平衡力矩和梁体自重等荷载进行设计。

4 连续梁、连续刚构悬臂浇筑过程中，应对梁体进行线形控制；设计有要求时，还应对梁体进行应力监测。悬浇施工时，线形监控单位应根据挂篮实际变形量、环境温度、已完梁段实测变形和预计收缩徐变等情况，给定每节梁段的立模标高。

5 在梁段混凝土浇筑前，必须对托架或支架、挂篮、模板、预应力管道、钢筋、预埋件、混凝土原材料、配合比、混凝土施工缝处理、机械设备情况进行全面检查。

6 桥墩两侧梁段应对称、平衡浇筑，施工不平衡荷载不得超出设计允许值。

7 悬臂梁段混凝土应连续浇筑、一次成型。悬臂梁段应自悬臂端向锚固端分层浇筑，并在最先浇筑的混凝土初凝前完成本梁段的全部混凝土浇筑。

8 施工中应保证管道定位钢筋的数量和精度，特别在曲线段应采取加密措施，在钢筋施工中避免对管道踩踏，混凝土振捣时应避开管道；在悬浇过程中应做好管道接头处理和保护，减小接头处的摩阻。锚具安装时，应保证锚具承压面与管道端口轴线垂直；施加预应力前，应防止预应力孔道进水、进入杂物。

8.7.4 预应力施工应符合下列规定:

1 两端下弯的长大预应力筋孔道和直线段孔道应在适当位置设置排气孔。

2 连续梁悬臂浇筑应尽量避开冬期施工。如必须进行冬期施工，除应符合现行标准的相关规定外，还应采取有效措施，保证压浆过程中及压浆后 3 天内梁体温度不低于 5 ℃。

3 锚垫板下孔道、钢筋及预埋件等交叉密集部位，应采取有效预防措施避免产生混凝土松散、粗骨料与砂浆分离、空洞等质量缺陷。

4 梁端模板拆除后，需对梁端接缝面混凝土进行凿毛。凿毛时混凝土强度，人工凿毛应不小于 2.5 MPa，机械凿毛不小于 10 MPa；凿毛后应使梁体接缝面露出不少于 75%新鲜混凝土面积。

5 连续梁、连续刚构预应力筋张拉应符合设计要求。当设计无具体要求时，应符合下列规定：

1）梁段预应力筋张拉应按先纵向、再竖向、后横向的顺序进行。

2）预施应力张拉完成后应在 48 h 内压浆。

3）纵向预应力筋张拉应在梁段混凝土强度、弹性模量和龄期应满足设计要求；设计无要求施工，混凝土强度达到设计值的 95%，弹性模量达到设计值的 100%，龄期不小于 5 d。

4）纵向预应力筋应两端同步且左右对称张拉，最大不平衡数不得超过 1 束。张拉顺序应为先腹板再顶板后底板，从外向内左右对称进行。预施应力过程中应保持两端的伸长量基本一致。

5）竖向预应力筋应采用两次张拉方式，在第一次张拉完成一天后进行第二次张拉，弥补由于操作和设备等原因造成的预应力损失，并且采取措施切实保证压浆质量。

6）横向预应力筋应在梁体两侧交替单端张拉。每一梁段悬臂端的最后一根横向预应力筋，应在下一梁端横向预应力筋张拉时进行张拉，防止由于梁段接缝两侧横向压缩不同引起开裂。

7）竖向和横向预应力筋张拉滞后纵向预应力筋张拉不宜大于 3 个悬浇梁段。

8）挂篮前移时，新浇筑节段的纵向预应力筋必须张拉完成。

8.7.5 合龙段施工及体系转换施工应满足下列要求：

1 连续梁（连续刚构）的合龙顺序应符合设计要求。

2 合龙口应在一天中梁体温度最低时进行临时锁定和混凝土浇筑。临时锁定结构在合龙段混凝土强度达到设计值的 100%后、预应力张拉前拆除。

3 中跨合龙口临时锁定后，应及时解除一端主墩上现浇段的临时固结。

8.8 连续梁（连续刚构）转体施工

8.8.1 连续梁（连续刚构）转体前可采用悬臂浇筑、支架现浇等方法施工成梁。

8.8.2 转体前梁体采用悬臂浇筑时，应对转铰采取临时固定措施，保证施工期间梁体稳定。

8.8.3 连续梁、连续刚构施工时应严格控制节段尺寸，防止不平衡力矩超限或梁体整体超重。

8.8.4 转体施工应进行转体结构稳定、偏心及牵引力计算。转体结构的偏心值宜为 0.05 m ~ 0.15 m；牵引设备应按计算牵引力的 2 倍配置。

8.8.5 转体系统制作安装时应符合下列规定：

1 上、下转盘和转轴的制作安装精度及表面摩擦系数应满足设计要求。

2 上转盘周边的辅助支腿应对称均匀布置，与下滑道间距不宜大于 20 mm。

3　环形滑道基座应保持水平，滑道的平整度及辅助支腿与滑道的间距误差应符合设计要求。设计无要求时，滑道 3 m 长度内平整度应不大于 ± 1 mm，镜像对称点高差应不大于环形滑道直径的 1/5000。

8.8.6　转体系统应设置防超转限位装置。

8.8.7　预埋于上转盘的转体牵引索的固定端应与上转盘外圆相切；牵引索预埋时应清除表面的锈迹、油污，逐根顺次沿着既定索道排列缠绕后，穿过顶推千斤顶。

8.8.8　千斤顶应水平、对称地布置于转盘两侧的同一平面内；千斤顶的中心线必须与上转盘外缘相切，中心线高度与上转盘预埋钢绞线的中心线水平，同时要求千斤顶到上转盘的距离相等。

8.8.9　转体施工应符合下列规定：

1　梁体施工完成后，拆除转盘上各临时支撑点，完成从主梁施工到梁体待转的体系转换。

2　清除转体范围内各种障碍物。

3　应进行桥体称重，根据实测不平衡力矩推算出所需配载重量，使实际重心偏移量满足设计偏心要求。

4　对全桥各部位包括转盘、转轴、滑道、辅助支腿、牵引系统等进行测量、检查后，进行试转。

5　主梁试转后，根据量测监控所提供的数据，进行二次配重。

6　转动时应控制转速均匀，角速度不宜大于 0.02 rad/min 且桥体悬臂端线速度不大于 1.5 m/min。

7　平转到距离设计位置 1 m 时应降低平转速度，距设计位置 0.5 m 时采用点动牵引法就位。

8.8.10 转体到位后，应精确测量调整中线位置，并利用千斤顶调整梁体端部高程。调整就位后应及时浇筑转盘封固混凝土。

8.9 支 座

8.9.1 支座施工应符合下列规定：

1 支座进入工地后，应检查产品合格证、附件清单和有关材质报告单或检验报告，并应根据有关规定，对支座外形尺寸、外观和组装质量进行检查，支座的品种、类型、性能、规格、结构应符合设计要求，并应符合相应产品标准的规定。对有包装保护的支座，在安装前不得随意拆除支座上的固定件。

2 支座安装前，应对支座垫石的混凝土强度、平面位置、顶面高程、预留螺栓孔和预埋钢垫板等进行复核检查。支座垫石的顶面高程应准确，表面应平整、清洁；对先安装后填灌浆料的支座，其垫石的顶面应进行凿毛处理并预留出足够的灌浆料层的厚度。

3 固定支座上、下座板应互相对正；纵向活动支座上、下座板横向应对正，纵向应根据安装支座时安装温度与设计安装温度之差和梁体混凝土弹性压缩量和未完成收缩徐变等计算设置预偏量。

4 支座安装时，应分别在垫石和支座上标出纵横向的中心十字线。安装完成的支座应与梁在顺桥方向的中心线相平行或重合，且支座应保持水平，不得有偏斜、不均匀受力和脱空等现象。

5 架梁时，梁体应先落在千斤顶上并调整支点反力，使每个支点反力与四个点反力的平均值相差不超过 ±5%，再填灌浆料。灌浆料到达设计强度后，方可拆除千斤顶。

6 配有防尘罩的支座，应及时安装防尘罩，并做到严密、牢固、栓钉齐全，防尘罩开启不应与防落梁装置等相抵触。

7 对于小半径、大纵坡桥梁，应按设计要求在梁底设置楔形块或钢垫板，使支座保持水平并与梁体接触密贴；如设计无要求时，应根据实际情况自行设置楔形块或钢垫板，楔形块中应设置钢筋网片。

8.9.2 板式橡胶支座施工应符合下列规定：

1 支座在顺桥向和横桥向的方向、位置应准确，安装时应进行检查核对，避免反置。

2 当顺桥向有纵坡导致两相邻墩（台）的高程不同时，支座安装对高程的控制应符合设计规定，且同一片梁在考虑坡度后其相邻桥墩支座垫石顶面高程的相对误差不得超过 3 mm。

3 梁吊装就位应准确且其底面应与支座密贴；就位不准确或支座与梁板不密贴时，必须重新调整就位。安装时不得采用撬棍移动梁的方式进行就位。

8.9.3 盆式橡胶支座施工应符合下列规定：

1 支座安装前应对支座组装位置、组装后的整体高度、上下座板螺栓孔中心间距、活动支座聚四氟乙烯板外露高度、橡胶承压板及密封圈外露表面缺陷、外观质量等进行检查。

2 支座在储存和搬运时，应避免日晒、雨雪浸淋和抛掷、撞击，严禁与酸、碱、油类及有机溶剂等接触，并保持清洁，距热源 1 m 以上。

3 梁底面和垫石顶面的钢垫板应埋置稳固。垫板与支座间平整密贴，支座四周不得有 0.3 mm 以上的缝隙，并应保持清洁。

4 活动支座安装前采用适宜的清洁剂仔细擦洗各相对滑移

面，擦净后在四氟滑板的储油槽内注满硅脂类润滑剂。

5 盆式橡胶支座的顶板和底板可用焊接或锚固螺栓栓接在梁体底面和墩台顶面的预埋钢板上。采用焊接时，应对称、间断焊接，并防止温度过高对橡胶承压板、聚四氟乙烯板以及周边混凝土产生影响；焊接完成后，应在焊接部位作防锈处理。安装锚固螺栓时，其外露螺杆的高度不得大于螺母的厚度。

6 对跨数较多的连续梁，支座顶板纵桥向的尺寸，应考虑温度、预应力、混凝土收缩和徐变等影响引起的梁长变化，保证支座能正常工作。

8.9.4 球形支座施工应符合下列规定：

1 支座出厂时，应将支座调平，并拧紧连接螺栓，以防止支座在安装过程中发生转动和倾覆。

2 支座安装高度应符合设计要求，要保证支座平面的水平及平整。支座支承面的四角高差不得大于 2 mm。

3 安装支座板及地脚螺栓时，在下支座板四周宜采用钢楔块进行调整，使支座水平。支座在安装过程中不得松开上顶板与下底盘的连接固定板。

4 灌浆料硬化并达到规定的强度后，应及时拆除支座四角的临时钢楔块，楔块抽出的位置应采用相同的灌浆料填塞密实。

5 在梁体安装完毕后或现浇混凝土梁体形成整体并达到设计强度后，张拉梁体预应力之前，应拆除支座上顶板与下底盘的连接固定板，解除约束使梁体能正常转动和位移。

6 拆除连接固定板后，应对支座进行清洁，检查无误后灌注硅脂，并应及时安装支座外防尘罩。

7 当支座采用焊接连接时，应在支座准确定位后，用对称、间断的方式焊接。焊接时应采取适当措施防止损伤支座的钢构件、聚四氟乙烯板、硅脂以及周边混凝土等；焊接完成后应对焊接部位作防锈处理。

8.10 桥面构造施工

8.10.1 桥面构造的材料品种、规格、质量，应符合设计要求和现行国家有关技术标准规定，施工前应经过检验合格方可使用。

8.10.2 桥面防水层及保护层施工应按《城市桥梁工程施工与质量验收规范》CJJ 2 的有关规定执行。

8.10.3 有轨电车专用桥梁的检修道、检查梯、避车台、防护栏杆等构件的尺寸、位置及与线路中心的距离，均应符合设计要求。有轨电车与社会车辆、行人共用桥梁，还应符合桥面综合布置的其他设计要求。

8.10.4 检修道栏杆顶面应顺畅，立柱安装高度应考虑桥梁预拱度要求，桥梁端头及其他伸缩缝位置的栏杆，应按设计要求设置为可活动端，并检验其伸缩效果。

8.10.5 检修道混凝土步板预制时应标明上下面，安装时不得倒置。步板应安装平稳，顶面无明显错台，板缝间隙应均匀，板下线缆槽预留空间应符合设计要求。

8.10.6 桥面泄水管的品种、规格、位置、伸出长度应符合设计要求和现行有关技术标准的规定。采用集中汇水的排水管系设计时，安装完毕后应检查排水管纵、横坡实现质量及排水效果。

8.10.7 梁端伸缩缝预埋件的品种、规格、位置、螺丝外露长度应符合设计要求和现行有关技术标准的规定。预制桥梁时，应准确定位、安装牢固。采用橡胶止水带时，应与梁端预埋钢构件密贴安装。

8.10.8 采用接触网供电的轨道电车桥梁，其接触网支柱基座应按设计要求位置、结构、尺寸预埋准确、牢固，基座螺栓的品种、规格、长度、间距、防腐应符合设计要求。

8.11 桥梁附属工程施工

8.11.1 桥梁附属工程施工中使用的材料品种、规格、质量，应符合设计要求和现行国家有关技术标准规定，施工前应经检验合格方可使用。

8.11.2 桥面设置有防护网、声屏障等桥面附属构造时，安装前应综合检查预埋构件完成情况，安装时应设置临时安全防护措施，安装后应及时施工连接件的防腐措施和防积水构造。

8.11.3 桥梁墩台围栏、吊栏和梁下检查车等检查设施的结构、尺寸、位置应符合设计要求。墩台施工、主梁架设时应按设计要求预埋好连接构件。检查车安装完毕应进行满载走行试验。

8.11.4 特殊桥梁附属工程，如减隔震构造（抗震支座、阻尼器等）、逃生通道、消防设置等应根据设计文件要求编制专项安装工程技术方案后实施。

8.12 施工质量验收

8.12.1 桥梁施工质量验收应满足下列要求：

1 桥梁施工质量验收应按当地政府质量监督机构的行政管理

规定由建设单位、监理单位组织相关单位进行各项工程施工验收。

2 桥梁工程按工程规模、结构形式通常按桥梁地基与基础、下部结构、上部结构、桥面构造与附属工程四个分部划分，其他有特殊要求的可由施工单位会同建设单位、监理单位等协商确定。

8.12.2 桥梁地基与基础检查与验收应满足下列要求：

1 土方分项按土方开挖、土方回填等工序进行质量检查与验收；对土方回填质量按设计或其他规定执行。基坑开挖允许偏差见表 8.12.2-1。

表 8.12.2-1 基坑开挖允许偏差

项目		允许偏差（mm）	检验频率		检验方法
			范围	点数	
基底高程	土方	0 -20	每座基坑	5	用水准仪测量四角和中心
	石方	+50，-200		5	
轴线偏移		50		4	用经纬仪测量，纵横各 2 点
基坑尺寸		不小于设计规定		4	用钢尺量每边 1 点

2 地基检验应按设计要求进行承载力的检验，对不符合设计要求时，须会同相关单位进行专项处理。处理结果须达到设计要求，其检查验收标准执行《城市桥梁工程施工与质量验收规范》CJJ 2 的相关规定。

3 桩基础施工检查验收按成孔方法及施工工艺分别执行《建筑地基基础工程质量验收规范》的相关规定。

4 基础涉及的模板与支架、钢筋、混凝土、预应力混凝土、砌体质量检验应符合《城市桥梁工程施工与质量验收规范》CJJ 2、《混凝土结构工程施工质量验收规范》GB 50204 的相关规定。现浇混凝土基础允许偏差还应符合表 8.12.2-2 的要求。

表 8.12.2–2　现浇混凝土基础允许偏差

项　目		允许偏差（mm）	检验频率		检验方法
			范围	点数	
断面尺寸	长、宽	±20	每座基础	4	用钢尺量，长、宽各 2 点
顶面高程		±10		4	用水准仪测量
基础厚度		0，+10		4	用钢尺量，长、宽各 2 点
轴线偏移		15		4	用经纬仪测量，纵、横各 2 点

5　混凝土灌注桩允许偏差应符合表 8.12.2-3 的规定。

表 8.12.2–3　混凝土灌注桩允许偏差

项　目		允许偏差（mm）	检验频率		检验方法
			范围	点数	
桩位	群桩	100	每根桩	1	用全站仪检查
	排架桩	50		1	
沉渣厚度	摩擦桩	符合设计要求		1	沉淀盒或标准测锤，查灌注前记录
	支承桩	不大于设计要求		1	
垂直度	钻孔桩	≤1%桩长，且≤500		1	用测壁仪或钻杆垂线和钢尺量
	挖孔桩	≤0.5%桩长，且≤200		1	

6 混凝土承台表面应无孔洞、露筋、缺棱掉角、蜂窝、麻面和宽度超过 0.15 mm 的收缩裂缝。承台允许偏差应符合表 8.12.2-4 的规定。

表 8.12.2-4 混凝土承台允许偏差

项目		允许偏差（mm）	检验频率		检验方法
			范围	点数	
断面尺寸	长、宽	±20	每座	4	用钢尺量，长、宽各 2 点
承台厚度		0，+10		4	用钢尺量
顶面高程		±10		4	用水准仪测量，测量四角
轴线偏位		15		4	用经纬仪测量，纵、横各 2 点
预埋件位置		10	每件	2	经纬仪放线，用钢尺量

8.12.3 桥梁下部结构检查与验收应满足下列要求：

1 桥梁下部结构包括承台以上、支座以下桥梁结构，主要有墩台、橔柱、盖梁及支座。

2 墩台、墩柱、盖梁结合工艺、构成材料按现浇混凝土、预制混凝土及钢结构分别执行《城市桥梁工程施工与质量验收规范》CJJ 2 中相关章节的要求进行检查与验收。墩台、墩柱、盖梁施工涉及的模板与支架、钢筋、混凝土、预应力混凝土、砌体质量检验应符合《城市桥梁工程施工与质量验收规范》CJJ 2 中相关章节的规定。

3 现浇混凝土墩台允许偏差应符合表 8.12.3-1 的规定。

表 8.12.3–1　现浇混凝土墩台允许偏差

项目		允许偏差（mm）	检验频率		检验方法
			范围	点数	
墩台尺寸	长	0，+15	每个墩台或每个节段	2	用钢尺量
	厚	−8，+10		4	用钢尺量，每侧上下各 1 点
顶面高程		±10		4	用水准仪测量
轴线偏位		10		4	用经纬仪测量，纵、横各 2 点
墙面垂直度		≤0.25%H，且不大于 25		2	用经纬仪测量或垂线和钢尺量
墙面平整度		8		4	用 2 m 直尺、塞尺量
节段间错台		5		4	用钢尺和塞尺量
预埋件位置		5	每件	4	经纬仪放线，用钢尺量

注：H 为墩台高度（mm）。

4　现浇混凝土柱允许偏差应符合表 8.12.3-2 的规定。

表 8.12.3–2　现浇混凝土柱允许偏差

项目		允许偏差（mm）	检验频率		检验方法
			范围	点数	
断面尺寸	长、宽（直径）	±5	每根柱	2	用钢尺量，长、宽各 1 点，圆柱量 2 点
顶面高程		±10		1	用水准仪测量
垂直度		≤0.2%H，且不大于 15		2	用经纬仪测量或垂线和钢尺量
轴线偏位		8		2	用经纬仪测量
平整度		5		2	用 2 m 直尺、塞尺量
节段间错台		3		4	用钢板尺和塞尺量

注：H 为柱高（mm）。

5 预制混凝土柱制作允许偏差应符合表 8.12.3-3 的规定。

表 8.12.3-3　预制混凝土柱制作允许偏差

项　目		允许偏差（mm）	检验频率		检验方法
			范围	点数	
断面尺寸	长、宽（直径）	±5	每个柱	4	用钢尺量，厚宽各 1 点，圆断面量直径
高度		±10		2	用钢尺量
预应力筋孔道位置		10	每个孔道	1	
侧向弯曲		$H/750$	每个柱	1	沿构件全高拉线，用钢尺量
平整度		3		2	用 2 m 直尺、塞尺量

注：H 为柱高（mm）。

6 预制柱安装允许偏差应符合表 8.12.3-4 的规定。

表 8.12.3-4　预制柱安装允许偏差

项　目	允许偏差（mm）	检验频率		检验方法
		范围	点数	
平面位置	10	每个柱	2	用经纬仪测量，纵横向各 1 点
埋入基础深度	不小于设计要求		1	用钢尺量
相邻间距	±10		1	用钢尺量
垂直度	≤0.5%H，且不大于 20		2	用经纬仪测量或垂线和钢尺量，纵横向各 1 点
墩柱顶高程	±10		1	用水准仪测量
节段间错台	3		4	用钢板尺和塞尺量

注：H 为柱高（mm）。

7　盖梁表面应无孔洞、露筋、蜂窝、麻面，现浇混凝土盖梁允许偏差应符合表 8.12.3-5 的规定。

表 8.12.3–5　现浇混凝土盖梁允许偏差

项　目		允许偏差（mm）	检验频率		检验方法
			范围	点数	
盖梁尺寸	长	－10，＋20	每个盖梁	2	用钢尺量，两侧各 1 点
	宽	0，＋10		3	用钢尺量，两端及中间各 1 点
	高	± 5		3	
盖梁轴线偏位		8		4	用经纬仪测量，纵横各 2 点
盖梁顶面高程		－5，0		3	用水准仪测量，两端及中间各 1 点
平整度		5		2	用 2 m 直尺和塞尺量
支座垫石预留位置		10	每个	4	用钢尺量，纵横各 2 点
预埋件位置	高程	± 2	每件	1	用水准仪测量
	轴线	5		1	经纬仪放线，用钢尺量

8. 12. 4　桥梁上部结构的检查与验收应满足下列要求：

1　桥梁上部结构根据设计不同，主要分为简支梁与连续梁，按其工艺材料分现浇钢筋混凝土梁、装配式钢筋混凝土梁。

2　支座安装允许偏差应符合表 8.12.4-1 的规定。

表 8.12.4–1　支座安装允许偏差

项　目	允许偏差（mm）	检验频率		检验方法
		范围	点数	
支座高程	± 5	每个支座	1	用水准仪测量
支座偏位	3		2	用经纬仪、钢尺量

3　现浇钢筋混凝土连续箱梁根据工艺按模板与支架、钢筋、

混凝土对施工过程进行检查与验收。其结构表面应无孔洞、露筋、蜂窝、麻面和宽度超过 0.15 mm 的收缩裂缝。现浇钢筋混凝土梁允许偏差应符合表 8.12.4-2 的规定。

表 8.12.4–2 现浇钢筋混凝土梁允许偏差

<table>
<tr><th colspan="2" rowspan="2">检查项目</th><th rowspan="2">规定值或允许偏差(mm)</th><th colspan="2">检验频率</th><th rowspan="2">检验方法</th></tr>
<tr><th>范围</th><th>点数</th></tr>
<tr><td colspan="2">轴线偏位</td><td>10</td><td rowspan="8">每跨</td><td>3</td><td>用经纬仪测量</td></tr>
<tr><td colspan="2">梁板顶面高程</td><td>±10</td><td>3～5</td><td>用水准仪测量</td></tr>
<tr><td rowspan="3">断面尺寸(mm)</td><td>高</td><td>−10，+5</td><td rowspan="3">1～3 个断面</td><td rowspan="3">用钢尺量</td></tr>
<tr><td>宽</td><td>±30</td></tr>
<tr><td>顶、底、腹板厚</td><td>0，+10</td></tr>
<tr><td colspan="2">长度</td><td>−10，+5</td><td>2</td><td>用钢尺量</td></tr>
<tr><td colspan="2">横坡（%）</td><td>±0.15</td><td>1～3</td><td>用水准仪测量</td></tr>
<tr><td colspan="2">平整度</td><td>8</td><td>顺桥向每侧面
每 10 m 测 1 点</td><td>用 2 m 直尺塞尺量</td></tr>
</table>

4 装配式钢筋混凝土梁对采用预制混凝土时在进场时严格按设计要求及相关规定进行入场的成品验收。

8.12.5 桥面及附属工程的检查与验收应满足下列要求：

1 桥面及附属工程中桥面防水层、桥面铺装、伸缩装置、桥面排水、地袱和缘石防撞护栏、人行道以及隔声与防眩装置、梯道等内容按设计及相关规定的要求进行检查与验收。

2 桥面及附属部分中主要半成品、成品、构配件、器具及设备按设计和专业质量标准进行验收和复验，合格后方可使用。

3 桥面泄水口位置允许偏差应符合表 8.12.5-1 的规定。

表 8.12.5–1 桥面泄水口位置允许偏差

项目	允许偏差（mm）	检验频率		检验方法
		范围	点数	
高程	–10，0	每孔	1	用水准仪测量
间距	±100		1	用钢尺量

4 混凝土桥面防水层粘结质量和施工允许偏差应符合表 8.12.5-2 的规定。

表 8.12.5–2 混凝土桥面防水层粘结质量和施工允许偏差

项目	允许偏差（mm）	检验频率		检验方法
		范围	点数	
卷材接茬搭接宽度	不小于规定	每 20 延米	1	用钢尺量
防水涂膜厚度	符合设计要求；设计未规定时 ±0.1	每 200 m^2	4	用测厚仪检测
粘结强度（MPa）	不小于设计要求，且 ≥0.3（常温），≥0.2（气温≥35 ℃）	每 200 m^2	4	拉拔仪（拉拔速度：10 mm/min）
抗剪强度（MPa）	不小于设计要求，且 ≥0.4（常温），≥0.3（气温≥35 ℃）	1 组	3 个	剪切仪（剪切速度：10 mm/min）
剥离强度（N/mm）	不小于设计要求，且 ≥0.3（常温），≥0.2（气温≥35 ℃）	1 组	3 个	90° 剥离仪（剪切速度：100 mm/min）

5 桥面铺装面层允许偏差应符合表 8.12.5-3 规定。

表 8.12.5–3　混凝土桥面铺装面层允许偏差

<table>
<tr><th rowspan="2">项　目</th><th rowspan="2">允许偏差</th><th colspan="2">检验频率</th><th rowspan="2">检验方法</th></tr>
<tr><th>范围</th><th>点数</th></tr>
<tr><td>厚度</td><td>± 5 mm</td><td rowspan="2">每 20 延米</td><td>3</td><td>用水准仪对比浇筑前后标高</td></tr>
<tr><td>横坡</td><td>± 0.15%</td><td>1</td><td>用水准仪测量 1 个断面</td></tr>
<tr><td>平整度</td><td>符合城市道路面层标准</td><td colspan="3">按城市道路工程检测规定执行</td></tr>
<tr><td>抗滑构造深度</td><td>符合设计要求</td><td>每 200 m</td><td>3</td><td>铺砂法</td></tr>
</table>

注：跨度小于 20 m 时，检验频率按 20 m 计算。

6　伸缩装置应无渗漏、无变形，伸缩缝应无阻塞；伸缩缝必须全部贯通，并与主梁伸缩缝相对应。伸缩装置安装允许偏差应符合表 8.12.5-4 的规定。

表 8.12.5–4　伸缩装置安装允许偏差

<table>
<tr><th rowspan="2">项　目</th><th rowspan="2">允许偏差
（mm）</th><th colspan="2">检验频率</th><th rowspan="2">检验方法</th></tr>
<tr><th>范围</th><th>点数</th></tr>
<tr><td>顺桥平整度</td><td>符合道路标准</td><td rowspan="5">每条缝</td><td colspan="2">按道路检验标准检测</td></tr>
<tr><td>相邻板差</td><td>2</td><td rowspan="3">每车道 1 点</td><td>用钢板尺和塞尺量</td></tr>
<tr><td>缝宽</td><td>符合设计要求</td><td>用钢尺量，任意选点</td></tr>
<tr><td>与桥面高差</td><td>2</td><td>用钢板尺和塞尺量</td></tr>
<tr><td>长度</td><td>符合设计要求</td><td>2</td><td>用钢尺量</td></tr>
</table>

7　预制地袱、缘石、挂板允许偏差应符合表 8.12.5-5 的规定。

表 8.12.5–5　预制地袱、缘石、挂板允许偏差

项　目		允许偏差（mm）	检验频率		检验方法
			范围	点数	
断面尺寸	宽	±3	每件（抽查10%，且不少于5件）	1	用钢尺量
	高			1	
长度		0，－10		1	用钢尺量
侧向弯曲		$L/750$		1	沿构件全长拉线用钢尺量（L 为构件长度）

8　安装地袱、缘石、挂板允许偏差应符合表 8.12.5-6 的规定。

表 8.12.5–6　地袱、缘石、挂板安装允许偏差

项　目	允许偏差（mm）	检验频率		检验方法
		范围	点数	
直顺度	5	每跨侧	1	用 10 m 线和钢尺量
相邻板块高差	3	每接缝（抽查 10%）	1	用钢板尺和塞尺量

注：两个伸缩缝之间的为一个验收批。

9　预制混凝土栏杆允许偏差应符合表 8.12.5-7 的规定。

表 8.12.5–7　预制混凝土栏杆允许偏差

项　目		允许偏差（mm）	检验频率		检验方法
			范围	点数	
断面尺寸	宽	±4	每件（抽查 10%，且不少于 5 件）	1	用钢尺量
	高			1	
长度		0，－10		1	用钢尺量
侧向弯曲		$L/750$		1	沿构件全长拉线，用钢尺量（L 为构件长度）

10　栏杆安装允许偏差应符合表 8.12.5-8 的规定。

表 8.12.5-8　栏杆安装允许偏差

项　目		允许偏差（mm）	检验频率		检验方法
			范围	点数	
直顺度	扶手	4	每跨侧	1	用 10 m 线和钢尺量
垂直度	栏杆柱	3	每柱（抽查 10%）	2	用垂线和钢尺量，顺、横桥轴方向各 1 点
栏杆间距		± 3	每柱（抽查 10%）	1	用钢尺量
相邻栏杆扶手高差	有柱	4	每处（抽查 10%）		
	无柱	2			
栏杆平面偏位		4	每 30 m	1	用经纬仪和钢尺量

注：现场浇筑的栏杆、扶手和钢结构栏杆、扶手的允许偏差可按本款执行。

8. 12. 6　桥梁工程施工与质量验收的其他规定具体可参照《城市桥梁工程施工与质量验收规范》CJJ 2 的相关规定。

9 涵洞工程

9.1 一般规定

9.1.1 涵洞施工前，应进行施工放样，并根据设计文件核对涵洞的位置、孔径、长度、水流方向、出入口高程以及与既有沟渠、排灌系统或道路连接，确认无误后方可施工。当设计文件与现场实际情况差别较大时，应及时办理变更手续。

9.1.2 基坑开挖后应检验涵底地质及其承载力，确认符合设计要求后及时施工基础。当涵底地质及承载力不符合设计要求时，应及时办理变更手续。基础施工完成后应及时回填，避免积水浸泡地基。

9.1.3 沉降缝位置和填缝应按设计要求设置。沉降缝的端面应竖直、平整，且基础、涵身和涵顶的沉降缝上下对齐。填缝料应具有弹性、不透水和耐久性，并应填塞密实。

9.1.4 应将施作面整平、清洗、晾干后再施作防水层。热筑防水层应在涵洞混凝土或砌体砂浆强度达到设计强度的 75%后方可施工。

9.1.5 涵洞结构砌体砂浆或混凝土达到设计强度后，方可进行涵洞两侧及顶上填筑。涵洞填筑应两侧同时对称、水平分层进行。涵身周围 1.0 m 范围内的填筑土石应采用人工配合小型机械的方法分层夯实，防止大型机械冲撞、推挤涵身。涵顶填土厚度超过设计规定后方可通行大型车辆；设计无规定时，填土厚度应不小于 1.0 m。

9.1.6 涵洞进出口与既有河床或道路应连接顺畅，排水系统完善通畅。

9.2 装配式涵洞

9.2.1 装配式涵洞应在预制场（厂）集中制作涵节。涵节预制应采用钢模板。预制涵节应在其内外壁、前后端清晰标识其节段编号。

9.2.2 预制涵节的吊装孔或吊装环的位置及吊环钢筋应严格按照设计要求施工。预制涵节混凝土达到设计强度后方可吊运和安装，并应采取防碰撞措施，避免涵节损坏。

9.2.3 圆管涵设计为混凝土或砌体基础时，应设置混凝土弧形管座，并确保管节安装后与管身密切。

9.2.4 装配式涵洞基座土层夯压密实或回填砂垫层。圆管涵尚应制作成与管身密贴的弧形管座。

9.2.5 涵节拼装前应将接合面刷洗干净，影响拼接的部位提前整修达到标准。

9.2.6 预制涵节应按照施工方案确定的顺序拼装；涵节之间的接缝位置、宽度及填缝材料应符合设计要求。

9.2.7 预制圆管涵采用对插口管接口形式时，应按承插口迎水安装，接口应平直，环形间隙应均匀，并按设计要求用防水材料将环形间隙填塞密实。

9.2.8 涵节接合面水泥砂浆达到设计强度后方可进行涵顶回填。涵洞两侧紧靠涵台部分的回填不得用大型机械施工。

9.3 渡槽和倒虹吸管

9.3.1 渡槽施工应满足下列要求：

1 渡槽施工必须确保原有水渠输水畅通。

2 槽梁必须达到设计强度后方可起吊和架设。

3 渡槽接缝应符合设计要求，并应进行防漏水检验。

4 渡槽台尾端与进出口连接处的沉降缝应按设计要求的防水材料和填缝深度施工，不得渗漏。

9.3.2 倒虹吸管施工应满足下列要求：

1 水平管可采用预制管做内衬模、外套管混凝土连续浇筑法施工。内模预制管接缝可采用高强度水泥砂浆封填密实，并经检验合格后施作后续混凝土浇筑。

2 竖井与水平管接合面等混凝土施工缝的施工应符合《铁路混凝土工程施工技术指南》(TZ 210)的相关规定。

3 进出口矩形槽止水缝、矩形槽与渠道加固连接处的沉降缝，应按设计要求做好塞缝。

4 边坡防护工程应同时施工，并按设计要求封缝。

5 填土覆盖前应做灌水试验，符合要求后方可填土。

6 倒虹吸管如需在冰冻期施工，应将冰冻期前管内积水排出。

7 倒虹吸管竣工后，进出口竖井应及时上盖。

9.4 顶进涵

9.4.1 顶进涵施工必须有实施性施工组织设计、专项施工监测方案，并应按设计要求和运营条件对行车线路制定加固方案。

9.4.2 顶进涵施工的人员、材料、机具不得侵入铁路行车限界；顶进作业时间必须在铁路管理单位给定的行车间隔期完成；顶进配套作业工程如经过安全评估对运行存在安全隐患需要对行车限速运行时，尚应制定确保安全的措施并与铁路管理单位签订协议后方可施工。

9.4.3 顶进作业时应将地下水位降至基底以下 0.5 m，持续时间不得少于 5 d，并宜避开雨期施工。多雨地区无法避开雨区施工时，应有防洪排水及线路抢修设施。降低地下水位时，不得影响既有建筑物稳定。

9.4.4 顶进涵节段预制应符合本规范有关章节的规定。为减小顶进阻力，节段预制时可适当调整涵身前、后端的外侧模板尺寸公差配置避免出现前窄后宽的楔形现象，前端外侧可采用不超过 10 mm 的正偏差。现浇顶进涵在工作坑滑板与底板间应铺设润滑隔离层，底板前端底部应设置可调整顶进过程高低偏差的船头坡。

9.4.5 工作坑的施工应满足下列要求：

1 工作坑的开挖断面应根据现场环境及顶进结构、顶进设备、出土方法、地质构造、地下水位、开挖深度及支护条件等确定。

2 工作坑的坑壁应稳定；应在工作坑四周设置可靠的排水设施。

3 地下水位较高、降水措施对轨道路基产生较大变形影响时，应设置坑底、坑周和线路侧路基的止水措施。

4 工作坑基底应密实平整，并有足够的承载力；基底强度较低时，应进行加固处理。

5 用作顶进后背的坑壁，需检算其承载强度和稳定性，不足时应采取加固措施。

9.4.6 顶进涵导轨安装时应顺直、稳固，严格控制高程、内距及中心线。导轨高程及内距允许偏差为 ± 2 mm，中线允许偏差为 3 mm。

9.4.7 顶进作业挖土应符合下列规定：

1 顶进涵挖土长度在道床外不得超过 30 cm，进入道床下不宜超过管端外 10 cm，并保持随挖随顶。

2 顶进涵周围土体下部 1/3 范围不得超挖，上部 2/3 范围超挖量不超过 2 cm。

3 当土质较差、埋深较浅容易出现坍塌时，可在前端上部 1/3 范围内设置帽沿式钢板刃脚。

9.4.8 顶进监测与控制应满足下列要求：

1 顶进施工中应监测顶进涵洞主体的倾斜与偏位，发现偏差应及时纠正；同时应对轨面的高程、横移量进行实时监控测量。

2 涵身每前进一个顶程，都应对相关监测点观测一次。监测中发现偏差应及时纠正。

3 应设置顶推力监测系统，并同步监测后背变形情况。

9.4.9 顶进应连续进行，当顶进遇到下列异常情况之一时应立即停止顶进，采取措施处置完善后再继续施工。

1 前方塌方或遇障碍物。

2 后背倾斜或严重变形。

3 顶柱（铁）发生扭曲现象。

4 轴线、高程等偏差超限。

5 受力端出现结构损伤。

6 轨面高程或横移量或轨距变化超过设计预警限值。

9.4.10 顶进涵节间接缝及结构物应按设计要求进行防水处理，顶进作业中应对防水层采取保护措施，确保其防水效果。

9.4.11 主体顶进就位后，应及时施工端翼墙和防护工程。

9.5 现浇箱涵

9.5.1 涵身节段宜分两次浇筑，第一次浇筑底板和墙身下倒角，第二次浇筑剩余墙身和顶板。两次浇筑之间的施工缝应凿毛并清理干净。

9.5.2 涵身混凝土强度达到设计强度的 85%时，方可拆除顶板支架。

9.5.3 涵身混凝土强度达到设计强度的100%时,方可施作防水层；防水层干透后，方可进行涵洞填土。

9.6 涵洞接长

9.6.1 接长涵洞施工除符合本章相应涵洞类型的规定外，还应符合本节的规定。

9.6.2 接长涵洞与既有涵洞连接处应按沉降缝处理。接长涵洞的涵底应与既有涵洞的涵底顺接，并按设计要求设置涵底纵坡。

9.6.3 当接长涵洞的基底低于既有涵洞的基底时，应对既有涵洞的基础进行防护加固后方可开挖接长涵洞的基坑。

9.6.4 接长涵洞施工时，应监测既有涵洞的沉降变形。

9.7 施工质量验收

9.7.1 涵洞施工涉及的模板、支架、钢筋、混凝土质量检验应符合本规范的有关规定。

9.7.2 预制圆管涵管节成品质量应符合表 9.7.2 的规定。

表 9.7.2 预制圆管涵管节成品质量标准

项 目	规定值或允许偏差（mm）	项 目	规定值或允许偏差（mm）
混凝土强度	在合格标准内	壁厚	－5，＋10
长度	±10	侧向弯曲	节长的 1/500
内径	不小于设计值	端面平整度	±3

9.7.3 预制箱涵质量应符合表 9.7.3 的规定。

表 9.7.3 预制箱涵成品质量标准

<table>
<tr><th colspan="2">项 目</th><th>规定值或允许偏差（mm）</th><th>项 目</th><th>规定值或允许偏差（mm）</th></tr>
<tr><td colspan="2">混凝土强度</td><td>在合格标准内</td><td>厚度</td><td>±10</td></tr>
<tr><td colspan="2">长度</td><td>±50</td><td>顺直度</td><td>矢度不大于 0.2%节长</td></tr>
<tr><td rowspan="2">断面尺寸</td><td>净高</td><td>±50</td><td>轴线偏位</td><td>10</td></tr>
<tr><td>净宽</td><td>±30</td><td>对角线长度差</td><td>75</td></tr>
<tr><td colspan="2">端面平整度</td><td>±5</td><td>端面垂直度</td><td>≤0.15%涵高，且≤10</td></tr>
</table>

9.7.4 装配式涵洞施工质量应符合表 9.7.4 的规定。

表 9.7.4 装配式涵洞施工质量标准

项 目	规定值或允许偏差(mm)	项 目	规定值或允许偏差(mm)
混凝土强度	在合格标准内	轴线偏位	50
长度	−50，+100	流水面高程	±20
相邻节接头错台	5	管座或垫层宽度、厚度	不小于设计

9.7.5 钢筋混凝土或混凝土倒虹吸管施工质量应符合表 9.7.5-1 的规定，灌水试验渗水量应符合表 9.7.5-2 的规定。

表 9.7.5-1 倒虹吸管施工质量标准

项 目		规定值或允许偏差（mm）	项 目	规定值或允许偏差（mm）
砂浆或混凝土强度		在合格标准内	轴线偏位	20
长度		−50，+100	流水面高程	±20
相邻管节接头错台	管径≤1 m	3	管座或垫层宽度、厚度	不小于设计
	管径＞1 m	5	井壁或井底厚度	−5，+20
井口高程		±20	圆井直径或方井边长	±20
井底高程		±15		

表 9.7.5-2 倒虹吸管灌水试验渗水量限值

管径（m）	最大渗水量 [m^3/（d · km）]	管径（m）	最大渗水量 [m^3/（d · km）]
0.75	27	1.50	42
1.00	32	2.00	52
1.25	37	2.50	62

9.7.6 顶进涵预制质量应符合表 9.7.3 的相关规定，滑板施工质量应符合表 9.7.6-1 的规定，顶进质量应符合表 9.7.6-2 的规定。

表 9.7.6–1 顶进涵滑板施工质量标准

项　目	规定值或允许偏差（mm）	项　目	规定值或允许偏差（mm）
中线偏位	50	顶面平整度	±3
高程	0，+5	长度、宽度	不小于设计值
厚度	不小于设计值		

表 9.7.6–2 顶进涵施工质量标准

项　目		允许偏差（mm）	项　目		允许偏差（mm）
轴线偏位	$L<15$ m	100	高程	$L<15$ m	−100，+20
	15 m≤L≤30 m	200		15 m≤L≤30 m	−150，+20
	$L>30$ m	300		$L>30$ m	−200，+20
相邻两端高差		50	接头		直顺、无渗漏

注：表中 L 为顶进涵轴线长度。

10 隧道工程

10.1 一般规定

10.1.1 隧道施工方法的选择应根据地质条件、隧道长度、断面大小、机械设备、结构类型、工期要求以及环境保护等因素综合确定，宜采用明挖法和暗挖法施工。

10.1.2 隧道采用钻爆法施工时，应按新奥法原理，对施工全过程实行动态管理。

10.1.3 隧道施工应加强地质工作，重视跟踪地质调查与超前地质预报。

10.1.4 隧道施工前应调查地下管线及周边建筑物，并组织保护或迁建，需要原位保护的管线应揭露并予以保护。隧道施工影响城市交通时，应制定交通疏解方案，按规定设置围蔽结构及安全警示标识标牌。

10.1.5 隧道石方开挖应事先编制爆破方案，并报主管部门批准后方可实施。

10.1.6 隧道施工必须遵守国家关于生态保护、环境保护的法律法规，制订切实可行的防止噪声、粉尘、废水污染环境的措施，保护原有植被地貌，对施工废弃物应妥善处理，做到文明施工。

10.1.7 隧道施工场地应结合工程规模、工期、地形特点、设备摆放、预制件加工、弃渣场、电力线路和水源等情况，靠近隧道洞口附近合理布置。暗挖隧道采盾构法施工时，场地应满足竖井、龙门吊、管片存放、浆液站、材料、渣土堆放、充电间、供电站、控制室、库房等生产设施占地要求。

10.1.8 隧道施工机械设备应遵循“技术先进、成熟可靠、高效配套、经济合理” 的配置原则，优先选择具有节能环保和信息化程度高的机械设备。

10.2 超前地质预报

10.2.1 隧道施工应进行超前地质预报，并作为工序纳入施工组织管理，给予必要的施作时间，各项工作应符合现行《铁路隧道超前地质预报技术规程》Q/CR 9217 有关规定。

10.2.2 超前地质预报应以地质分析法为基础，针对不同地段地质情况和预报目的，进行必要的技术经济比选，选择有针对性、适用性强的方法和设备，采用一种或几种方法的合理组合，达到预报基本准确。对重大物探异常地段应采用钻探验证。

10.2.3 超前地质预报应包括（但不限于）下列内容：

1 地层岩性，重点为软弱夹层、破碎地层、煤层及特殊岩土等。

2 地质构造，重点为断层、节理密集带、褶皱轴等影响岩体完整性的构造发育情况。

3 不良地质，特别是溶洞、暗河、人为坑洞、放射性、有害气体、高地应力等发育情况。

4 地下水，特别是岩溶管道水、富水断层、富水褶皱轴及富水地层。

10.2.4 超前地质预报根据不同的地质复杂程度应实行分级管理，采取相应地质预报方法和手段。

10.2.5 复杂隧道超前地质预报应编制实施细则，内容包括超前地质预报实施方案、分段预报内容、方法及技术要点，并编制气象、重要泉点、暗河流量、地下水位等观测计划和观测技术要求。

10.2.6 超前地质预报获得的地质信息，应结合监控量测信息进行综合分析，并及时向相关各方提交书面报告，作为制定或修改施工方案、调整支护参数的依据。超前地质预报报告内容应包括工作概况、采用的预报手段及预报结果、相互印证情况、综合分析预报结论、灾害警报、施工方法和施工措施建议等。

10.2.7 超前地质预报发现异常情况时，应及时通知相关各方，并提前采取应急处理措施。

10.2.8 施工过程中应将实际开挖的地质情况与预报结果进行对比分析，及时总结经验，指导和改进超前地质预报工作。

10.3 明挖施工

10.3.1 明挖施工基坑遇有地下管线时，应经行政管理单位或产权单位同意后方可确定拆迁、改移或采取悬吊措施。

10.3.2 为避免基坑开挖阻断交通，应根据需要设置基坑便桥，基坑便桥应符合现行《地下铁道工程施工及验收规范》GB 50299 的相关要求。

10.3.3 明挖隧道基坑围护结构主要包括基坑围护桩（含振动沉桩、静力压桩、灌注桩等）、地下连续墙以及旋喷、搅拌法水泥土墙等，明挖隧道应根据设计及工程地质、水文地质、环境条件选择合适的基坑围护结构。

10.3.4 基坑围护结构施工中，应做好成桩、成槽及混凝土灌注施工记录，并检查桩身直径、槽身宽度、钢筋笼连接质量和混凝土强度等。

10.3.5 基坑围护桩施工应满足下列要求：

1 振动沉桩、静力压桩前应先试桩，沉桩或静压过程中作用力方向应与桩中心线一致，应随时检查校正桩的垂直度。

2 钻孔灌注桩施工应根据地质、环境条件和施工进度选择冲击钻机、回旋钻机、旋挖钻机等机械，并应间隔施工，灌注混凝土24 h后方可施工邻桩。钻孔灌注桩施工的护筒、泥浆、钻孔、清孔、钢筋笼吊装、水下混凝土灌注等相关要求应符合本标准第 8.3.13～8.3.20 条的规定。

3 灌注桩采用挖孔桩时，应采用机械起吊出渣，护壁应随开挖分段及时施作。挖孔桩应采用机械通风。

4 基坑围护桩桩间支护应在每层土方开挖后按设计及时施作，桩顶冠梁施工前应将支护桩桩顶浮浆凿除清理干净，桩顶出露钢筋长度应符合设计要求。

10.3.6 地下连续墙施工应符合下列规定：

1 地下连续墙应根据地质、地下障碍物、施工环境等选择成槽机械，岩石成槽宜选用冲击钻机成槽。土层宜采用液压成槽机，挖槽时，抓斗中心平面应与导墙中心平面相吻合。

2 地下连续墙应分单元施工，单元槽段长度应根据施工环境、槽壁稳定性及钢筋笼起吊能力划分；单元槽段接头不宜设在拐角处，并符合设计要求。地下连续墙槽段开挖相关要求应符合现行《地下铁道工程施工及验收规范》GB 50299 的相关要求。

3 钢筋笼可根据槽段深度和起吊情况分节制作，分节吊装；

分节制作的钢筋笼应进行试拼装。钢筋笼应有足够的起吊刚度，纵向应预留导管位置，并上下贯通。钢筋笼应在槽段接头清刷、清槽、换浆合格后缓慢沉入，不得强行入槽。

4 钢筋笼沉放就位后应及时灌注混凝土，并不应超过 4 h。

5 地下连续墙各墙幅间竖向接头应符合设计要求，使用的锁口管应能承受混凝土灌注时的侧压力，灌注混凝土时不得位移和发生混凝土绕管现象。

6 地下连续墙槽段接头应按设计要求进行防水处理，可采用施工缝注浆封堵，或在槽段接头外侧采用高压喷射桩封堵。

10.3.7 水泥土墙可根据土层条件、含水量、施工条件等选用深层搅拌法或旋喷法。采用深层搅拌法施工的水泥土墙可选择多轴式钻掘搅拌机，采用旋喷法施工的水泥土墙可选择单管法、二重管法及三重管法，并符合下列规定：

1 旋喷法施工应采用切割搭接法，搅拌法施工宜采用重叠咬合法，在前桩水泥土尚未固化时进行后续搭接桩施工，施工开始和结束的头尾搭接处，应采取加强措施，清除搭接沟缝。切割搭接宽度应根据设计要求确定，不宜小于 15 cm。

2 高压喷射注浆的施工参数应根据土质条件、加固要求通过试喷试验确定，并在施工中严格控制。单管法及双管法的高压水泥浆和三管法高压水的压力应大于 20 MPa。水泥浆液的水灰比应按工程要求确定，宜为 1.0 ~ 1.5。喷射注浆水泥宜采用强度等级 R32.5 及以上的普通硅酸盐水泥，并根据试验确定加入适量的外加剂及掺合料。

3 喷射孔与高压注浆泵的距离不宜大于 50 m。钻孔的位置与设计位置的偏差不得大于 50 mm。实际孔位、孔深和每个钻孔内的地下障碍物、洞穴、涌水、漏水及与岩土工程勘察报告不符等情况均应详细记录。

4 旋喷桩施工的其他要求应符合本标准第 4.4.4 条的规定。

5 搅拌法施工时宜采用重叠咬合法，并符合下列规定：

1）施工现场池塘及洼地等应抽水和清淤，回填粘性土料并予以压实，不得回填杂填土或生活垃圾。

2）固化剂宜选用强度等级 32.5 及以上的普通硅酸盐水泥。水泥浆水灰比可选用 0.45～0.55。外掺剂可根据工程需要和土质条件选用具有早强、缓凝、减水以及节省水泥等作用的材料，但应避免污染环境。

3）相邻桩的施工时间间隔不宜超过 24 h。相邻桩无法搭接时，应采取局部补桩或注浆等补强措施。

4）搅拌法施工的其他要求应符合本标准第 4.4.3 条的规定。

6 水泥土墙桩内可插入 H 型钢等芯材，提高墙体强度和刚度。

10.3.8 在地下水丰富地区，必须采取降水施工，降水施工应符合下列规定：

1 降水应按照场地条件、周围地层的水文地质条件、降水深度及设备条件等进行专项方案设计。降水方案应包括降水设备、降水井布置、降水井深度、沉淀池布置、管路布置以及保护措施等。

2 隧道基坑必须保持地下水位稳定在基底 0.5 m 以下。停止降水时，应验算涌水量和隧道衬砌结构在施工期间的抗浮稳定性，当不能满足要求时，不得停泵。

3 地下水控制应根据工程地质、水文地质和环境条件并结合护、支护结构等确定，选择合适的降水方法，降水方法可按表 10.3.8 选用。

表 10.3.8　各类井点降水适用范围

井点类别	适合地层	土的渗透系数（m/d）	降低水位深度（m）
单层轻型井点	粉砂、粉土	0.1，50	3，6
多层轻型井点		0.1，50	6～12（由井点层数而定）
电渗井点	粘性土（含水量大，普通降水方法不适用的地层）	＜0.1	根据选用的井点确定
管井井点	砂土、碎石土	20，200	3，5
喷射井点	粉质粘土、粉砂	0.1，50	8，30
深井井点	砂土、碎石土	10，250	＞15

10. 3. 9　降水应加强监测并有相应的保护措施，防止地表及周围建筑物沉降超限。降水危及基坑及周边环境安全时，宜采用截水或回灌措施。采用回灌时应化验水质，防止污染地下水。截水后基坑中水量或水压较大时，应采用基坑内降水或坑内外降水相结合的方式。降水过程中，应加强井点降水系统的维护和检查，不间断抽水。拆除多层井点应自底层开始逐层向上进行，下层井点拆除期间，上部各层井点应继续抽水。降水井点可按下列要求布设：

1　井点距基坑边缘不应小于 1.5 m，距明挖隧道衬砌结构不应小于 2.0 m。

2　井点应沿隧道布设，降水起讫处应较开挖长度延长 1 倍开挖宽度以上。

3　井点间距应根据计算确定，间距不应小于 15 倍井管直径。

基坑宽度较大不能满足降水深度需要时，宜在基坑内增设井点或采取明排等措施。

10.3.10 基坑开挖与支护应符合下列规定：

1 基坑顶部地表应采取封闭措施，封闭宽度不宜小于 5 m；基坑周边地表及基底应有截排水措施，并应符合现行《地下铁道工程施工及验收规范》GB 50299 的相关要求。

2 基坑应按设计要求分段、自上而下分层依次开挖，严禁掏底施工。采用围护结构的基坑宜分层、分段施工，并限时完成每段的开挖和支撑；每段长度结合支撑间距确定，宜为 1 ~ 2 个支撑间距；分层厚度宜为 0.5 ~ 1 层支撑间距，每段开挖、支撑时限应控制在 8 h ~ 24 h。

3 基坑开挖接近基底 20 cm 时，应不得超挖或扰动基底土。基底应平整压实，经检验合格后，及时施工混凝土垫层封闭。

4 基底为隔水层且层底有承压水，或基底超挖、扰动、受冻、水浸，或发现异物、杂土、淤泥、土质松软及软硬不均时，应采取处理措施。

5 基坑两侧 10 m 范围内不得存土，且存土点不得选在建筑物、地下管线和架空线附近。在已回填的隧道结构顶部存土时，应核算沉降量后确定堆土高度。

6 内支撑结构的安装与拆除顺序，应与基坑围护结构的设计计算工况一致，应先支撑后开挖。支撑安装应符合现行《地下铁道工程施工及验收规范》GB 50299 的相关要求。

7 锚索钻孔机具应根据地质条件合理选择；锚索安装时，孔内应设置定位器，其间距锚固段的定位器间距不宜大于 2 m，自由段的定位器间距宜为 2 m ~ 3 m；锚固段注浆应饱满密实，宜采用二次注浆；锚索张拉应在锚固段浆体达到设计强度后方可进行。

8 基坑采用锚喷支护时，应符合本标准第 10.4.18 ~ 10.4.20 条的相关要求。

10.3.11 结构施工应符合下列规定：

1 衬砌应考虑沉落量等，内轮廓应按设计要求适当放大。施工顺序应根据设计计算的基坑工况确定，应先施工仰拱（底板），后施工墙拱结构。

2 钢筋宜加工成型后运至现场安装。钢筋绑扎应牢固稳定，变形缝处主筋和分布筋不得触及止水带和填缝板，预埋件应固定牢固、位置正确。

3 衬砌结构施工及养护应符合本标准第 10.5.2 ~ 10.5.8 条的有关规定。

4 地下连续墙作为主体结构或部分作为主体结构时，在施工二次结构时，墙体应凿毛、清理干净、调直预留钢筋。连续墙接头和二次衬砌接头宜错开。

10.3.12 基坑回填施工应符合下列规定：

1 回填填料及碾压密实度应符合设计要求。填料使用前应进行压实试验，确定填料含水量的控制范围、松铺厚度、碾压遍数等参数。

2 基坑应在隧道和地下管线结构达到设计强度要求后及时回填。回填前应将基坑内清理干净，虚土应压实。

3 基坑回填应分层压实，并应符合现行《地下铁道工程施工及验收规范》GB 50299 的相关要求。

4 雨季回填应集中力量分段施工，取、运、摊、压各工序应连续作业，降雨前应完成填土层的压实，并形成排水坡面。

5 基坑不宜在寒冷季节回填，必须施工时应有可靠的防冻措施。

10.4 暗挖施工

10.4.1 洞口工程施工应符合下列要求：

1 施工宜避开雨季及严寒季节。

2 隧道与相邻路基断面的宽度和高程差应在路基范围内调整。

3 紧邻洞口的桥、涵、路基挡护等工程的施工，应结合隧道施工场地布置，及早完成。

4 洞口施工应尽量减少仰坡开挖高度，保护生态环境，减少植被破坏。

5 洞口工程施工应采取微震动控制爆破，邻近建筑物时，应对建筑物下沉、倾斜、裂缝以及振动等情况作必要的监测。

6 洞口临近交通道路的施工，应采取确保道路通行安全的防护和加固措施，并应对道路沉降、边坡稳定等进行监测。

7 施工便道的引入和施工场地的平整应尽量减少对原地貌的破坏和对洞口岩体稳定的影响。

8 洞外施工期间排水应结合永久排水系统、辅助坑道设置统筹考虑，并以较短途径引排到自然沟谷中。洞外排水系统施工还应符合现行《客货共线铁路隧道工程施工技术规程》Q/CR 9653 的相关要求。

10.4.2 洞口边、仰坡开挖及防护施工应满足下列要求：

1 边坡、仰坡以上可能滑塌的表土、危石应按设计及时处理，不留后患。

2 边仰坡工程应自上而下逐级开挖支护，及时完成洞口边仰坡加固、防护及防排水工程。

3 洞口段位于浅埋、地表坡度较平缓时，仰坡可采用地表锚杆防护。

4 洞口处于浅埋段、偏压段时，仰坡的围岩加固可采用地面预注浆、长管棚（10 m ~ 40 m）等方法。

10.4.3 隧道洞口段施工应满足下列要求：

1 隧道洞口段应根据地质条件、对地面建筑物的影响以及保障施工安全等因素选择施工方法，不宜采用全断面法开挖；采用台阶法时，严禁长台阶施工。

2 隧道进洞前应按设计施作超前支护。洞口段初期支护应及时形成封闭结构，并应尽早施作二次衬砌。

3 洞口段的监控量测应适当增加量测频率。当隧道洞口段处于偏压时，开挖前应按设计要求先完成洞门结构及回填施工。

10.4.4 隧道洞门施工应满足下列要求：

1 隧道洞门的截、排水设施应与洞门工程同步施工，当洞门顶部水沟置于填土上时，填土应夯填密实，必要时应铺砌。

2 隧道洞门端墙和翼墙、挡护墙的反滤层、泄水孔、变形缝设置应符合设计要求，泄水孔排水应通畅。

3 隧道洞门拱墙应与洞内相邻的拱墙衬砌同时施工，连成整体。

4 隧道洞门其他施工要求应符合现行《客货共线铁路隧道工

程施工技术规程》Q/CR 9653 的相关要求。

10.4.5 隧道采用暗挖施工应符合下列规定：

1 隧道地质条件变化时，应及时变更设计，调整施工方法，做好工序衔接，并采用相应的工程措施。

2 隧道施工应根据围岩级别及其自稳能力合理控制循环进尺和施工步距。

3 隧道开挖找顶后，应及时喷射混凝土封闭围岩，及早完成初期支护。初期支护设有钢架时，开挖后应及时安装钢架，严禁拱脚悬空。

4 软弱围岩隧道，初期支护应尽早封闭成环；应选用锁脚锚管（杆）、扩大拱脚、临时仰拱等措施，控制围岩及初期支护变形量。

5 当围岩地质较差、开挖掌子面不稳定时，可采用喷射混凝土或锚杆等措施对其进行加固。

6 采用中隔壁、双侧壁导坑法施工，临时支撑的拆除应在初期支护封闭成环，并通过监控量测确认稳定后实施，一次拆除长度不应超过 15 m。拆除过程应加强监控量测。

7 仰拱施工应采用仰拱栈桥，新浇筑仰拱混凝土未达到相应承载能力，仰拱栈桥不得置于新浇混凝土上。

10.4.6 暗挖隧道施工方法主要包含全断面法、台阶法、中隔壁法、双侧壁导坑法、盾构法等，适用范围及要求如下：

1 全断面法的适用范围及要求：全断面法施工一般适用于Ⅰ、Ⅱ、Ⅲ级围岩，结构完整、自稳能力好的Ⅳ、Ⅴ级围岩在采取有效措施稳定开挖工作面后，也可采用全断面法开挖。全断面法开挖时，应控制一次同时起爆的炸药量，减少爆破振动对围岩的影响。

2　台阶法的适用范围及要求：台阶法施工一般适用于Ⅲ、Ⅳ级围岩。Ⅴ级围岩在采取必要的超前支护措施稳定开挖工作面后使围岩自稳能力得到改善后，也可采用台阶法施工，必要时设临时仰拱。台阶长度不宜过长，宜控制在一倍洞径以内。循环进尺应根据围岩的地质条件、自稳能力和初期支护钢架间距合理确定。下台阶开挖时，左右侧宜前后错开一定距离。

3　中隔壁法的适用范围及要求：中隔壁法一般适用于双线土质隧道以及有特殊沉降控制要求的软岩双线隧道。采用中隔壁法时，宜设置临时仰拱。中隔壁、临时仰拱宜设为弧形。开挖时，同层左、右两侧沿纵向应错开 10 m ~ 15 m，单侧开挖应采用短台阶，台阶长度 3 m ~ 5 m。开挖循环进尺不宜大于初期支护钢架设计间距。各分部宜采用机械开挖，周边轮廓应圆顺，避免应力集中。

4　双侧壁导坑法适用范围及要求：双侧壁导坑法一般适用于有轨电车暗挖车站、多线隧道等大跨度隧道施工。采用双侧壁导坑法时，应先开挖隧道两侧导坑，再开挖中部剩余部分。侧壁导坑形状应近似椭圆形，导坑宽度宜为 1/3 隧道宽度。侧壁导坑、中部开挖应采用短台阶，台阶长度 3 m ~ 5 m，必要时留核心土。开挖循环进尺不宜大于初期支护钢架间距。 拱部与两侧壁间的钢架应定位准确、连接牢固。

5　盾构法适用范围及要求：盾构法一般适用于建设工期短，而条件受限又不能采用明挖法的浅埋单线隧道，以及有爆破振速控制要求的单线隧道。采用盾构法时，应根据隧道外径、埋深、地质、地下管线、构筑物、地面环境、开挖面稳定及地表隆陷值等的控制要求，经过经济、技术比较后选用盾构设备。盾构隧道使用的管片必须由专业厂家生产，质量经验收合格方可运至施工现场。盾构掘进施工期间，应动态监测邻近建（构）筑物、地下管网的形态及位置变动，对重要或有特殊保护要求的建筑物，应采取必要的保护措施。盾构的组装、调试和验收应符合现行《盾构法隧道施工及验收规范》GB 50446 的相关要求。

10.4.7 隧道开挖应符合下列规定：

1 根据地质条件、隧道断面等因素确定合理的开挖循环进尺及开挖步序。

2 开挖作业应控制循环进尺及一次同时起爆药量，尽量减少对围岩的扰动。

3 隧道开挖断面尺寸应符合设计要求，开挖断面应以包括预留变形量在内的设计轮廓线为基准，考虑贯通测量误差和施工误差等因素适当放大。严格控制超欠挖，隧道拱脚和墙脚以上 1 m 内断面部位严禁欠挖。开挖轮廓线应采用有效的测量手段进行控制，轮廓线和炮眼位置宜采用激光指向仪、隧道激光断面仪、全站仪等配合测定。

4 隧道爆破作业不得危及支护结构、机械设备及人员的安全。爆破设计、爆破器材的采购、运输、储存、检验、加工、使用、退库和销毁必须符合国家有关法律、法规和现行《爆破安全规程》GB 6722 的规定。爆破钻眼及装药作业应分区定人。爆破后应及时清理危石，清理工作宜采用机械作业。

5 瓦斯隧道施工应符合现行《铁路瓦斯隧道技术规范》TB 10120 的有关规定。瓦斯工区必须采用煤矿许用安全炸药，并使用矿用电雷管起爆。浅埋、软弱破碎围岩、邻近有建筑物等特殊地段爆破施工爆破振速和扰动范围、质点振动速度应符合现行《爆破安全规程》GB 6722 的规定。隧道爆破施工还应符合现行《客货共线铁路隧道工程施工技术规程》Q/CR 9653 的相关要求。

6 隧道相向掘进贯通前，两开挖工作面相距小于 40 m 时，应加强联系、统一指挥；距离 15 m 时，应从一端开挖贯通。并行隧道同向开挖的两个工作面应保持合理的纵向距离，不宜小于 30 m；隧间净距较小时，应采取措施防止后开挖隧道对先开挖隧道产生不良影响。

7 土质隧道、隧道下穿建筑物及邻近既有线等特殊地段宜采用非爆破方法进行开挖作业。

8 采用盾构法施工时，盾构掘进速度应与地表控制的隆陷值、进出土量、正面土压平衡调整值及同步注浆等相协调。盾构的始发、掘进、轴线控制、纠偏、到达、调头、刀具更换等应符合现行《盾构法隧道施工及验收规范》GB 50446 的相关要求。

10.4.8 隧道施工装渣及材料运输方式应根据断面大小、施工方法、机械设备及施工进度等要求综合考虑，全断面法、台阶法、中隔壁法、双侧壁导坑法等矿山法施工宜采用无轨运输方式，并应符合现行《客货共线铁路隧道工程施工技术规程》Q/CR 9653 的相关要求；盾构法施工出渣、进料、管片水平运输宜采用轨道运输方式，而垂直运输采用门吊、悬臂吊等提升运输方式，并应符合现行《盾构法隧道施工及验收规范》GB 50446 的相关要求。

10.4.9 隧道洞渣应充分利用，弃渣场应综合地质条件、自然环境、人文景观、运输条件、弃渣利用等因素进行规划，避开地质灾害高发区域，并应符合下列要求：

1 弃渣应做到先挡后弃，并做好防护、排水、绿化等配套工程。

2 弃渣应按照符合设计的位置和容量弃土要求。如现场与设计不符，应按程序进行变更设计。

3 应避免在路堑上方弃土弃渣，严禁在膨胀土、黄土路堑边坡上方弃土弃渣。严禁在不良地质体、不稳定斜坡、软弱地基上弃土弃渣。严禁在村庄等人员居住区及线路上游沟槽内弃土弃渣。

4 弃渣场周边应设置完善的截、排水系统。当弃渣场规模较大时，应在顶面设置排水沟，坡面采取植被防护等措施，防止水土流失，影响生态环境。

10.4.10 隧道应按照设计或经批准的方案施作超前支护。超前支护主要包括预注浆、超前小导管、超前锚杆、超前管棚、水平旋喷咬合桩等方式。

10.4.11 隧道注浆应根据设计和围岩情况采用全孔一次性注浆、分段前进式注浆、分段后退式注浆方式进行。孔深小于 6 m 或地层裂隙较均匀的地层，可采取全孔一次性注浆；裂隙发育或破碎难以成孔的岩层，深孔注浆可采用分段前进式注浆；围岩局部破碎，但可以成孔的岩层，可采用后退式分段注浆。

10.4.12 注浆施工应符合下列要求：

1 泵站布置应考虑紧凑、操作方便、有利于通风防尘，并尽量靠近工作面，场地狭窄时可采用移动式泵站。

2 注浆施工应通过压水试验测定岩层的吸水性和渗透性，同时冲洗钻孔，检查止浆塞效果和注浆管路是否有跑、漏水现象。

3 注浆材料形成的浆液具有良好流动性、可灌性。其凝胶时间可调节，固化收缩小，浆液粘结力强，固结体强度高，抗渗性、稳定性、耐久性好。

4　注浆材料宜采用水泥基浆材，不宜采用化学浆材。在富水和动水条件下宜采用普通水泥-水玻璃双液浆，注浆困难时可采用超细水泥浆。

5　注浆工艺及设备力求简单、操作安全方便。钻机可选用回转式、冲击式钻机等；灌注水泥浆宜采用单液泵或泥浆泵，灌注砂浆宜采用专用砂浆泵，灌注双液浆应采用双液浆泵。注浆泵的最大压力应能达到设计压力的 1.5 ~ 2.0 倍。

6　注浆施工还应符合现行《客货共线铁路隧道工程施工技术规程》Q/CR 9653 的相关要求。

7　采用盾构法施工时，衬砌管片脱出盾尾后，应配合地面量测及时进行壁后注浆，并应符合现行《盾构法隧道施工及验收规范》GB 50446 的相关要求。

10.4.13　超前锚杆施工应满足下列要求：

1　超前锚杆应按设计长度加工，材质采用螺纹钢筋时，应将钢筋头部加工成扁铲形或尖锥形。

2　超前锚杆宜采用凿岩机或凿岩台车引孔，钻孔时应控制用水量，以防塌孔。钻孔的位置和外插角应满足设计要求。

3　锚杆砂浆应采用足够全长粘结的早强水泥砂浆从孔底注入。

4　锚杆端头应与钢架焊接牢固。

10.4.14　超前管棚施工应符合下列规定：

1　超前管棚应按设计支护参数施作，设计未明确时，外插角宜为 1° ~ 5°，管棚搭接长度不小于 3 m。

2　管棚钻机应根据地质条件选择，在破碎岩层或夹有孤石的地层中宜选用跟管钻进的大扭矩冲击钻机。

3 钻进地层易于成孔时，宜采用引孔顶入法。地质状况复杂、不易成孔时，可采用跟管钻进工艺。

4 洞口管棚一般采用套拱内埋设导向管定位，套拱长宜为 2 m ~ 3 m。套拱施工时应将导向管牢固、准确固定在拱架上，再浇筑混凝土。

5 管棚节间用丝扣连接。管棚单、双序孔的连接丝扣宜错开半个节长。

6 管棚安装后，管口应封堵钢管与孔壁间空隙，连接压浆管。

7 管棚注浆前，宜将开挖工作面用喷混凝土封闭。

8 管棚注浆应将钢管及其周围的空隙充填密实。

10.4.15 隧道水平旋喷咬合桩适用于含水砂层、淤泥质地层、饱和含水全风化地层等自稳能力极差、呈流塑状的围岩预加固，施工应符合下列规定：

1 水平旋喷咬合桩外插角宜为 1° ~ 5°，搭接长度不宜小于 3 m。

2 施工前应通过成桩试验，确定钻进速度、拔钻速度、旋喷速度、喷浆压力、单位时间喷浆量等技术参数。

3 水平旋喷咬合桩应隔孔施工，后施工的桩应在已完工相邻桩达到一定强度后方可开钻。

4 水平旋喷咬合桩应设止浆墙或预留止浆岩盘，钻孔前应设置导向管定位。

5 高压旋喷钻杆拔出后应及时冲洗注浆设备。

10.4.16 初期支护应在开挖后及时施作，以控制围岩变形，防止坍塌。

10.4.17 隧道开挖掌子面自稳能力差、易坍塌应采用喷混凝土封闭、锚杆加固等形式，并应符合下列规定：

1 掌子面喷射混凝土加固应在开挖后立即进行，厚度不小于10 cm。

2 锚杆加固宜采用玻璃纤维锚杆或其他易拆除的锚杆。

10.4.18 喷射混凝土施工应符合下列规定：

1 初喷混凝土应在开挖后及时进行，喷射时应先填平岩面较大凹洼处；复喷混凝土应在钢筋网及钢架安装后及时进行，未设钢筋网及钢架时应及时复喷至设计厚度；喷射混凝土设计厚度变化处，厚度较大部位应向厚度较小部位延伸2 m～3 m。

2 喷射机应具有良好密封性能，输料连续、均匀，宜选择喷射混凝土机械手。

3 喷射作业应分段、自下而上连续进行；喷射角度应与受喷面垂直，喷嘴与受喷面的距离宜为1.0 m～2.0 m，每次喷射厚度为6 cm～10 cm。

4 喷射作业应变换喷嘴喷射角度和与受喷面的距离，将钢架、钢筋网背后喷填密实，必要时应在钢架和初期支护后注浆充填。

5 后一层喷射应在前一层混凝土终凝后进行。若终凝1 h后再喷射，应先用风水清洗基面。

6 在喷边墙下部及仰拱前，需将上部断面喷射时的回弹物清理干净，防止将回弹物卷入下部喷层中降低支护能力。

7 喷射作业紧跟开挖作业面时，下一循环爆破应在喷混凝土终凝3 h后进行。

8 钢纤维喷射混凝土表面宜再喷一层厚度不小于10 mm的同

强度水泥砂浆。

9 喷射混凝土表面应密实、平整，无裂缝、脱落、漏喷、漏筋、空鼓，锚杆头无外露。

10.4.19 锚杆施工应符合下列规定：

1 隧道开挖后应及时初喷一层混凝土封闭围岩破碎、渗漏或易坍塌处，并及时垂直于岩面施作局部增强锚杆，锁固岩层；径向系统锚杆应在喷射混凝土达到设计厚度后施作，与安装垫板和螺母，与喷射混凝土层形成支护体系。

2 钻孔机具应根据锚杆类型、规格及围岩情况选择。钻孔前应按设计定出孔位，其允许偏差为 ± 15 cm；钻杆应保持直线，宜与其所在部位的围岩主要结构面垂直；钻孔深度及直径应与杆体相匹配。

3 全长粘结型锚杆孔内灌注砂浆应饱满密实，杆体插入锚杆孔时，应保持位置居中并注意旋转，使粘结剂充分搅拌；上仰角较大的中空锚杆浆液应从孔口杆体周边注入。

4 自进式锚杆杆体钻进至设计深度后，应用水或空气洗孔，并及时安装止浆塞。

5 径向系统锚杆应安装垫板，在砂浆体的强度达到 10MPa 后，垫板应用螺帽上紧并与喷层面紧贴，未接触部位必须楔紧。

6 锚杆的长度、粘结材料饱满度等可采用无损检测；端锚式锚杆应作锚杆扭力矩-锚固力关系试验，并用标定的力矩拧紧螺母。

10.4.20 钢筋网施工应符合下列规定：

1 钢筋网片应按设计网格尺寸在加工场集中制作，钢筋网片尺寸的大小应方便运输和安装。

2 钢筋网应在初喷混凝土后铺挂，使其与喷射混凝土形成一体。

3 采用双层钢筋网时，第二层钢筋网应在第一层钢筋网被混凝土覆盖后铺设，其覆盖厚度不应小于 3 cm。

4 钢筋网应与锚杆或其他固定装置连接牢固。

5 钢筋保护层厚度不得小于 2 cm。

10.4.21 钢架施工应满足下列要求：

1 钢架应按设计要求选用钢筋、型钢等集中制造，使用前必须进行检验；型钢钢架宜采用冷弯成型；格栅钢架应采用胎膜焊接，焊接不得有假焊，焊缝表面不得有裂纹、焊瘤等缺陷，并以 1∶1 大样控制尺寸。

2 钢架应按设计分节，尽量减少接头个数，成型后进行试拼和编号。

3 钢架应在初喷混凝土后及时架设，安装前应清除虚渣及杂物。安装时各节钢架连接板间应以螺栓连接牢固、密贴，沿钢架外缘每隔 2 m 应用钢楔或混凝土预制块与初喷混凝土楔紧。

4 钢架应与锁脚锚杆（管）焊接牢固，钢架之间应设纵向连接。

5 钢架背后的间隙应用喷射混凝土充填密实，应先喷射钢架与壁面之间的混凝土，后喷射钢架之间的混凝土。除可缩性钢架的可缩节点部位外，钢架应全部被喷射混凝土覆盖。

6 采用台阶法、中隔壁法或双侧壁导坑法等分部开挖法施工时，钢架拱脚应施作锁脚锚杆，下半部开挖后钢架应及时落底。

7 仰拱底设有钢架时，应一次全幅安装并喷混凝土覆盖，及早闭合成环。

8 在软弱破碎围岩或黄土隧道分部开挖中，宜扩大钢架拱脚。

10.4.22 双线软弱围岩及不良地质隧道采用台阶法施工时宜设置横向临时支撑或临时仰拱，设置应满足下列要求：

1 临时仰拱可采用型钢或格栅钢架喷混凝土等形式。

2 临时仰拱应及早和拱部、墙部初期支护闭合成环，各分部间钢架应连接牢固。

10.5 衬砌施工

10.5.1 二次衬砌施工应遵循如下要求：

1 二次衬砌一般在围岩变形基本稳定后施作，变形趋于稳定应符合下列要求之一：

1）隧道周边变形速率明显下降并趋于缓和，即水平变形速率小于 0.2 mm/d、拱部下沉速率小于 0.15 mm/d。

2）施作二次衬砌前的累计位移值已达极限位移值的 80%以上。

2 挤压性围岩、膨胀岩、黄土、风积沙等特殊地质隧道，二次衬砌施作时机应根据围岩变形发展和应力监测情况确定。

3 衬砌混凝土应采用模板台车，拱、墙混凝土应整体连续浇筑。

4 衬砌用混凝土应采用混凝土拌和站集中拌制生产的混凝土，且拌和物的入模含气量符合设计要求。

10.5.2 衬砌混凝土施工应符合下列规定：

1 浇筑混凝土前应清除模板、钢筋上的杂物和油污，堵塞模板上的裂隙和孔洞。

2 拌和站、运输车、输送泵、捣固机械等处于正常运转状态，设备能力满足二次衬砌混凝土施工的需要。

3 二次衬砌作业区段的照明、供电、供水、排水系统应满足衬砌正常施工要求，隧道内通风条件良好。

4 端模加固可靠，防排水系统、钢筋安装等验收合格。

5 混凝土浇筑前及浇筑过程中，定期检查模板、支架、钢筋骨架、钢筋垫块、预埋件等结构的设置和牢固程度，发现问题应及时处理，并做好记录。

6 混凝土应分层逐窗入模，并分层对称、边浇筑边振捣，最大下落高度不能超过 2 m，台车前后混凝土高度差不能超过 0.6 m，左右混凝土高度不能超过 0.5 m。插入式振动棒变换位置时，应竖向缓慢拔出，不得在混凝土浇筑仓内平拖，不得碰撞模板、钢筋和预埋件。

10.5.3 衬砌施工缝、变形缝施工应符合下列规定：

1 拱墙环向施工缝设置应与仰拱填充施工缝对齐。衬砌应按设计要求设置变形缝，设计未明确要求的，宜在施工工法、结构形式、不同围岩级别或不同围岩岩性交界处设置变形缝。在地下车站结构与区间隧道、出入口通道、风道等附属结构的结合部也应设置变形缝。

2 边墙水平纵向施工缝设置应符合设计要求，设计无要求时，可在填充顶面以上 30 cm 至水沟盖板下的高度范围内设置，并应设连接钢筋。

3 拱（板）墙结合的水平施工缝宜留在拱（板）墙接缝线以下 15 cm ~ 30 cm 处。

4 施工缝距墙体预留孔洞边缘不应小于 30 cm。变形缝处混凝土结构的厚度不应小于 30 cm，嵌缝应密实。

5 混凝土浇筑段施工接头应封堵严密，以防止漏浆。

6 施工缝、变形缝施工应两侧平整、顺直、清洁、无渗水。

7 在浇筑新混凝土前，垂直施工缝宜先将其凿毛并清理干净，并应在旧混凝土面上涂刷混凝土界面处理剂或水泥基渗透结晶型防水涂料，并应及时浇筑混凝土；水平纵向施工缝宜先清除其表面的浮浆和杂物，先铺净浆或涂刷混凝土界面处理剂、水泥基渗透结晶型防水涂料，再铺 30 mm ~ 50 mm 厚的 1∶1 水泥砂浆，并应及时浇筑混凝土。

8 施工缝应凿除混凝土表面的水泥砂浆和松软层。凿毛应使露出新鲜混凝土面积不低于 75%。人工凿毛时混凝土应达到 2.5 MPa，风动机凿毛时混凝土应达到 10 MPa。

10. 5. 4 衬砌拱部封顶应满足下列要求：

1 混凝土浇筑宜适当提高坍落度。

2 拱顶处衬砌混凝土应沿衬砌施工方向浇筑，并在拱顶挡头板处设排气孔。

3 封顶时应适当减缓泵送速度、减小泵送压力，密切观察挡头板排气孔的排气和浆液泄漏情况。

4 混凝土浆液从挡头板排气孔泄流且由稀变浓，即可完成衬砌混凝土浇筑。

10. 5. 5 衬砌浇筑后应根据气候条件进行养护，养护时间应满足强度要求。气温低于 5 °C 时不得洒水养护。

10. 5. 6 二次衬砌拆模应符合下列规定：

1 衬砌拱部注浆回填已施工完毕。

2 衬砌在初期支护变形稳定后施工的，拆模时的混凝土强度应达到 8MPa；特殊情况下，衬砌在初期支护变形稳定前施工的，拆模时的混凝土强度应达到设计的 100%。

3 二次衬砌拆模时混凝土内部与表层、表层与环境之间的温差不得大于 20 °C，结构内外侧表面温差不得大于 15 °C；混凝土内部开始降温前不得拆模。

10.5.7 钢筋混凝土衬砌施工时应符合下列规定：

1 钢筋在加工前应调直，并不应有削弱钢筋截面的伤痕。

2 钢筋的储存、运输、加工、安装应满足耐久性混凝土施工和设计要求。

3 拱墙衬砌钢筋安装宜采用专用的钢筋安装台车。安装钢筋时，钢筋的位置和混凝土保护层厚度应符合设计要求。当设计未注明时，保护层厚度不应小于 3 cm。

4 二次衬砌结构纵向钢筋可在环向施工缝处断开，以确保施工缝防水设施安装质量，同时避免相邻段落二次衬砌发生不均匀变形拉裂混凝土。

10.5.8 仰拱和底板施工时应符合下列规定：

1 基底开挖应圆顺、平整，不得欠挖，超挖部分应用同级混凝土回填。

2 仰拱、底板混凝土浇筑前应将基底虚渣、杂物、积水等清除干净。

3 仰拱宜超前拱墙模筑衬砌，其超前距离宜保持 3 倍以上衬砌循环作业长度。

4 仰拱施作应各段一次成型，不得分部浇筑，施工时宜采用栈桥，避免影响洞内交通。

5 仰拱填充应在仰拱混凝土终凝后施作。

6 仰拱施工缝和变形缝应作防水处理。

7 底板坡面应平顺，排水畅通。

8 采用板式无砟轨道的隧道，底板应与无砟轨道底座统一施工。

9 仰拱（含填充）或底板混凝土强度达到 5 MPa 后行人方可通行，达到设计强度的 50%，且不破坏混凝土时，车辆方可直接通行。

10.5.9 采用盾构法施工时，钢筋混凝土管片应采用高精度的钢模制作，其原材料、模具、钢筋，混凝土的拌制、入模，以及成品的养护、存放、缺陷处理应符合现行《盾构法隧道施工及验收规范》GB 50446 的相关要求。

10.5.10 采用盾构法施工时，钢筋混凝土管片拼装前应编号并进行防水处理，备齐连接件并将盾尾杂物清理干净，举重臂（钳）等设备经检查符合要求后方可拼装管片。管片拼装应符合下列规定：

1 管片拼装中，应保持盾构稳定状态，并防止盾构后退和已砌管片受损。举重钳钳牢管片操作过程中，施工人员应退出管片拼装环范围。

2 管片拼装应先就位底部管片，然后自下而上左右交叉安装，每环相邻管片应均布摆匀并控制环面平整度和封口尺寸，最后插入封顶管片成环。

3 管片拼装成环时，其连接螺栓应先逐片初步拧紧，脱出盾尾后再次拧紧。

4 钢筋混凝土管片拼装还应符合现行《盾构法隧道施工及验收规范》GB 50446 的相关要求。

10.6 附属构筑物

10.6.1 附属洞室施工应满足下列要求：

1 附属洞室和联络通道的开挖和支护方式应符合设计要求，与正洞的连接处应加强支护。较大的附属洞室及软弱围岩地段，宜先施作正洞二次衬砌，再开挖附属洞室。

2 开挖应采取有效措施减少对正洞支护的影响。

3 附属洞室、联络通道洞口段与正洞应形成完整畅通的防排水系统。衬砌同步施工时，防排水施工应与正洞施工同步进行；衬砌分别施作时，应作好附属洞室与正洞防排水系统的连接处理。

10.6.2 侧沟、电缆槽施工应满足下列要求：

1 侧沟、电缆槽的位置、结构形式、断面尺寸、沟底高程、纵向坡度等应符合设计要求。

2 侧沟、电缆槽应纵向分段施工，其分段宜与拱墙二次衬砌施工缝对齐，线型应顺直。

3 侧沟、电缆槽模板应采用移动模架，安装应稳固牢靠，接缝严密，不得漏浆；浇筑混凝土前，模板内积水和杂物应清理干净。

4 侧沟、电缆槽盖板预制安装沟、槽身模板应采用定型钢模，并进行专门设计和加工。盖板应在预制场集中预制，铺设时盖板应齐全、平稳。

5 电缆槽内应按设计要求设置泄水孔，槽内不得积水。

6 盲管、侧沟和孔槽组成的排水系统应排水顺畅，不得积淤堵塞。

10.7 隧道防排水

10.7.1 隧道防排水施工应合理采取防、堵、截、排综合治理措施，并应满足环境保护和设计的要求。

10.7.2 按工程防水等级，根据结构设计、工程地质状况、地表水和地下水条件，以及由于隧道施工对周边水文地质环境改变的影响等，隧道工程应设置由地表处理、围岩防渗处理、衬砌结构防水等部分构成的隧道防水系统。

10.7.3 隧道防排水施工不得使用污染环境的材料，施工排水可能造成地下水污染时应采取沉淀、过滤等措施处理。

10.7.4 洞口段排水系统应及早与洞外排水系统协调连通，必要时设具备检修、维护功能的缓冲井（池）顺接。

10.7.5 隧道施工前应根据设计提供的工程及水文地质资料，结合现场实际情况，进行分析研究，预计可能出现的地下水情况及设计涌水量，制订防排水方案。

10.7.6 隧道覆盖层较薄或地表水有可能渗入隧道时，施工前应对地表积水、坑、洼等进行处理，并满足下列要求：

1 地表坑洼、钻孔、深坑等处应结合截排水条件，回填不透水土，并分层夯实。

2 洞顶有流水的沟槽，宜根据沟槽的状况予以整治引排水流，必要时可铺砌沟床。

3 洞顶有水塘、水池、河流、水库等应予整治，必要时应对河床、池底进行防渗铺砌，溢水水池应设置疏导沟渠。

4 隧道浅埋段、岩层松散破碎，地下水位较高或有涌水时，经技术经济比较，可采用地表注浆方式进行加固处理。

10.7.7 洞顶截水沟应在仰坡开挖前修建。洞顶地表水的处理应满足下列要求：

1 边、仰坡截、排水沟应与洞外路基排水系统良好连接；纵坡较陡时，沟身应采取设缓坡段和基座等稳定措施，沟口应采取设垂裙的防冲刷措施。

2 对不利于施工及运营安全的地表径流、坑洞、漏斗、陷穴、裂缝等，应采取封闭、引排、截流等工程措施。

10.7.8 洞内施工排水应符合下列规定：

1 顺坡排水沟断面及坡度应能满足施工排水需要，围岩松软地段应铺砌水沟或用管槽代替，排水沟应经常清理。

2 洞内反坡排水应设集水坑接力排出洞外，配备抽水机的能力应大于排水量20%以上，并应有备用设备。排水设备应采用电力驱动，且应设置排水设备的电力备用系统。

3 隧底水流应设横向排水沟并汇入侧沟。

10.7.9 水位较高、围岩软弱的浅埋隧道可采取降水措施降低地下水位，提高地层的稳定性。

10.7.10 隧道结构防水施工应以衬砌自防水为主体，以接缝防水为重点。混凝土自防水质量及施工缝、变形缝防水质量应符合设计要求。

10.7.11 铺设排水管、防水板前应对初期支护的表面及渗漏水情况检查，处理应符合下列规定：

1 初期支护表面应平整，无空鼓、裂缝、松酥，并用喷混凝土（或砂浆）对基面进行找平处理。

2 钢筋网、注浆管头、锚杆等凸出部分应先切断、遮盖或铆平后，用砂浆或喷混凝土找平。

3 初期支护表面平整度应符合 $D/L \leqslant 1/10$ 的要求（D 为初期支护基面相邻两凸面凹进去的深度；L 为基层相邻两凸面间的距离，且 $L \leqslant 1$ m）。

4 基面出现股状涌水时，宜采用局部注浆、围截注浆法进行封堵，封堵后的剩余水量可用排水盲管或排水板集中将水引入洞内排水沟排出。

10.7.12 排水盲管施工应满足下列要求：

1 衬砌背后设置的纵、横、环向排水盲管应符合设计要求，可根据渗漏水情况适当增设、调整，并应确保每板衬砌背后的排水系统能独立排水。通向水沟的泄水管应有足够的排水坡度。

2 排水盲管应用管卡固定牢固，敷设顺直。

3 边墙泄水管施工时应采取措施防止异物堵塞孔口。

4 纵环向盲管、泄水管、排水管应按设计连通，组成完整有效的排水系统。

5 衬砌背后排水系统应通过通水试验检验排水效果。

10.7.13 隧道分离式防水板应先铺缓冲层，再铺防水板。防水板铺设应符合下列规定：

1 防水板铺设应超前衬砌施工，并应与开挖工作面保持一定的安全距离。

2 防水板铺设前应在洞外检查防水板及缓冲层材料有无破损。

3 缓冲层铺设时，应用射钉或膨胀螺栓将热塑性垫圈和缓冲层固定在基面上，其固定点的间距可根据基面平整情况确定，拱部宜为 0.5 m ~ 0.8 m、边墙宜为 0.8 m ~ 1.0 m、隧底宜为 1.0 m ~ 1.5 m，呈梅花形布置。局部凹凸较大时，应在凹处加密固定点，使缓冲层与基面密贴。缓冲层接缝搭接宽度不应小于 50 mm。

4 防水板应采用防水板作业台架铺设，应由隧道拱部向两侧进行，与热塑性垫圈连接应采用超声波热熔焊接技术，防水板的固定应松紧适度并根据基面的圆顺程度留足余量。

5 环向铺设时，下部防水板应压住上部防水板；防水板纵向搭接与环向搭接处应采用丁字接头，除正常施工外，应再覆盖一层同类材料的防水板材，用热熔焊接法焊接。

6 搭接宽度不应小于 15 cm，分段铺设的防水板边缘部位应预留至少 60 cm 搭接余量。搭接缝应采用热熔双焊缝，单条焊缝的有效焊接宽度不应小于 15 mm，不得焊焦焊穿。搭接缝焊接质量检查应按充气法检查，发现漏气及时修补。防水板搭接缝应与施工缝错开 1.0 m ~ 2.0 m。

7 钢筋安装和模筑衬砌混凝土浇筑时应采取措施避免损坏防水板。

8 洞身与附属洞室连接处的防水板铺设应按施作，在转角 1 m 范围内布置双层防水板，并不得形成水囊、积水槽。

9 明洞与隧道防水层搭接时，隧道防水层应延伸至明洞，并与明洞防水层搭接良好。

10.7.14 防水混凝土抗渗等级应符合设计要求，防水混凝土的施工配合比设计抗渗等级宜比设计要求提高 0.2 MPa。

10.7.15 施工缝通常采用背贴式止水带、遇水膨胀止水条、中埋式止水带的单一或复合防水方式。施工缝防水处理应符合下列规定：

1 环向施工缝应避开地下水和裂隙水较多的地段，并宜与变形缝相结合。

2 浇筑混凝土前，纵向施工缝表面应凿毛，冲洗干净，保持湿润，然后涂刷混凝土界面剂或铺一层厚 25 mm ~ 30 mm 的水泥砂浆，设置止水条或止水带。

3 设止水条的环向施工缝，在端面应预留浅槽，槽应平直，槽宽比止水条宽 1 mm ~ 2 mm，槽深为止水条厚度的 1/2，槽内混凝土界面应洁净。

4 施工缝内采用中埋式止水带时，位置应准确。

10. 7. 16 变形缝防水通常采用中埋式止水带与背贴式止水带、防水密缝材料、遇水膨胀橡胶止水条等组合的形式。变形缝防水施工应满足下列要求：

1 变形缝的位置、宽度、构造型式应符合设计要求。

2 缝内两侧应平整、清洁、无渗水。

3 缝底应先设置与嵌缝材料无粘结力的背衬材料或遇水膨胀止水条。

4 嵌缝应密实。

10. 7. 17 止水带的施工应满足下列要求：

1 止水带埋设位置应准确，其中间空心圆环应与变形缝或施工缝重合。

2 应采取措施确保中埋式止水带安装平展，无损坏、不扭结；背贴式止水带应采用粘接法与防水板连接，与止水带进行粘结的防水板应擦洗清洁。

3 止水带的长度应事先向生产厂家定制，尽量避免接头。如确需接头，应选在二次衬砌结构应力较小的部位采取搭接、复合连接、对接等形式。止水带接头粘接前应做好接头表面的清刷与打毛。

4 止水带的上下压茬应排水畅通、将水引向外侧。

5 浇筑振捣靠近止水带附近的混凝土时，不得破坏止水带，同时还应充分振捣，混凝土应与止水带的紧密结合。

10.7.18 止水条应采用预留槽嵌入法施工，施工应符合下列规定：

1 施工前，应检查止水条的宽度、厚度，应符合设计及标准要求。

2 止水条应安装在已涂抹胶粘剂的预留槽内，并粘结牢固，用间距不宜大于 60 cm 水泥钉固定。

3 止水条安装时应顺槽拉紧嵌入，并应与槽底密贴。

4 止水条定位后加涂缓膨剂，防止提前遇水膨胀。

5 止水条接头处应重叠搭接后再粘接固定，搭接长度不应小于 5 cm。

6 振捣混凝土时，振捣棒不得接触止水条。

7 带注浆孔遇水膨胀止水条搭接时，连接管应连接牢固、畅通，备用注浆管应引入衬砌内侧。

10.7.19 中心排水管（沟）施工应符合下列规定：

1 管径符合设计要求，管身不得变形、不得有裂缝，管身上部透水孔畅通，中心排水沟盖板不得有断板现象。

2 基础的总体坡度、段落坡度、单管坡度应协调一致，并符合设计要求，不得高低起伏。

3 开挖断面应符合设计要求，宜超挖 10 cm，并用回填层同强度等级的混凝土回填，中心排水沟的开挖宜与洞身开挖同步进行。

4 有仰拱地段的中心排水管直接埋设于仰拱填充混凝土中，

无仰拱地段的中心排水管应安设在混凝土管座上。

5 每 50 m 及交叉、转弯、变坡处，应设置检查井，检查井底部应设沉沙池，井口应设活动盖板。

6 管路安设好后，应进行通水试验，发现漏水、积水，立即处理。

10.7.20 盾构隧道防水以钢筋混凝土管片自防水为基础，以节缝防水为重点，辅以特殊部位的防水处理，应符合下列规定：

1 管片粘贴防水密封条前应将槽内清理干净，粘贴尖牢固、平整、严密、位置正确，不得有起鼓、超长和缺口等现象。管片拼装前应逐块检查防水密封条的粘贴质量，拼装时不得损坏防水密封条。当隧道基本稳定后应及时进行嵌缝防水处理。防水密封条及嵌缝防水还应符合现行《盾构法隧道施工及验收规范》GB 50446 的相关要求。

2 管片拼装接缝连接螺栓孔之间应按设计加设防水垫圈。必要时，螺栓孔与螺杆之间应采取封堵措施。

10.7.21 隧道周边围岩地下水丰富，可在防水层施作前，采用注浆防水，注浆防水施工应根据水文地质情况、开挖支护方式、相邻隧道的相互影响、地表环境要求、水资源保护等制订注浆防水方案，并经评审后组织实施。注浆过程中应加强洞内外观察，发生窜浆，围岩、支护结构、地表出现异常情况时，应调整注浆工艺或方案。

10.8 施工通风与降尘

10.8.1 隧道施工独头掘进长度超过 150 m 时，应采用机械通风；独头掘进长度超过 1 000 m 的隧道，应进行施工通风专项设计。施工通风专项设计应进行风量计算。风量应分别按排出炮烟、洞内最大工作人数、最低风速要求、瓦斯涌出量、稀释和排出内燃机械废气等因素计算，取最大值。

10.8.2 隧道施工通风应纳入工序管理，成立专门的通风班组，由专人负责管理。

10.8.3 隧道施工作业环境应符合国家有关规定，并应满足表10.8.3的规定。

表10.8.3 隧道施工作业环境要求

<table>
<tr><th>序号</th><th colspan="3">空气成分</th><th>容许值</th></tr>
<tr><td rowspan="2">1</td><td rowspan="2">O_2（按体积计）</td><td colspan="2">平原地区</td><td>≥20%</td></tr>
<tr><td colspan="2">高原地区</td><td>符合有关规定</td></tr>
<tr><td rowspan="2">2</td><td rowspan="2">粉尘</td><td colspan="2">含10%以上游离SiO_2</td><td>≤2 mg</td></tr>
<tr><td colspan="2">含10%以下游离SiO_2</td><td>≤4 mg</td></tr>
<tr><td rowspan="4">3</td><td rowspan="4">CO（一氧化碳）</td><td rowspan="2">平原地区</td><td>时间加权平均</td><td>20 mg/m^3</td></tr>
<tr><td>15 min 以内</td><td>30 mg/m^3</td></tr>
<tr><td colspan="2">海拔 2 000 m ~ 3 000 m</td><td>≤20 mg/m^3</td></tr>
<tr><td colspan="2">海拔 > 3 000 m</td><td>15 mg/m^3</td></tr>
<tr><td>4</td><td colspan="3">氮氧化合物（换算成NO_2）</td><td>5 mg/m^3</td></tr>
<tr><td>5</td><td colspan="3">气温</td><td>≤28 °C</td></tr>
<tr><td>6</td><td colspan="3">噪音</td><td>≤90 dB</td></tr>
</table>

10.8.4 瓦斯隧道施工通风应符合现行《铁路瓦斯隧道技术规范》TB 10120的有关规定。

10.8.5 隧道施工通风应能提供洞内各项作业所需的最小风量，每人应供应新鲜空气 3 m^3/min，采用内燃机械作业时，供风量不应小于 3 m^3/（min · kW）。

10.8.6 隧道施工通风的风速，全断面开挖时不应小于 0.15 m/s，分部开挖的坑道内不应小于 0.25 m/s，并均不应大于 6 m/s。瓦斯隧道施工通风风速不宜小于 1 m/s。

10.8.7 瓦斯隧道通风按瓦斯绝对涌出量计算风量时，低瓦斯工区应将洞内各处的瓦斯浓度稀释到 0.5%以下；高瓦斯工区和瓦斯突出工区长度较大的独头巷道，应将开挖工作面风流中的瓦斯浓度稀释到 0.5%以下；平行导坑仅作巷道式通风的回风道时，其瓦斯浓度应低于 0.75%。

10.8.8 机械通风布置应根据坑道长度、断面大小、施工方法、设备条件等综合确定，可选用压入式或混合式通风，有条件时宜采用巷道式通风。

10.8.9 通风设备的选择应根据隧道环境条件、人员及设备需求、职业健康要求、独头掘进长度、装渣运输方式、断面大小和通风方式等因素计算确定。

10.8.10 通风机安装应符合通风设计的要求，通风管宜采用高频热塑焊接工艺加工的高强、低阻、阻燃的软质风管，通风机和通风管的安装与使用还应符合现行《客货共线铁路隧道工程施工技术规程》Q/CR 9653 的相关要求。

10.8.11 隧道施工应采用综合防尘措施，每月至少应检测一次洞内各工序作业面的粉尘浓度和空气中有害气体浓度。

10.8.12 钻眼作业采用湿式凿岩，严禁采用干式凿岩，喷射混凝土应采用湿喷工艺，内燃机械应安设尾气净化装置。

10.8.13 凿岩及装运渣作业应在不同工况下根据需要采取相应降尘或除尘措施，并应符合现行《客货共线铁路隧道工程施工技术规程》Q/CR 9653 的相关要求。

10.9 施工风水电供应

10.9.1 采用钻爆法施工时，供风空压机站的设置应符合下列规定：

1 为风动机具提供动力的空压机，其功率应能满足最大同时用风量和风压的要求。

2 集中供风空压机站应设在洞口附近，并靠近变压器。

3 独头掘进长度大于 1 500 m，宜采用移动式空压机供风。

4 空压机站可根据当地的气候条件，应有防水、降温和保温设施；距离居民区较近时应有防噪声、防振动措施。

10.9.2 隧道工作面风压应不小于 0.5 MPa，高压风管的直径应根据最大送风量、风管长度、闸阀数量等条件计算确定，不宜小于 100 mm。高压供风管管路应敷设平顺，接头严密，不漏风，并应符合现行《客货共线铁路隧道工程施工技术规程》Q/CR 9653 的相关要求。

10.9.3 隧道开挖工作面的水压宜为 0.3 MPa，水管的直径应根据最大供水量、管路长度、弯头数量、闸阀等条件计算确定，管路敷设应平顺，接头严密，不漏水。水质鉴定、水池容量、供水量、位置等隧道施工供水应符合现行《客货共线铁路隧道工程施工技术规程》Q/CR 9653 的相关要求。

10.9.4 施工供电应采用三级配电二级保护方式。施工前，应根据施工现场需要和用电量的分布情况，合理编制供电方案，供电方案相关内容、供电电压、变压器容量、变电站设置、供电线路布置和安装均应符合现行《客货共线铁路隧道工程施工技术规程》Q/CR 9653 的相关要求。

10.9.5 各种电气设备和输电线路应有专人经常进行检查维修、调整等工作；对于瓦斯工区，还应符合现行《铁路瓦斯隧道技术规范》TB 10120 的规定。

10.9.6 隧道施工作业地段应有足够的照明，采用普通光源照明时，其照度应符合表 10.9.6 的要求，且光照度应均匀，不得有闪烁；不安全因素较大的地段应加大光照度。采用普通光源照明时，电压、防水措施等还应符合现行《客货共线铁路隧道工程施工技术规程》Q/CR 9653 的相关要求。

瓦斯隧道或隧道瓦斯工区，其施工照明应符合现行《铁路瓦斯隧道技术规范》TB 10120 的规定。

表 10.9.6 隧道施工照明要求

施工作业地段	最小光照度（lx）
开挖工作面	50
其他作业地段	30
运输通道	15
成洞地段	10

10.10　监控量测

10.10.1　监控量测应作为施工组织设计的重要内容，并纳入施工工序管理。

10.10.2　施工前应根据设计要求、基坑或围岩等级、开挖步序和参数等制定开挖监测方案，监测方案应包括监控目的、监测项目、监测限值、监测方法及精度要求、测点布置、监测周期及信息管理等。

10.10.3　明挖基坑监测项目应符合设计要求，设计无要求时可按表 10.10.3 选取。

表 10.10.3　基坑工程监测项目表

监测项目	基坑等级			方法及工具	量测精度
	一级	二级	三级		
基坑内外观察	★	★	★	目测	–
基坑两侧地表沉降	★	★	★	水准仪	1.0 mm
周围建筑物沉降	★	★	★	水准仪	1.0 mm
周围建筑物倾斜	★	★	★	经纬仪	1.0 mm
周边地下管线沉降	★	★	★	水准仪	1.0 mm
围护结构位移	★	★	★	测斜管、测斜仪	0.25 mm
土体水平位移	★	★	★	测斜管、测斜仪	0.25 mm
地下水位	★	★	☆	水位管、水位仪	5.0 mm
支撑轴力	★	★	☆	轴力计	0.5%F.S
坡顶位移	★	☆	☆	经纬仪、水准仪	1.0 mm
围护结构顶位移	★	☆	☆	经纬仪、水准仪	1.0 mm

续表

监测项目	基坑等级			方法及工具	量测精度
	一级	二级	三级		
立柱沉降	★	☆	☆	水准仪	1.0 mm
坑底回弹	☆	☆	☆	水准仪	1.0 mm
水压力	☆	☆	☆	水压力计	0.5%F.S
土压力	☆	☆	☆	土压力计	0.5%F.S
土体分层沉降	☆	☆	☆	分层沉降计	1.0 mm

注：★ – 必测项目，☆ – 选测项目，F.S – 仪器满量程。

10.10.4 明挖基坑监测点的布置应满足监控要求，基坑围岩及桩、墙围护系统、基坑边缘外 1 ~ 2 倍开挖深度范围内需要保护的建(构)筑物、管线应作为监控对象。基坑监测点布置及量测频率应符合设计要求，设计无要求时应符合表 10.10.4-1、10.10.4-2 的规定。

表 10.10.4–1　监测点布置表

监测项目	布设范围
两侧地表沉降	横向不小于 2 倍基坑开挖深度范围，纵向间距宜为 30 m ~ 50 m
土体或围护结构位移	纵向布设间距宜为 30 m ~ 50 m
建筑物沉降、倾斜	需保护的建筑物
管线沉降	需要保护的管线
支撑轴力	纵向间距不宜大于 50 m，环境要求较高时可适当加密
地下水位	纵向间距不宜大于 50 m，环境要求较高时可适当加密
坡顶或围护结构顶位移	纵向布设间距宜为 30 m ~ 50 m
立柱沉降	纵向间距宜为 30 m ~ 50 m
坑底回弹	纵向间距不宜大于 50 m

注：盾构法施工时，地表沉降测点设置应符合现行《盾构法隧道施工及验收规范》GB 50446 的相关要求。

表 10.10.4-2　量测周期表

施工工况	基坑等级		
	一级	二级	三级
施工前	至少测 2 次初值	至少测 2 次初值	至少测 2 次初值
桩施工	3 d	7 d	7 d
围护墙施工	1 d	2 d	7 d
地基加固和降水	3 d	7 d	7 d
开挖 0 ~ 5 m	1 d	2 d	2 d
开挖 5 ~ 15 m	1 d	1 d	1 d
开挖 > 15 m ~ 浇筑垫层	0.5 d	0.5 d	1 d
浇筑垫层 ~ 浇筑底板	1 d	2 d	3 d
浇筑底板后 7 d	1 d	2 d	3 d
浇筑底板后 7 d ~ 30 d	2 d	7 d	15 d
浇筑底板后 30 d ~ 180 d	7 d	15 d	–

注：盾构法施工时，变形量测周期应符合现行《盾构法隧道施工及验收规范》GB 50446 的相关要求。

10.10.5　明挖基坑开挖监控应符合下列要求：

1　位移观测基准点数量不应少于 3 点，且应设在开挖影响范围以外。

2　监测项目在基坑开挖前应测取初始值，且不应少于两次。

10.10.6　暗挖隧道监控量测主要有洞内外观察、变形量测、应力应变量测、爆破振动量测、孔隙水压监测等，量测项目有：

1 必测项目：洞内、外观察；拱顶下沉、拱脚下沉；净空变化。

2 选测项目：围岩压力；钢架内力；喷混凝土内力；二次衬砌（管片）内力；初期支护与二次衬砌间接触压力；锚杆轴力；隧底隆起；围岩内部位移；爆破振动；孔隙水压力；渗漏水量；地表沉降（隧道浅埋段）；高陡边坡稳定性监测。

3 采用盾构法施工时，施工线路地表、沿线建（构）筑物和管线变形测量应为必测项目。

10.10.7 洞内观察包括开挖工作面观察和已施工地段观察，洞外观察重点应在洞口段和洞身浅埋地段。洞内、外观察应满足下列要求：

1 开挖工作面每次开挖后及时察看岩层稳定情况并进行地质素描。

2 应不定期对初期支护和二次衬砌的稳定状态进行察看，对未趋于稳定状态的工作面应每天进行巡查，记录喷射混凝土、锚杆、钢架变形等工作状态。

3 地表开裂、地表变形、边坡及仰坡稳定状态、地表水渗透情况、地面建（构）筑物沉降情况应每天进行巡视，在恶劣气候时，应加大巡视频次。

4 应做好观察记录，并与地质勘察资料进行对比分析。

10.10.8 变形监控量测包括洞内拱顶下沉、净空收敛和洞外地表沉降等，可采用非接触量测或接触量测方法。

10.10.9 应力应变监控量测宜采用振弦式、光纤光栅传感器。

10.10.10 爆破振动监控量测主要是进行爆破振动速度和加速度量测，可采用振动速度和加速度传感器及相应的数据采集设备。传感器应固定在预埋件上，通过爆破振动记录仪自动记录爆破振动速度和加速度。

10.10.11 孔隙水压监测可采用水压计进行，水压计应埋入带刻槽的测点位置，并应直接与水接触。水量监测可采用三角堰、流量计进行。

10.10.12 暗挖隧道下穿公路、重要建（构）筑物时，应加强监测，适时报警。

10.10.13 监控量测数据取得后，应立即进行实时分析，包括数据校核、数据整理及数据分析。定期应进行阶段分析，总结数据变化规律，对施工情况进行评价，提交阶段分析报告，指导后续施工。

10.10.14 监控量测数据分析、评价及信息反馈应满足下列要求：

1 根据量测值绘制时态曲线，选择回归曲线，预测最终值，并与控制基准进行比较和分析，及时反馈量测信息。

2 根据量测信息，对支护及围岩状态、工法、工序进行评价，按照管理等级，提出相应工程对策建议。工程安全性评价及工程对策应符合表 10.10.14 的规定。

表 10.10.14 工程安全性评价及工程对策

管理等级	距开挖面 1B	距开挖面 2B	工程对策
Ⅲ	$U<\frac{1}{3}U_{1B}$	$U<\frac{1}{3}U_{2B}$	量测小组负责人应向现场技术负责人汇报，并通知现场继续施工。监控量测数据分析完成后应反馈有关各方
Ⅱ	$\frac{1}{3}U_{1B}\leqslant U\leqslant\frac{2}{3}U_{1B}$	$\frac{1}{3}U_{2B}\leqslant U\leqslant\frac{2}{3}U_{2B}$	量测小组负责人应向现场技术负责人汇报，现场技术负责人应对分析结果进行复核，并将复核结果立即反馈到有关各方，并提出处理意见。现场在上报分析结果的同时，应加密监控量测频次，必要时采取适当的工程措施
Ⅰ	$U>\frac{2}{3}U_{1B}$	$U>\frac{2}{3}U_{2B}$	量测小组负责人应立即向现场技术负责人汇报，确认后采取应急措施（包括暂停掘进、实施应急支护、撤离工作面作业人员和设备等），加强现场观测，防止发生危害。同时立即将信息反馈到有关各方。相关管理单位应立即召集有关各方综合评价，制订处理方案

注：B—隧道最大开挖宽度；U—实测位移值；U_{1B}、U_{2B}—位移控制基准值。

10.11 施工质量验收

10.11.1 明挖隧道基坑围护结构施工质量应符合下列规定：

1 钻孔灌注桩：成孔深度应不小于设计深度，允许偏差不大于 300 mm。桩体混凝土强度、钻孔灌注桩钢筋笼所用钢筋的规格、数量及加工应符合设计要求。钻孔灌注桩成孔质量、钢筋加工、桩顶标高允许偏差应符合表 10.11.1-1 的规定。

2 地下连续墙：地下连续墙的裸露墙面应表面密实、无渗漏。孔洞、露筋、蜂窝累计面积不超过单元槽段裸露面积的 5%。地下连续墙允许偏差应符合表 10.11.1-2 的规定。

表 10.11.1-1　钻孔灌注桩成孔质量、钢筋加工、桩顶标高允许偏差

序号	检查项目			允许偏差或允许值
1	成孔	垂直度		< 1/100
		桩径（mm）		± 50
		沉渣厚度（mm）	摩擦桩	≤300
			端承桩	≤100
2	钢筋笼	主筋（mm）		± 10
		箍筋（mm）		± 20
		混凝土保护层（mm）		± 20
3	成桩	桩顶标高（mm）		± 50

表 10.11.1-2　地下连续墙允许偏差

序号	检查项目		允许偏差或允许值
1	导墙	导墙轴线平面偏差（mm）	≤ ± 10
		导墙内净距（mm）	设计厚度+40
		内侧导墙垂直度（mm）	5
2	成槽	垂直度	3/1000
		厚度（mm）	0，+50
		深度（清孔后）	不小于深度
		接头处两槽段中心线偏差	≤1/4 墙厚，且不侵占内衬墙边界
		槽底沉渣厚度（mm）	≤100
3	钢筋笼	厚度（mm）	0，10
		长度（mm）	± 50
		宽度（mm）	– 20
		主筋间距（mm）	± 10
		分布筋间距（mm）	± 20
		预埋连接钢筋或预埋件中心位置（mm）	± 10
4	成墙	混凝土强度等级	符合设计要求
		混凝土抗渗等级	符合设计要求
		整修后墙面平整度（mm）	≤50
		预埋件位置（mm）	≤30
		墙面露筋面积	无

3 土钉墙允许偏差应符合表 10.11.1-3 的规定。

表 10.11.1–3 土钉墙允许偏差

序号	检查项目	允许偏差或允许值
1	土钉位置（mm）	100
2	钻孔倾斜度（°）	± 1
3	喷锚墙面厚度（mm）	± 10
4	钢筋网片间距（mm）	± 10

4 支撑系统结构尺寸允许偏差应符合表 10.11.1-4 的规定。

表 10.11.1–4 钢筋混凝土支撑系统结构尺寸允许偏差

序号	检查项目		允许偏差或允许值
1	标高（mm）		± 50
2	平面（mm）		± 100
3	混凝土支撑截面尺寸（mm）		– 10，+15
4	立柱	桩位偏差（mm）	50
		顶标高（mm）	± 30
		垂直度	1/300
5	开挖超深（mm）		< 200

5 钢支撑系统结构尺寸允许偏差应符合表 10.11.1-5 的规定。

表 10.11.1–5　钢支撑系统结构尺寸允许偏差

序号	检查项目		允许偏差或允许值
1	标高（mm）		± 50
2	平面（mm）		± 100
3	钢支撑围檩与支撑的节点偏差（mm）		≤25
4	立柱	桩位偏差（mm）	30
		顶标高（mm）	± 30
		垂直度	1/300
5	钢支撑围檩标高（mm）		30
6	开挖超深（mm）		< 200

注：表中 L 为支撑构件的长度，单位：mm。

10.11.2　基坑开挖施工质量应符合下列规定：

1　基坑开挖的中线、长宽、边坡坡率及基底标高应符合表 10.11.2 的要求。

表 10.11.2　基坑开挖检验标准

序号	项目	允许偏差
1	轴线位置	± 5 mm
2	长、宽	以中线控制，不小于设计值，且应考虑围护结构的施工误差、找平层、防水层、保护层等的厚度适当外放
3	基底标高	– 20 mm，+10 mm
4	边坡坡率	不小于设计值

2　基坑开挖完成后，应进行基底验槽，并做好验槽记录，当

基底土质与设计不符时，要进行基底处理。

10.11.3 洞口工程施工质量应满足下列要求：

1 洞口边、仰坡及防护工程应符合环境保护、水土保持的有关规定，绿化及防护工程施工的质量应符合相关专业规范的规定。隧道洞口的边、仰坡喷护前应平整坡面，边坡坡面应密实、稳固，轮廓线顺直，防护工程的形式和坡度，以及检查台阶、检查梯、栏杆等检查设备的位置、范围和构造应符合设计要求。

2 隧道洞门、挡土墙等结构基础的基底承载力、应符合设计要求。软弱地基加固处理的施工质量应符合设计要求。隧道洞门结构、挡土墙基础基坑开挖尺寸允许偏差应符合表 10.11.3 的规定。

3 洞口排水沟、截水沟的平面位置、开挖断面应符合设计要求，纵向坡度不得小于 3‰。

表 10.11.3　基坑开挖允许偏差和检验方法

序　号	项　目	允许偏差（mm）
1	基坑边缘距线路中线距离	－10，50
2	基坑长度	0，+100
3	基坑宽度	－50，+100
4	基底高程	－100，0

4 隧道洞门端翼墙、斜切段、挡土墙和明洞结构的混凝土强度、钢筋的规格及数量、断面厚度以及斜切坡度、墙面坡度等应符合设计要求，施工的模板和支架应进行专项设计检算，确保其强度、刚度和稳定性能够满足施工需要。

5 隧道洞门端翼墙、斜切段、挡土墙和明洞结构的钢筋的规格、数量应符合设计要求，钢筋加工和安装允许偏差应符合表10.11.6的规定。

6 隧道洞门端翼墙、斜切段、挡土墙和明洞结构的施工缝、变形缝、泄水孔、预埋件的位置、数量和处理应符合设计要求。

7 洞门和明洞结构背后回填应在结构混凝土达到设计强度后，且防水层、泄水孔、结构预埋件等验收合格后方可实施。回填高度、坡度以及回填材料、粒径、密实度应符合设计要求。明洞墙后排水设施应符合设计要求并与墙背回填同时施工，确保渗水顺畅排出。

8 洞门和明洞结构背后回填应对称、分层进行，不得造成偏压。每层厚度不宜大于 0.3 m，其两侧回填的土面高差不得大于0.5 m。

10.11.4 隧道开挖应符合下列要求：

1 隧道开挖断面的中线和高程必须符合设计要求。

2 隧道开挖应严格控制欠挖，个别欠挖部位最大欠挖值不大于 5 cm，且每 1 m^2 不大于 0.1 m^2。

3 隧底设计有加固措施的，开挖时不得破坏隧底加固体。水沟开挖位置、基底高程应符合设计要求。

10.11.5 隧道支护应符合下列要求：

1 安装管棚所用钢管的材质、规格、长度和数量应符合设计要求。管棚搭接长度、注浆配合比、注浆压力和注浆量应符合设计要求。管棚钻孔的允许偏差应符合表 10.11.5 的规定。

2 安装超前小导管所用钢管的材质、规格、长度和数量应符合设计要求。超前小导管施工允许偏差应符合表 10.11.5 的规定，尾端应与钢架连接牢固，浆液应充满钢管及其周围的空隙，其纵向搭接长度应符合设计要求。

3 水平旋喷桩的数量、桩长、桩径、桩间距、搭接长度等，以及桩的完整性、均匀性、无侧限抗压强度均应符合设计要求。

4 超前预注浆和径向注浆的配合比应符合设计及试验要求。注浆压力应符合设计要求，注浆浆液应充满钢管及其周围的空隙，钻孔施工允许偏差应符合表 10.11.5 的规定。

5 喷射混凝土应由拌和站集中拌和，采用罐车运输，应采用湿喷工艺，喷射混凝土回弹料严禁重复使用，喷射混凝土的强度应符合设计要求。喷射混凝土表面应平顺，无裂缝、脱落、漏喷，与基面之间应无空洞、无杂物，厚度的检查点数 90%及以上应不小于设计厚度。

6 安装钢筋网所用钢筋应顺直、无损伤，表面不得有裂纹、油污、颗粒状或片状锈蚀，其规格、数量应符合设计要求。钢筋网应采用工厂化集中加工，网格间距应符合设计要求。钢筋网片成品表面应无污渍、无锈蚀，安装时应与基面密贴，并固定牢靠，搭接长度应不少于 1 个网格。

7 锚杆应顺直，无油污、无锈蚀、无损伤，其规格、数量应符合设计要求。锚杆安装允许偏差应施工允许偏差应符合表 10.11.5 的规定。砂浆锚杆的注砂浆饱满度应大于锚杆长度的 80%，砂浆的配合比应符合设计要求。

8 钢架所用的钢筋、型钢等原材料应顺直，无油污、无锈蚀、无损伤，其规格、数量应符合设计要求。钢架加工的焊接不得有假焊，焊缝表面不得有裂纹、焊瘤等缺陷。钢架安装稳定牢靠，底部不得有虚渣，钢架节段连接、纵向连接应符合设计要求。钢架安装允许偏差的检验应符合表 10.11.5 的规定。

表 10.11.5　初期支护允许偏差

序　号	项　目		允许偏差
1	管棚钻孔	方向角	1°
		孔口距	±30 mm
		孔深	±50 mm
2	超前小导管	方向角	2°
		孔口距	±50 mm
		孔深	±50 mm
3	超前预注浆和径向注浆	方向角	2°
		孔口距	±50 mm
		孔深	±50 mm
4	锚杆安装	孔径	不小于设计值
		孔口距	±15 cm
		孔深	±50 mm
		锚杆插入长度	≥95%设计长度
5	钢架安装	横向	±50 mm
		高程	±50 mm
		垂直度	±2°
		间距	±50 mm
		保护层和表面覆盖层厚度	+10 mm

10.11.6 隧道衬砌应符合下列要求：

1 隧道拱墙衬砌一般地段应采用衬砌台车一次浇筑，混凝土应采用拌和站集中拌制，拱墙衬砌混凝土强度、抗渗等级应符合设计要求。拱墙混凝土在初期支护变形稳定后施工的，拆模时的混凝土强度应达到 8 MPa；在初期支护变形稳定前施工的，拆模时的混凝土强度应达到设计强度的 100%。混凝土浇筑完毕拆模后，应对混凝土保湿养护。混凝土结构表面应密实平整、颜色均匀，不得有露筋、蜂窝、孔洞、疏松、麻面和缺棱掉角等缺陷。

2 地下车站、行人通道和机电设备集中区段不得出现渗水，结构表面应无湿渍；区间隧道及连接通道等附属的隧道结构顶部不得滴漏，其他部位不得漏水；结构表面可有少量湿渍，总湿渍面积不应大于总面积的 2‰，任意 100 m^2 面积上的湿渍不应大于 3 处，且单个湿渍的最大面积不应大于 0.2 m^2。

3 衬砌混凝土不得出现贯通裂缝，衬砌表面裂缝最大宽度不得大于 0.3 mm，明挖隧道和明挖地下车站迎土面、外露面裂缝最大宽度不得大于 0.2 mm。

4 一般情况下，拱墙衬砌应在围岩变形稳定后及时施作，特殊情况下应符合设计要求。拱墙衬砌断面厚度应符合设计要求。隧道超挖回填必须符合设计要求。墙脚以上 1 m 范围内和整个拱部的超挖部分应采用同级混凝土回填。

5 拱墙钢筋规格、数量及加工安装必须符合设计要求。钢筋加工、安装和保护层厚度允许误差应符合表 10.11.6 规定。一般情况下，拱墙施工缝应与仰拱填充施工缝对齐，设计为钢筋混凝土结构时，施工缝、沉降缝处纵向钢筋应断开。

表 10.11.6 钢筋加工、安装及保护层厚度允许偏差

序号	项目		允许偏差（mm）
1	受力钢筋顺长度方向的全长		±10
2	弯起钢筋的弯折位置		20
3	箍筋	内净尺寸	±3
		间距	±20
4	双排钢筋的上排钢筋与下排钢筋间距		±5
5	同一排中受力钢筋水平间距	拱部	±10
		边墙	±20
6	分布钢筋间距		±20
7	箍筋间距		±20
8	钢筋保护层厚度		0，+10

6 施作仰拱（底板）混凝土前应清除隧底虚渣、淤泥、积水和杂物。岩溶地区隧道，仰拱（底板）施工前，应采用物探和钻探等综合手段对隧底溶腔、溶槽等分布情况探测，并提前处理。

7 仰拱混凝土宜采用带模板的仰拱栈桥施工，混凝土应采用拌和站集中拌制。同一段落仰拱与填充混凝土应分次浇筑，填充混凝土应在仰拱混凝土终凝后进行；同一段落仰拱、填充混凝土应分别整幅浇筑。仰拱、填充或底板混凝土强度、抗渗等级应符合设计要求。混凝土表面质量应密实平整、颜色均匀，不得有露筋、蜂窝、麻面、孔洞、疏松等缺陷。

8 仰拱、填充混凝土或底板混凝土厚度及各部尺寸应符合设

计要求。仰拱及填充表面坡度应符合设计要求，坡面应平顺、排水通畅、不积水。填充、底板混凝土顶面高程应符合设计要求，高程允许偏差为 ± 15 mm。

9 拱墙衬砌混凝土与初期支护之间应密实，无脱空，拱墙背后回填注浆应在拱墙衬砌混凝土拆模前及时实施。注浆压力应符合设计要求，设计无要求时，注浆压力应不大于 0.2 MPa。回填注浆的浆液配合比、强度应符合设计要求；设计无要求时，其强度等级应不小于 M100。

10 采用盾构法施工时，管片出厂时的混凝土强度不得低于设计强度，外观质量不应有严重缺陷，有严重缺陷的管片不得用于工程中。管片出厂质量验收还应符合现行《盾构法隧道施工及验收规范》GB 50446 的相关要求。

11 管片拼装应严格按设计要求进行，管片无内外贯穿裂缝，无大于 0.2 mm 的推顶裂缝及混凝土剥落现象。管片防水条质量应符合设计要求，无缺损，粘接牢固，平整，防水垫圈无遗漏。螺栓质量及拧紧度符合设计要求。管片拼装施工质量验收还应符合现行《盾构法隧道施工及验收规范》GB 50446 的相关要求。

10. 11. 7 隧道附属构筑物应符合下列要求：

1 电缆槽：位置、结构尺寸、纵向坡度以及槽底、顶面高程和结构外缘距同侧轨道中心线距离应符合设计要求。电缆槽内应无积水和积淤堵塞。泄水孔应畅通。盖板应工厂化生产，其规格和尺寸应符合设计要求。电缆槽盖板铺设应齐全平稳，表面不应有缺棱掉角现象。槽身、盖板混凝土的强度，钢筋规格、数量以及加工安装应符合设计要求。

2 设备洞室：存放维修、防灾工具、泵站和其他用途的专用洞室的设置位置和尺寸应符合设计要求。洞室内应无积水和积淤堵塞。泄水孔应畅通。洞室结构混凝土表面应平顺光洁，混凝土的强度和抗渗性能应符合设计要求。洞室的钢筋规格、数量以及加工安装应符合设计要求。

3 洞口防排水系统：应在隧道进洞开挖前完成，并确保其防排水功能有效，排水顺畅，无淤积阻塞，且应防止由于排水危及建筑物和农田水利设施等。隧道、明洞、辅助坑道的洞口边坡排水沟、仰坡坡顶截水沟结构型式和位置应符合设计要求，其设置范围、高程和尺寸的允许偏差应符合表 10.11.7 的规定。其结构及混凝土强度应符合设计要求。

4 洞内排水系统：排水沟（槽）位置、结构形式、沟底高程、纵向坡度应符合设计要求，断面尺寸的允许偏差方法应符合表 10.11.7 的规定，宜采用定型移动模架整体浇筑。其混凝土的强度和抗渗性能，钢筋规格、数量及加工安装，进水孔、泄水孔、泄水槽的位置、间距和尺寸应符合设计要求。检查井设置的纵向间距不宜大于 30 m，且距变形缝及不同结构衔接处不宜小于 2 m。检查井数量、位置和结构形式，混凝土的强度和抗渗性，井盖的规格、强度应符合设计要求。检查井的尺寸、高程、平面位置的允许偏差应符合表 10.11.7 的规定。检查井钢筋、井盖钢筋的规格、数量和加工安装应符合设计要求，检查钢筋安装和保护层厚度允许误差应符合表 10.11.6 规定。

表 10.11.7 隧道附属构筑物允许偏差

序号	项目		允许偏差（mm）
1	洞口排水沟、截水沟	设置范围	± 200
		沟底高程	± 20
		水沟纵坡	设计坡度的 0.5%，且无积水
		水沟厚度	0，+30
		水沟宽度	− 10
		水沟高度	− 10
2	洞内排水沟	断面尺寸	± 10
		高度	± 5
		厚度	− 20，0
		沟底高程	± 20
3	洞内检查井	断面尺寸	± 20
		平面位置（纵、横向）	± 50
		高程	± 20
		井壁厚度	± 10

10.11.8 隧道防水应符合下列要求：

1 衬砌混凝土所用止水带、止水条的品种、规格和性能等应符合设计要求。衬砌混凝土施工缝设置位置、构造形式应符合设计要求。止水带的表面不得有开裂、缺胶和海绵状等缺陷，其施工允许偏差应符合表 10.11.8 的规定；止水带固定应牢固、平直，不得有扭曲现象；背贴式止水带与防水板的连接方式应符合设计要求。制品型遇水膨胀止水条接头搭接长度不应小于 50 mm，定位后至浇筑下一环混凝土前应避免被水浸泡。施工缝先浇混凝土表面的浮浆应清除并凿毛，施工缝浇筑混凝土前，应按第 10.5.3 条的相关要求处理。

2 变形缝所用嵌缝材料的品种、规格和性能指标应符合设计要求。变形缝的位置、宽度和构造形式等应符合设计要求。变形缝的表面质量应缝宽均匀、缝身竖直，环向贯通，填塞密实，外表光洁。密封材料嵌填严密，粘结牢固，无开裂、鼓包、下塌现象。用作沉降的变形缝应按设计要求设置沉降观测点并进行施工期间的沉降观测，年沉降速率应符合设计要求。

3 防水板、土工复合材料的材质、规格和性能指标应符合设计要求。

4 铺设防水板的基层应大面平顺，两突出物之间的深长比小于 1/10。铺设防水板的基面阴阳角处应做成 $R \geqslant 10$ cm 的圆弧面，转角 1 m 范围内宜布设双层防水板。当基面有较大明水时，应采取措施进行封堵或引排。

5 防水板铺设应按清理基面、铺设土工布、铺设防水板的顺序进行。缓冲层应平顺、无隆起，无皱褶。防水板铺设范围应符合设计要求；防水板应固定牢固、松紧适度；环向铺设时先拱后墙，下部防水板应压住上部防水板。防水板焊缝应符合设计要求，设计无要求时应采用双焊缝焊接；无漏焊、假焊、焊焦、焊穿等现象。防水板和缓冲层（土工布）施工允许偏差应符合表 10.11.8 的规定。

6 排水盲管品种、规格及性能指标应符合设计要求，盲管的成型尺寸和坡度应符合设计要求。排水盲管铺设位置和范围应符合设计要求，且不得低于隧道水沟底面高程；固定应牢固、平顺，固定点间距一致。排水盲管接头的连接、纵环向盲管之间的连接、纵向盲管与排水沟的连接应符合设计要求，连接应牢固。排水盲管排水通畅，无堵塞。

7 采用盾构法施工时，管片成品应定期进行检漏测试，检漏标准按设计抗渗压力恒压 2 小时，渗水深度不超过管片厚度 1/5 为合格。粘贴的防水密封条不得有起鼓、超长和缺口现象。盾构防水质量验收还应符合现行《盾构法隧道施工及验收规范》GB 50446 的相关要求。

8 注浆所用的原材料品种和性能指标应符合设计要求，注浆范围、浆液配合比、注浆压力、注浆量、进浆速度、注浆孔数量、布置、间距、孔深及角度应符合设计要求。注浆效果应符合设计要求，每延米每昼夜出水量应符合设计要求。注浆结束后，应及时将注浆孔和检查孔封填密实。

表 10.11.8 防水结构施工允许偏差

序号	项目		允许偏差
1	止水带	在 1 m 长度范围内，止水带表面深度	≤2 mm
		面积不大于 10 mm^2 的凹痕、气泡、杂质等缺陷	≤3 处
		安装径向位置	± 50 mm
		纵向位置允许偏离中心	± 30 mm
2	缓冲层（土工布）	搭接宽度	≥50 mm
3	防水板	搭接宽度	≥150 mm
		防水板搭接缝与施工缝错开距离	≥1.0 m
		每一单焊缝的宽度	≥15 mm

11　轨道工程

11.1　一般规定

11.1.1　轨道工程施工应重视轨道铺设条件评估，做好相关专业接口衔接及关键工序的施工工作。

11.1.2　轨道工程施工应编制单位工程施工组织设计。

11.1.3　轨道工程施工应根据轨道结构形式、施工条件、工期要求、工程特点等因素，按照技术先进、安全适用、节能环保的原则合理配置使用机械设备，积极推进机械化施工。

11.1.4　轨道工程施工所需的材料和部件宜集中采购。材料和部件的生产及质量控制应符合设计及相关标准。

11.1.5　轨道工程施工应加强信息化管理，保证工程施工管理信息传递及时、可靠有效。

11.1.6　无砟道床施工过程中应全程对作业地段沉降观测点进行系统观测。当实际观测值大于设计沉降变形曲线值时，应立即停止施工，进行沉降分析评估，分析原因，采取措施，满足要求后方可继续施工。

11.1.7　轨道结构与信号系统及综合接地系统的接口施工应符合设计及规范要求。

11.1.8　信号、供电等专业应明确线路、道岔钢轨钻孔位置及数量。道岔钢轨应在道岔生产厂内钻孔；正线钢轨在无缝线路放散锁定后钻孔，钻孔应按规定倒棱。

11.1.9 有轨电车轨道工程测量，应按《城市轨道交通工程测量规范》GB/T 50308 执行，关键工序应按《高速铁路工程测量规范》TB 10601 执行。

11.1.10 本标准应与《铁路混凝土工程施工质量验收标准》TB 10424 配套使用。

11.1.11 扣件式无砟道床、嵌入式连续支承式无砟道床、板式无砟道床等除轨枕埋入式外的其他结构型式无砟道床施工应按设计要求组织实施。

11.1.12 轨道工程施工现场规划应遵循安全生产、以人为本、因地制宜、满足施工需要的原则，合理布置生产区、辅助生产区、办公生活区等，并考虑防洪、防火、防爆等要求。

11.2 施工控制网测设

11.2.1 施工控制网测设应符合下列规定：

1 轨道工程开工前，线下工程验收合格并通过沉降变形评估后方可移交。线下施工单位应在建设单位组织下向轨道施工单位移交线下工程控制测量成果资料及控制桩点资料。

2 轨道控制网 CPⅢ测设建立前，建设单位应组织勘察设计单位和轨道施工单位对 CPⅠ、CPⅡ平面及高程控制网进行复测，控制网的复测应采用与原控制网测量相同的精度等级和测量方法，复测成果与原测成果的较差应符合相关规定。

3 轨道施工单位应在线下工程沉降变形评估合格后，依据复测资料和相关规范进行控制网加密及 CPⅢ测设，并进行维护管理工作。

4 CPⅠ、CPⅡ平面及高程控制网复测、控制网加密以及 CPⅢ测设外业测量应符应符《高速铁路工程测量规范》TB 10601 的规定。

5 加密基标的测设应在轨道控制网 CPⅢ测量评估完成后进行，其布设方式应根据不同的轨道结构类型确定。

6 当区间无砟轨道采用多个作业面施工时，应做好各施工作业面衔接测量。作业面间应设置贯通作业面，贯通作业面不小于 200 m 范围内应使用共用中线及高程控制点作为两作业面施工测量的共用控制点。

7 各种测量仪器和工具应做好经常性保养和维护工作，并定期检校和鉴定。

11.2.2 CPⅠ、CPⅡ平面及高程控制网复测应满足下列规定;

1 CPⅠ、CPⅡ平面及高程控制网复测成果与原测成果的较差应满足下列规定：

1) 采用 GPS 复测 CPⅠ、CPⅡ控制点时，复测与原测成果较差应满足表 11.2.2-1 和表 11.2.2-2 的规定。

表 11.2.2–1 CPⅠ、CPⅡ控制点复测坐标较差限差要求

控制点类型	坐标较差限差（mm）
CPⅠ	20
CPⅡ	15

注：表中坐标较差限差 *X*、*Y* 坐标分量较差。

表 11.2.2-2 GPS 复测相邻点间坐标差之差的相对精度限差

控制网等级	相邻点间坐标差之差的相对精度限差
CPⅠ	1/130 000
CPⅡ	1/80 000

2）采用导线复测 CPⅡ控制点时，水平角、边长和坐标较差应满足 11.2.2-3 的规定。

表 11.2.2-3 导线复测较差的限差

控制网	等级	水平角较差限差（″）	边长较差限差（mm）	坐标较差限差（mm）
CPⅡ	三等	3.6	2 mD	15
CPⅡ	隧道二等	2.6	2 mD	15

注：mD 为仪器标称精度。

3）水准点间的复测高差与原测高差之较差应符合表 11.2.2-4 的规定。

表 11.2.2-4 水准点间的复测高差与原测高差之较差

水准测量等级	测段、路线往返测高差不符值		附合路线或环线闭合差		检测已测测段高差之差
	平原	山区	平原	山区	
二等	$\pm 4\sqrt{K}$	$\pm 0.8\sqrt{n}$	$\pm 4\sqrt{L}$		$\pm 6\sqrt{Ri}$

注：1 *K* 为测段水准路线长度，km；*L* 为水准路线长度，km；R_i 为检测测段长度 km；*n* 为测段水准测量站数。

2 当山区水准测量每千米测站数 *n*≥25 站及以上时，采用测站数计算高差测量限差。

3 复测时与相邻标段分别联测至少 2 个 CPI 点和 2 个二等水准点。

4 复测成果与原测成果较差满足本标准第 11.2.2 条第 1 款的规定时，采用原测成果；

当较差超限时，应进行二次复测，查明原因，并采用同精度扩展方法更新成果，提交监理和设计单位确认。

5　复测完成后应进行成果分析，编写复测报告。复测报告应包括下列内容：

1）任务依据，技术标准。

2）测量日期，作业方法、人员、设备情况。

3）复测控制点的现状及数量，复测外业作业过程及内业数据处理方法。

4）复测控制网测量精度统计分析。

5）复测与原测成果的对比分析。

6）需要说明的问题及复测结论。

11.2.3　CPⅡ平面及高程控制网加密应符合下列规定：

1　CPⅢ建网前，应对CPⅡ控制网、二等水准点进行同精度加密。桥梁和路基段CPⅡ加密点一般采用线上加密，桥梁段应布设在桥梁固定端的固定支座上方防撞墙顶上，路基段设置在辅助立柱上，隧道段布设在隧道电缆槽边墙顶上。

2　CPⅡ平面控制网加密应符合下列规定：

1）路基和桥梁段CPⅢ平面网建网前应保证沿线路方向每隔400 m ~ 800 m（宜为600 m）设置1个CPⅡ加密点可供CPⅢ平面网联测。各区段CPⅢ首尾搭接处6对CPⅢ的中间应布设一个CPⅡ加密点。与CPI、CPⅡ控制点联测基线边长一般不小于400 m。

2）隧道段 CPⅡ加密点应成对布设，点对间距一般为300 m ~ 600 m，采用相应等级的导线测量，CP-Ⅲ测量时选择1个主点进行约束平差。长度大于800 m的隧道洞内CPⅡ测量由设计院按规范要求施测，施工单位按要求复测以后方可使用。

3）CPⅡ加密点应采用与 CPⅢ相同的标志，埋设应竖直牢固，CPⅡ加密点不得与 CPⅢ点共桩。在埋设好的预埋件上，可以直接通过连接杆安装GPS天线，安装测量仪器、基座和棱镜。

4）路基和桥梁段 CPⅡ加密按 GPS 三等测量的要求进行观测，按 GPS 静态相对定位模式进行测量，观测时段长度≥60 min，观测 2 个时段。

5）对 CPⅡ加密点进行整体平差前，应先对网中的原 CPI 和 CPⅡ点的稳定性进行分析。对不满足精度要求的原 CPI 和 CPⅡ进行剔除，满足要求的全部作为起算点。平差后加密点 CPⅡ的点位精度应小于 10 mm，基线边方向中误差≤1.7″，最弱边相对中误差限差为 1/100 000。

6）隧道内加密 CPⅡ网采用导线进行测量，按同精度扩展方式加密 CPⅡ点对，导线附合长度一般不大于 5 km。采用仪器为测角精度不低于 1″，测距精度不低于 $1\ \text{mm}+2\times10^{-6}$ 的全站仪施测，仪器应在检定有效期内。导线网一般采用自动观测软件按要求进行测量，正确量取仪器高和棱镜高输入软件。

3 高程控制网加密应符合下列规定：

1）CPⅢ高程网建网前 2 km 范围内桥面上至少设置 1 个加密水准基点。桥梁地段墩身附近设置 1 个辅助水准点（埋设相同的 CPⅢ标志），便于高程传递至桥上加密水准点，加密水准基点可与 CPⅢ点共桩。

2）当需要将桥下水准点传递到梁面上时，宜采用不量仪器高和棱镜高的中间设站三角高程测量法传递。

3）梁面上三角高程加密水准点应进行二等水准贯通测量，以保证相邻两个加密水准点间的高差满足二等水准的技术要求。桥上加密水准点的高程作为 CPⅢ高程网平差计算的起算点。

4）高程控制点加密应符合二等水准测量的技术要求和限差，并应采用专业平差软件进行整体平差。

5）加密测量采用的方法、使用的仪器和精度应符合相应测量规范的规定。

4 控制网加密完成后应进行成果分析，编写加密成果报告。

11.2.4 轨道控制网（CPⅢ）测设及复测应满足下列要求：

1 轨道控制网CPⅢ测设工艺应符合要求。

2 轨道控制网CPⅢ施测前，应进行技术方案设计，并报建设单位、监理单位、和评估单位审批。技术方案设计应包括下列内容：

1）CPⅢ点的埋设与编号。

2）与上一级控制点的联测方案。

3）CPⅢ控制网的观测网形、测量方法与精度。

4）所需要的标志、仪器设备、测量软件及内业数据处理方法。

5）人员组织计划、质量保障措施、安全生产注意事项以及完成测量工作后应提交的成果资料清单等。

3 轨道控制网CPⅢ观测前应完成下列准备工作：

1）根据方案设计，实地埋设CPⅢ控制点并编号。

2）全站仪、棱镜组件、温度计、气压计（或气象传感器）、水准仪、水准尺等测量仪器和设备的准备与检校。

3）数据采集和处理软件配备。

4）人员培训、组织与分工。

4 轨道控制网CPⅢ点的埋设和编号应满足下列要求：

1）CPⅢ点应沿线路设置于路基两侧的接触网杆基础辅助立

柱上（非坠砣端）或独立基础上、桥梁固定支座端的防撞墙顶面、隧道边墙或排水沟上。

2）CPⅢ点沿线路成对布设，布设位置位于结构基础上，分别位于上下行线轨道外侧约 0.5 m 位置，纵向间距控制在 60 m 左右，小半径曲线段、大坡度线路段进行适当加密。

3）CPⅢ点的预埋件应埋设稳固。当预埋件垂直埋设于接触网基础或独立基础顶面时应保证其铅垂；当横向埋设时宜使预埋件大致水平。同一条有轨电车线路应采用同一种 CPⅢ标志及相配套的棱镜组件。

4）CPⅢ点的编号应符合相关规定，并统一标识，便于查找。

5）CPⅢ标志元器件要求、设置位置及标识等应符合现行《高速铁路工程测量规范》TB 10601 的相关规定。

5 全站仪自动观测的控制测量软件和 CPⅢ控制网内业平差计算与精度评定的数据处理软件应通过权威机构的评审或鉴定。

6 轨道控制网 CPⅢ平面网的外业观测，应采用自由测站边角交会的测量方法。观测时，宜从区段的一端依次观测至区段的另一端。CPⅢ网可根据施工需要分段测量，分段测量的测段长度不宜小于 1.2 km。测段间应重复观测不少于 6 对 CPⅢ点作为分段重叠观测区域，以便进行测段衔接，每一独立测段首尾必须封闭，区段接头不应位于连续梁或车站范围内。

7 CPⅢ平面网观测的自由测站间距宜为 120 m，每一测站应观测 6 对 CPⅢ控制点，全站仪前后方各 3 对 CPⅢ点，自由测站到 CPⅢ点的最远观测距离不应大于 180 m；每个 CPⅢ控制点应有 3

个方向和 3 个距离交会。当遇施工干扰时，可按 60 m 间距设站，每一测站应观测 4 对 CPⅢ控制点，每个 CPⅢ控制点应有 4 个方向和 4 个距离交会。

8 CPⅢ平面网的主要技术要求应符合表 11.2.4-1、11.2.4-2 的规定。

表 11.2.4-1 CPⅢ平面网的主要技术要求

控制网名称	测量方法	方向观测中误差	距离观测中误差	相邻点的相对中误差	同精度复测坐标较差
CPⅢ平面网	自由测站边角交会	1.8″	1.0 mm	1.0 mm	3 mm

表 11.2.4-2 CPⅢ平面网平差后的主要技术要求

控制网名称	与 CPⅠ、CPⅡ联测		与 CPⅢ联测		距离中误差	点位中误差
	方向改正数	距离改正数	方向改正数	距离改正数		
CPⅢ平面网	4″	4 mm	3″	2 mm	1 mm	2 mm

9 CPⅢ平面网水平方向应采用全圆方向观测法进行观测。如采用分组观测，应以同一归零方向，并重复观测一个方向。水平方向观测应满足表 11.2.4-3 的规定。

表 11.2.4-3 CPⅢ平面水平方向观测技术要求

控制网名称	仪器等级	测回数	半测回归零差	不同测回同一方向 2C 互差	同一方向归零后方向值较差
CPⅢ平面网	0.5″	2	6″	9″	6″
	1″	3	6″	9″	6″

10 CPⅢ平面网距离测量应满足表 11.2.4-4 的规定。

表 11.2.4-4　CPⅢ平面网距离观测技术要求

控制网名称	测回	半测回间距离较差	测回间距离较差
CPⅢ平面网	≥2	± 1 mm	± 1 mm

注：距离测量一测回是全站仪盘左、盘右各测量一次的过程。

11　轨道控制网 CPⅢ高程网的外业观测，可采用单程或往返精密水准测量的方法进行。CPⅢ点与上一级水准点的联测应采用独立往返精密水准测量的方法进行。当采用单程观测时，每相邻 4 个 CPⅢ点之间应构成水准闭合环。

当桥面与地面间高差大于 3 m，线路水准基点高程直接传递到桥面 CPⅢ控制点困难时，宜采用不量仪器高和棱镜高的中间设站光电测距三角高程法传递。其测量技术要求应符合现行《高速铁路工程测量规范》TB 10601 的相关规定。

12　轨道控制网 CPⅢ的高程控制网测量精度应符合表 11.2.4-5 的规定。

表 11.2.4-5　CPⅢ高程网测量精度

水准测量等级	每千米高差偶然中误差 M_Δ（mm）	每千米高差全中误差 MW（mm）	限差			
			检测已测段高差之差	往返测不符值	附合路线或环线闭合差	左右路线高差不符值
精密水准	≤2.0	≤4.0	$\pm12\sqrt{R_i}$	$\pm8\sqrt{K}$	$\pm8\sqrt{L}$	$\pm8\sqrt{K}$

注：1　K 为测段水准路线长度，L 附合或环线的水准路线长度，R_i 为检测测段长度，K、L、R_i，单位为 km，n 为测段水准测量站数。

2　结点之间或结点与高级点之间，其路线的长度，不应大于表中规定的 0.7 倍。

13 CPⅢ网区段与区段之间重复观测应不少于 6 对 CPⅢ点，分别在各自区段中进行观测和平差计算，重叠段前一区段连续的 1～3 对 CPⅢ点坐标进行约束平差后，其他未约束的重叠点在两个区段分别平差后的坐标和高程差值不宜大于 1 mm。

14 CPⅢ平面网在相邻投影带衔接处必须分段进行测量和平差计算。CPⅢ平面网平差计算时，分别采用换带处的 CPⅡ加密控制点的两个投影带的坐标进行约束平差，平差完成后，分别提交相邻投影带两套 CPⅢ平面网的坐标成果，两套坐标成果都应满足轨道控制网的技术要求。提供两套坐标的 CPⅢ网区段长度不应小于 800 m。

15 大跨度连续梁段 CPⅢ控制网测量除严格执行 CPⅢ有关测量要求外，还应注意下列要求：

1）整个段落要安排在同一时间段进行测量。

2）CPⅢ测量的时间和施工使用的相隔时间不宜过长，且荷载没有大的变化。如果相隔时间较长或温度、环境、荷载有较大的变化，均要进行重新复测后使用。

3）施工时间段应与测量 CPⅢ的时段、温度、环境尽量一致。

16 CPⅢ控制网测量成果的整理应满足下列要求：

1）完成 CPⅢ控制网测量任务后，应及时编写技术总结。技术总结应对 CPⅢ控制网技术方案设计和技术标准执行情况、完成质量情况和主要技术问题的处理情况进行分析和总结。技术总结应由单位主要技术负责人审核签字后上交。

2）CPⅢ控制网测量成果应经测量单位检查和审核，并按区段进行资料整理、装订成册、编制目录和开列清单。

17 完成测量后应提交下列成果资料：

1）技术方案设计书。

2）CPⅢ平面网测量示意图、CPⅢ高程网水准路线示意图。

3）全站仪和水准仪的外业观测原始数据电子文件。

4）测段往返测高差统计表及其 M_{Δ} 的计算结果。

5）水准路线闭合差统计表及其 M_{W} 的计算结果。

6）CPⅢ控制网约束平差的原始资料。

7）CPⅢ控制网的坐标和高程平差成果表。

8）全站仪、水准仪和水准尺的检定资料。

9）技术总结报告。

18 CPⅢ轨道控制网建立后，应由建设单位组织进行评估，评估合格后出具评估报告。

19 CPⅢ控制网的复测与维护应满足下列要求：

1）轨道铺设前和竣工移交运营单位前各进行一次复测。

2）施工期间应保持 CPⅢ标志标识清晰，加强保护管理，若损坏应按照相关技术要求及时恢复。

11.3 轨枕埋入式无砟道床施工

11.3.1 轨枕埋入式无砟道床施工应满足下列要求：

1 轨枕埋入式无砟道床宜采用“25 m 标准轨轨排直铺法”施

工。工艺流程见图 11.3.1-1。

2 无砟道床施工应配备吊装设备、专用吊具及施工器具、检测测量仪器等。

3 无砟道床施工前应清理基础面杂物，检查基础面预埋件状态，复测基础面中线、高程、平整度。梁面及隧道仰拱回填层表面应按设计进行拉毛或凿毛处理，浮砟、碎片、油渍应清除干净，无积水。

4 根据设计轨枕间距，沿线路提前做好轨枕垛的布设，并做好轨枕底部支撑。

5 无砟道床施工前应调查当地气温、湿度资料，掌握气温、湿度轨温变化规律，合理安排轨排精调和浇筑时间。

6 轨排组装用轨应采用铺设 25 m 标准长度钢轨，外形尺寸允许偏差应符合相关规定。

7 螺杆调整器应有足够的强度、刚度和稳定性，满足施工工艺要求。螺杆调整器应成对对称架设在轨排两侧，并安装牢固，与钢轨垂直。

8 在轨排精调过程中，测量人员应监测轨排框架变形情况，若出现三次精调仍不满足精度要求，则该轨排框架应在检测平台上进一步检查整修。

9 轨排调整定位合格后应安装固定装置，固定装置应有足够的强度、刚度和稳定性，能防止混凝土浇筑时轨排纵、横向移位及上浮。

10 道床板混凝土浇筑过程中应加强轨道部件的防护，避免混凝土等产生的污染。

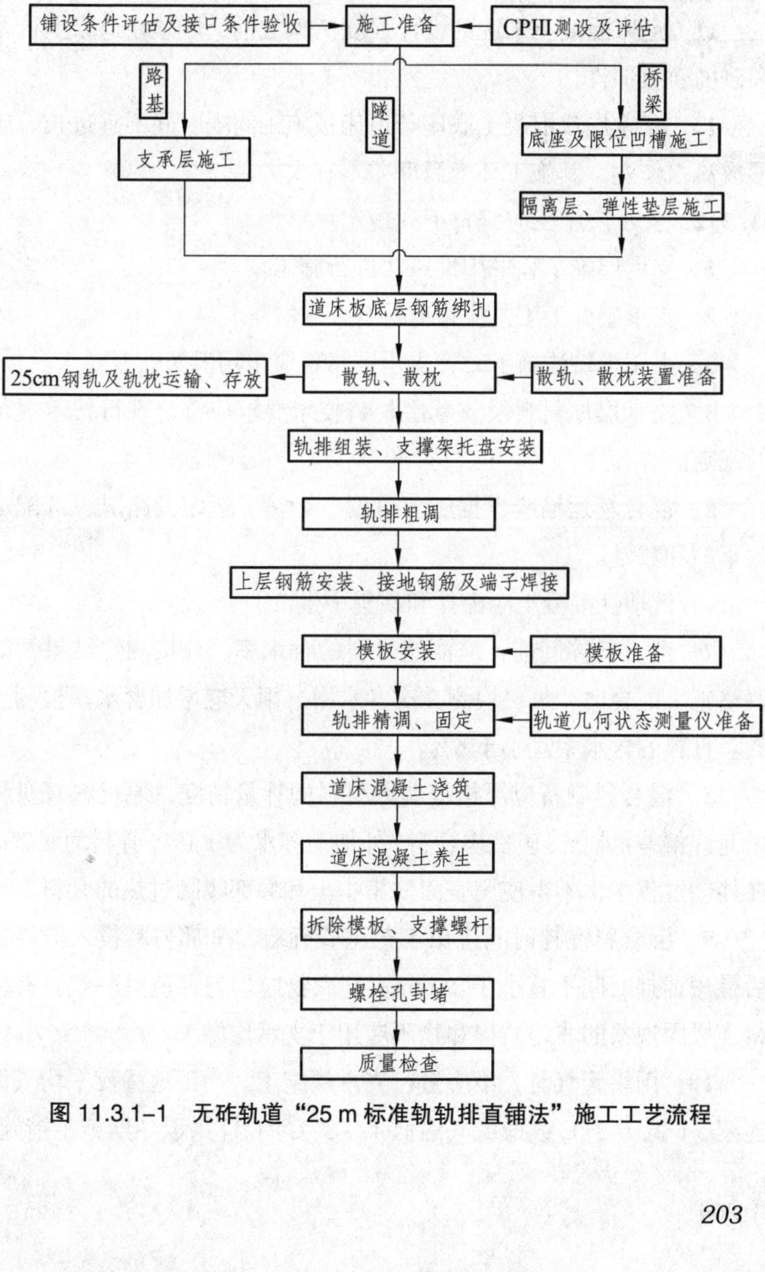

图 11.3.1-1　无砟轨道“25 m 标准轨轨排直铺法”施工工艺流程

11 道床混凝土未达到设计强度 75%之前，严禁在道床上行车和碰撞轨道部件。

12 支承层或混凝土底座与道床板施工间隔时间不宜过长，应形成流水作业，其施工环境温度差不宜太大。

11.3.2 支承层施工应符合下列规定：

1 支承层施工宜采用模筑法进行施工。

2 支承层施工工艺流程应符合要求。

3 采用模筑法施工时，支承层材料应采用低塑性混凝土。

4 支承层原材料及支承层材料技术要求应符合现行技术规范的规定。

5 混合料运输应根据施工进度、运量、运距及路况，选配运输车型和数量。

6 低塑性混凝土应由拌和站集中生产。

7 混合料拌制前，应测定骨料的含水率，并按测定结果及时调整施工配合比。每班检测 2 次含水率，雨天应增加含水率检测次数。骨料的含水率宜小于 6%。

8 混合料制备应严格控制原材料的计量精度，原材料每盘称量允许偏差：水泥、矿物掺合料、外加剂和水为 ± 1%，骨料为 ± 2%。在拌制过程中，不得使用表面沾染尘土和局部曝晒过热的骨料。

9 混合料搅拌时间应由工艺试验确定，全部材料投入搅拌机后最短搅拌时间不宜小于 2 min。拌和物应均匀，色泽一致。有生料、成团现象的非匀质拌和物不应用于支承层施工。

10 雨雪天气时，不应进行支承层施工。当工地昼夜平均气温连续 5 d 低于 5 °C 或最低气温低于 – 3 °C 时，应采取冬期施工措施。

11 支承层施工前，应将支承层范围内的基础面清理干净，并适度湿润，但不得有积水。

12 模筑法施工应符合下列规定：

1）支承层施工前，应根据 CPⅢ控制点按 5 m ~ 10 m 间距测放支承层模板放样点，为模板定位提供基准。

2）现场混凝土浇筑施工应符合相关标准要求。

3）初凝前，支承层表面应按设计要求进行拉毛处理，拉毛深度宜为 1.5 mm ~ 2.0 mm，两侧应按设计要求设置排水坡。

4）施工中应采取有效措施确保支承层顶面高程及平整度满足设计要求。

13 当采用模筑法施工时应在 24 h 内进行横向切缝。横向切缝间距宜为 5 m，切缝宽度宜为 3 mm ~ 5 mm，缝深不应小于支承层厚度的 1/3。每个工作班结束时的施工缝宜设置在切缝处。

14 支承层浇筑完成后应喷涂养护剂或洒水并覆盖进行保湿养护，养护时间不应少于 7 d。当气温低于 0 °C 时，应采取保温措施。

15 支承层施工完成后，应按现行相关标准要求进行检验，性能指标和外形尺寸及外观质量应符合下列规定：

1）支承层压实系数按设计要求执行，设计无要求时不应小于 0.98。

2）支承层 28 d 芯样强度按设计要求执行，设计无要求时单个芯样抗压强度不应小于 6 MPa，28 d 单组芯样抗压强度不应小于 8 MPa。

3）支承层 28 d 抗折（弯拉）强度、弹性模量应符合设计要求。

4）支承层外形尺寸允许偏差应符合表 11.3.2 的规定。

表 11.3.2 支承层外形尺寸允许偏差

序号	检查项目	允许偏差（mm）
1	厚度	± 20
2	中线位置	10
3	宽度	0，+15
4	顶面高程	-15，+5
5	平整度	7 mm/4 m
6	排水坡宽度	0，+15

5）切缝方向、间距及深度应符合设计要求。

6）排水坡坡面应平顺，坡度应不小于设计要求。

7）支承层表面不得有疏松及缺棱掉角等缺陷，道床板或轨道板范围表面应粗糙、清洁。

11. 3. 3 桥上混凝土底座施工应满足下列要求：

1 混凝土底座施工工艺应符合要求。

2 桥上混凝土底座施工前应进行下列准备工作：

1）底座施工前应清理基础面及预埋套筒内的杂物，复测梁面中线、高程、平整度，确认其符合相关标准规定后，方可进行底座施工。

2）检查梁面预埋件状态，梁体预埋套筒或预埋钢筋的位置、数量、状态以及锚固筋规格、长度应符合设计要求。

3）轨道中心线 2.6 m 范围内，梁面拉毛质量应符合相关标准要求浮砟、碎片、油渍应清除干净，表面无积水。

4）通过 CPⅢ控制点进行底座及凹槽边线放样，做好标记，并对每个标记点进行高程测量，作为底座立模依据。

3 底座钢筋网现场绑扎时应符合下列规定：

1）底座钢筋的规格及型号应符合设计要求，半成品加工好后，分类存放，挂牌标识。

2）加工好的钢筋运输至施工地点，分类堆码在相应需用区域的线间。

3）钢筋安装前，按不少于 4 个/m^2 设置保护层垫块，并均匀分布，设置牢固。先铺设底座纵向钢筋再铺设横向钢筋，钢筋绑扎完毕后，严禁踩踏。

4）底座钢筋绑扎时应兼顾凹槽位置，不得影响凹槽模板安装。

4 底座和凹槽应采用钢模施工。根据弹出的模板边线，精确安装侧模板、结构缝端模板和凹槽模板。底座和凹槽模板安装应符合相关标准的规定。

5 底座混凝土施工应符合相关标准的规定。

6 底座及凹槽外形尺寸允许偏差应符合验收标准的规定。

11.3.4 工具轨轨排支撑架法轨排组装、调整及固定应符合下列规定：

1 25 m 标准轨轨排直铺法，轨排组装、调整及固定工艺流程见图 11.3.4。

2 测量放样应符合下列规定：

1）轨道中线控制点应依据 CPⅢ控制点进行测放，直线地段每隔 10 m、曲线地段每隔 5 m 测设并标记一个轨道中线控制点。

2）轨枕控制边线和道床板的纵、横向模板边线位置应以轨道中线控制点为基准进行放样。

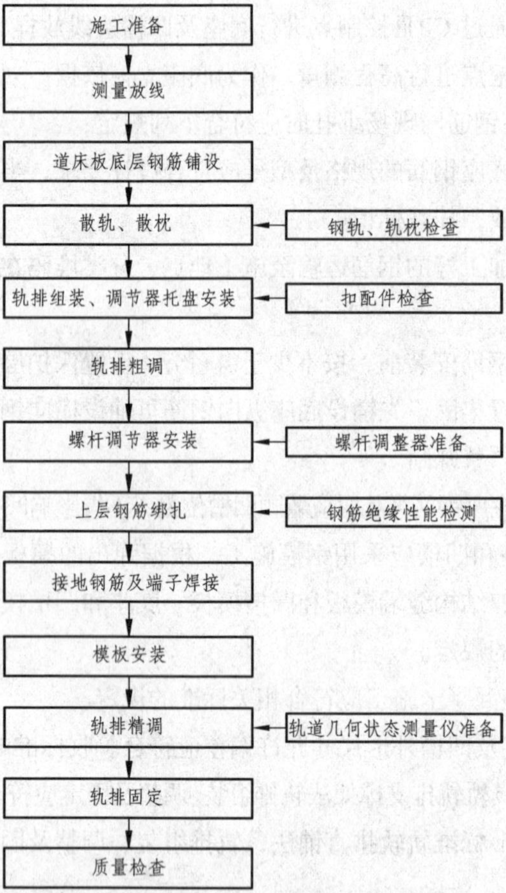

图 11.3.4　25 m 标准轨轨排直铺法 轨排组装、调整及固定工艺流程

3　道床板底层钢筋绑扎应符合下列规定：

1）道床板底层钢筋位置、数量及间距应符合设计要求，钢筋交叉点应按设计要求进行绝缘绑扎。

2）钢筋绑扎完成后，应在底层钢筋下设置混凝土保护层垫块，垫块数量不应少于 4 个/m^2，并应均匀分布，设置牢固。

3）钢筋搭接长度不应小于 70 cm，钢筋搭接接头位置相错量不应小于 1 m，同一截面钢筋搭接率不应大于 50%，搭接处采用绝缘卡进行固定。

4 散枕应符合下列规定：

1）散枕宜根据现场情况采用人工与机械配合施工。

2）作业前应进行设备组装调试、整备，检查设备状况，并调整好布枕间距。

3）布枕前应检查轨枕，轨枕桁架应无扭曲变形，承轨槽内干净无杂物。

4）散枕从轨枕垛依次吊取轨枕，将轨枕均匀散布到设计位置。

5）轨枕应按照布枕边线、垂直于线路散布。每钢轨长度单元复核一次轨枕纵向位置，控制散布轨枕的累计纵向误差，做出相应的调整。

6）轨枕散布后，检查尺寸偏差，对不合格的位置进行调整。轨枕铺设应垂直于线路，位置应符合设计要求，轨枕间距允许偏差为 ± 5 mm；轨枕沿线路中线偏差为 ± 10 mm。

5 轨排组装应符合下列规定：

1）25 m 标准轨使用时，应考虑钢轨不对称度、断面尺寸偏差等对轨道平顺性的影响，合理调整。

2）在轨腰上应明显标注轨枕标准位置。检查钢轨表面清洁度，将浮渣、锈斑等彻底清除干净。

3）铺设钢轨前，应再次检查确认轨枕承轨台上无异物。

4）按钢轨腰上标注的轨枕位置标记落轨、方枕、安装扣件，组装成轨排。

5）钢轨安装时应检查确保轨枕胶垫居中，扣件紧固时应保证扣压力达到设计要求，扣件各部位密贴。

6）轨排组装后应对轨距、轨枕间距、锚固螺栓扭矩、扣件弹条与轨底之间的间隙进行检查，轨距、轨枕间距允许偏差应符合表 11.3.4-1 的要求。

表 11.3.4–1 轨排组装允许偏差

序号	检查项目	允许偏差（mm）	附　　注
1	轨　　距	± 1	变化率不大于 1/1 000
2	轨枕间距	± 5	

6　螺杆调整器托盘安装应符合下列规定：

1）直线地段每隔 3 根轨枕、曲线地段每隔 2 根轨枕安装一对螺杆调整器托盘，同时应在轨排端头轨枕间安装一对螺杆调整器托盘。

2）螺杆调整器托盘安装前应清理干净并确保托盘伸缩灵活、居中。托盘安装时应检查插销与插孔对应位置正确，确保托盘与轨底密贴，各部螺栓紧固到位。

7　粗调后轨顶标高允许偏差为 – 5，0 mm；中线位置允许偏差为 5 mm。

8　轨排粗调完成后，相邻轨排应用钢轨连接夹具进行连接，轨缝宜控制在 10 mm ~ 30 mm。钢轨接头处应平顺，不得有错牙及错台。

9　铺设上层钢筋、绑扎道床板钢筋网应符合下列规定：

1）钢筋的规格、数量、位置正确，钢筋的搭接长度、保护层厚度应满足设计要求。

2）纵、横向钢筋及轨枕桁架交叉点均应绝缘绑扎牢固。

10 道床板钢筋接地焊接及绝缘性能检查应符合下列规定：

1）接地钢筋采用单面搭接焊，焊缝长度、宽度及高度应符合设计要求。

2）接地端子的焊接应在轨道精调完成后进行，端子表面应加保护膜，焊接时应保证其与模板密贴。

3）绝缘钢筋的绝缘电阻实测值应大于 2 MΩ。

11 模板安装应符合下列规定：

1）检查钢筋的保护层厚度应符合设计要求，允许偏差 0，+10 mm。

2）模板与混凝土接触面必须清理干净并涂刷脱模剂。

3）路基与桥梁及路基与隧道相接处，无砟道床应按设计要求设置横向伸缩缝，横向伸缩缝应设置通缝，并按设计要求做好防水处理。

12 轨排精调应符合下列规定：

1）采用轨道几何状态测量仪配合全站仪和螺杆调整器进行轨排方向、高低、水平精调。

2）所用轨道几何状态测量仪、全站仪、棱镜等均应满足精度要求，并定期校核准确。

3）使用至少 4 对 CPⅢ控制点自由设站，设站间距不得大于 70 m，两次设站至少重叠观测 2 对 CPⅢ点，设站精度应符合相关规定。

4）调整螺杆调整器，进行轨排轨向、高低和水平的调整。

5）每次精调时需与上次或前一站重叠至少 8 根轨枕，同一点位的横向和高程的相对偏差均不应超过 2 mm。精调过程中，应先调整偏差较大处，相邻几对螺杆调整器同时调整，调整时步调应协调一致。曲线地段调整时竖直和水平方向同时调整。

6）轨排精调到位后，应对轨排采取相应的措施进行加固，防止混凝土浇筑时轨排横向移位及上浮，并采集数据作为最终的精调数据。

7）轨排精调时气象及环境条件应符合相关标准的规定。

8）轨排精调好后，应及时浇筑混凝土。如间隔时间过长，或环境温度变化超过 15 °C，或受到外部条件影响，必须重新检查或调整轨排。

9）精调完成后轨道几何形位允许偏差应符合表 11.3.4-2 规定。

表 11.3.4–2　轨排精调后几何形位允许偏差

<table>
<tr><th>序号</th><th>项目</th><th>允偏差</th><th>备注</th></tr>
<tr><td rowspan="2">1</td><td rowspan="2">轨 距</td><td>+3 mm，－3 mm</td><td>相对于标准轨距 1 435 mm</td></tr>
<tr><td>1/1 000</td><td>变化率</td></tr>
<tr><td>2</td><td>轨 向</td><td>2 mm</td><td>弦长 10 m</td></tr>
<tr><td>3</td><td>高　低</td><td>2 mm</td><td>不包含曲线、缓和曲线上的超高值</td></tr>
<tr><td>4</td><td>水 平</td><td>2 mm</td><td>弦长 10 m</td></tr>
<tr><td>5</td><td>扭曲</td><td>2 mm</td><td>基长 3 m，不包含缓和曲线上由于超高顺坡所造成的扭曲量</td></tr>
<tr><td>6</td><td>与设计高程偏差</td><td>± 10 mm</td><td rowspan="2">站台处的轨面高程不应低于设计值</td></tr>
<tr><td>7</td><td>与设计中线偏差</td><td>± 5 mm</td></tr>
</table>

注：表中 a 为扣件节点间距，单位：m。

11.3.5 道床板混凝土施工应符合下列规定：

1 道床板混凝土施工工艺应符合要求。

2 轨排精确调整和固定完毕，验收合格后，方可逐段浇筑道床混凝土。

3 道床板混凝土浇筑除应符合相关标准外还应符合下列规定：

1）混凝土浇筑宜按“之”字形浇筑顺序进行均匀布料。

2）混凝土浇筑完成后应及时收面，收面分三次进行，在混凝土入模振捣后及时用木抹完成粗平，随后再用钢抹抹平，在混凝土初凝前进行第三次抹面。抹面时严禁洒水润面，应按设计要求设置排水坡，并严格控制道床板顶面的标高和平整度。

3）混凝土初凝后，应及时松开螺杆调整器、扣件和鱼尾板，释放钢轨温度应力。具体松螺杆调整器和扣件的时机需要根据施工环境温度提前试验确定。

4）当路基和隧道地段混凝土浇筑中断时间超过 24 h 时，应严格按设计要求对混凝土道床板接茬处进行处理。

4 混凝土浇筑完成后应及时进行覆盖洒水或喷养护剂养护，养护时间不宜少于 14 d。

5 拆除螺杆调整器、模板、轨排框架、或工具轨应符合下列规定：

1）拆除螺杆调整器、模板及轨排框架或工具轨的时间应通过工艺性试验确定，拆除时不得损坏道床板混凝土。

2）拆除模板和轨排框架后，立即对道床板侧面涂抹养护液进行养护。

6　混凝土道床板外形尺寸允许偏差应符合表 11.3.5 的规定。

表 11.3.5　混凝土道床板外形尺寸允许偏差

序号	检 查 项 目	允许偏差（mm）
1	顶面宽度	± 10
2	道床板顶面与承轨台面相对高差	5
3	中线位置	2
4	平整度	3/1 m
5	伸缩缝位置	10
6	伸缩缝宽度	± 5

11.4　道岔区原位组装式无砟轨道施工

11.4.1　道岔区原位组装式无砟轨道施工应满足下列要求：

1　枕式无砟道岔铺设工艺流程图见图 11.4.1。

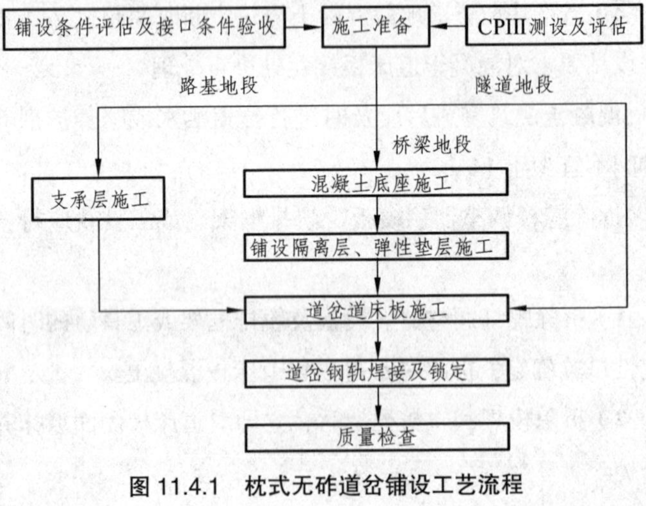

图 11.4.1　枕式无砟道岔铺设工艺流程

2　道岔区无砟轨道施工应根据实际情况合理配备施工机具。

3　道岔区及前后 50 m 的路基（桥梁或隧道）宜作为一个整体对沉降变形观测资料进行分析评估，工后沉降变形符合要求后方可进行无砟道岔铺设。

4　道岔道床施工前应调查当地气温、湿度资料，掌握气温、湿度、轨温变化规律，合理安排道岔精调和浇筑时间。道岔精调及浇筑温度宜接近设计锁定轨温。

5　道岔区无砟轨道施工应与区间正线、站线轨道工程施工相协调。

1）道岔区无砟轨道与区间正线及站线轨道之间应按设计规定设置过渡段。

2）道岔区无砟轨道无缝线路施工与跨区间无缝线路施工应协调进行。

6　道岔施工应配备施工经验丰富的道岔施工队伍，采用配套设备、机械化施工。

7　道岔铺设质量实行收件验收制度。

8　道岔的型号、质量应符合设计要求及相关技术条件的规定。

9　道岔的吊装、铺设应符合现行相关技术条件的规定。道岔在运输、装卸、存放和铺设过程中，应确保道岔部件不受损、不发生塑性变形。

10　道岔区排水设施应满足设计要求，并与站场排水设施配套完成。

11　道岔定位测量应依据复测后的轨道控制网 CPⅢ采用全站仪自由设站测设道岔控制基标、加密基标。道岔施工测量应符合现行《高速铁路工程测量规范》TB 10601 的规定。

12 道岔组装平台应根据道岔总布置图设计，具备组装及调试功能，保证道岔组装精度。

13 道岔支撑系统应稳固，具有一定的强度、刚度和稳定性。

14 渡线道岔应作为一个整体进行精调，一次浇筑完成。相邻道岔距离较近时也应进行联测，一起精调。

11.4.2 道岔轨排组装、调整及固定应符合下列规定：

1 道岔轨排组装、调整及固定工艺流程见图 11.4.2。

2 底座混凝土强度达到 75%后方可进行道岔铺设。

3 道岔基标应依据道岔铺轨设计图，利用控制基标测设道岔控制基标，然后利用道岔控制基标测设道岔加密基标。道岔控制基标及加密基标测设应符合《城市轨道交通工程测量规范》GB 50308 的规定。

4 道岔控制基标宜与站线轨道同时测设，误差调整应以道岔控制基标为基准进行。

5 按设计要求安放道床板底层钢筋，并同预埋钢筋绑扎固定，道床板底层钢筋绑扎应符合相关标准的规定。

6 道岔原位组装铺设应符合下列规定：

1） 原位组装法铺设道岔，应在设计道岔位置安装道岔原位组装平台，道岔原位组装平台安装前，先根据道岔线路中心线在底座混凝土表面弹墨线，放样定出组装平台纵梁位置，然后安装纵梁。

2） 纵梁顶面标高值按设计线路标高值返算确定，纵梁顶面标高调整到位后，进行固定。在纵梁上按岔枕间隔作标记。

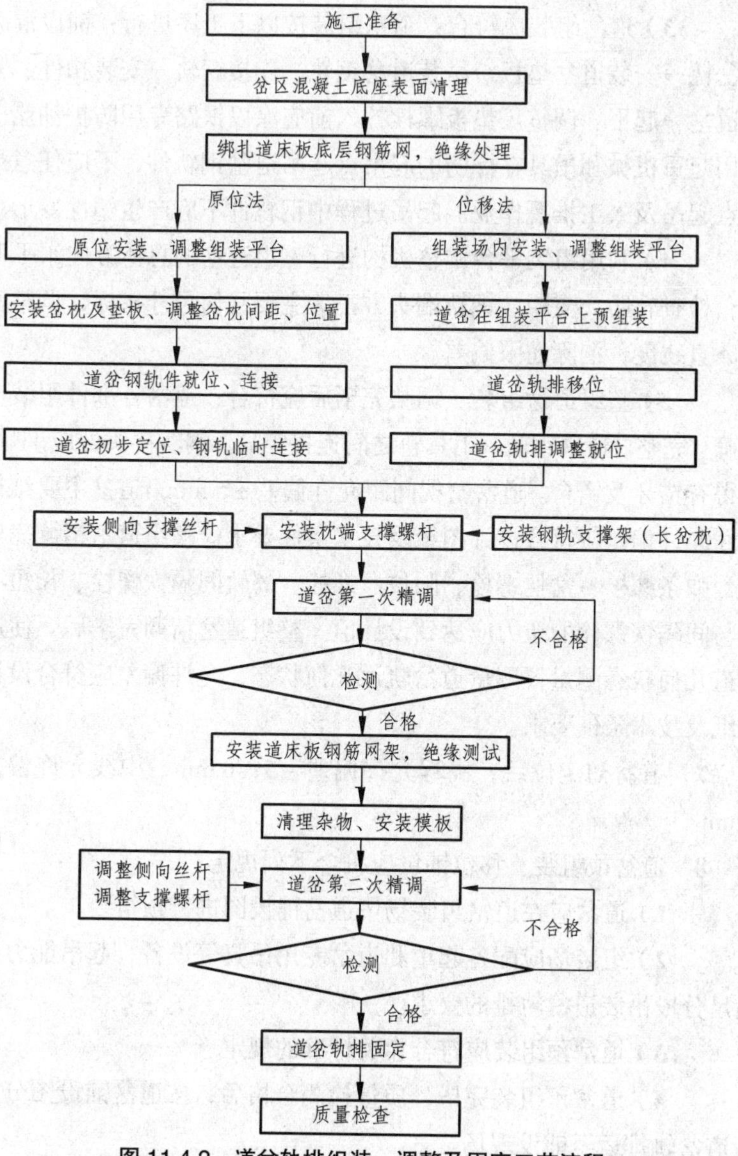

图 11.4.2　道岔轨排组装、调整及固定工艺流程

3）道岔组装应符合：道岔组装按以下工序进行：铺设混凝土岔枕→安装道岔垫板→吊装道岔钢轨、连接钢轨→安装扣件、紧固道岔→起平、调整。垫板螺栓拧入前应涂以铁路专用防护油脂。使用起重机械和吊具在标明的起吊点起吊道岔钢轨件，不应任意或单点起吊及人工推撬作业。起吊过程中钢轨件不应产生塑性变形。

4）利用组装平台调整机构进行整组道岔的总体方向水平调整，检查轨距、支距、钢轨端头方正等主要几何尺寸指标，调整密贴、直线度，消除超限偏差。

5）整组道岔组装、调整完毕后应符合：道岔各部件组装应正确、完整。道岔钢轨、工具轨之间连接牢靠，钢轨接头处应平顺，不得有错牙及错台。道岔岔枕间距允许偏差 ± 5 mm。道岔主要结构尺寸允许偏差应符合设计图纸及技术条件要求。整组道岔精调完毕后，弹条螺栓、岔枕螺栓、限位器螺栓、翼轨间隔铁螺栓、长短心轨与间隔铁螺栓的扭力应达到设计值。整组道岔精调完毕后，使用轨道几何状态测量仪测量道岔轨道几何状态，允许偏差应符合设计图纸及技术条件要求。

7 道岔初定位后，高程允许偏差 – 5，0 mm，中线允许偏差 5 mm。

8 道岔预组装、移位铺设应符合下列规定：

1）道岔应在道岔组装场按道岔铺设图进行预组装。

2）组装场应配备起重和道岔专用吊具等设备，起吊能力应满足分段吊装道岔轨排的要求。

3）道岔预组装应符合相关标准的规定。

4）道岔预组装完毕，质量检测合格后，按道岔铺设图分解为道岔轨排运至铺设现场。

5）道岔轨排应采用专用吊具和大型吊车分段吊装就位。

9 道岔精调应符合《 城市轨道交通工程测量规范》GB 50308 的相关规定。

10 道岔轨排精调好后，应及时浇筑混凝土。如间隔时间过长，或环境温度变化超过 15 °C，或受到外部条件影响，必须重新检查或调整道岔轨排。

11. 4. 3 道床板混凝土施工应符合下列规定：

1 道床板混凝土应由辙叉区向两端浇筑，其余施工应符合相关标准的相关规定。

2 道床板混凝土初凝后，应及时松开道岔支撑系统及除转辙器和可动心轨辙叉以外的钢轨扣件螺栓。

3 混凝土道床板外形尺寸应符合表 11.4.3-1 和表 11.4.3-2 的规定。

4 道床板排水坡坡面应平顺，坡度应不小于设计要求。

5 道床板混凝土达到一定强度后，恢复拧紧各扣件螺栓。

表 11.4.3–1 道床板外形尺寸允许偏差

序号	检查项目	允许偏差（mm）
1	顶面宽度	± 10
2	道床板顶面与承轨台面相对高差	± 5
3	中线位置	2
4	平整度	3/1 m
5	伸缩缝位置	10
6	伸缩缝宽度	± 5

表 11.4.3–2　转换设备基坑外形尺寸允许偏差

序号	检查项目	允许偏差（mm）
1	深度	± 10
2	宽度	± 5
3	轴线位置	2
4	轴线偏斜	5
5	平整度	2/1 m

11. 4. 4　道岔钢轨焊接及锁定应符合下列规定：

1　道岔内及两端钢轨接头宜采用铝热焊。铝热焊焊接接头质量应符合现行《钢轨焊接第 3 部分：铝热焊接》TB/T 1632.3 的有关规定。槽型轨铝热焊接头质量应符合现行《城市轨道用槽型钢轨铝热焊接质量检验标准》CECS 430。

2　道岔内钢轨焊接顺序应符合设计要求。

3　道岔内钢轨接头焊接时，焊缝宽度允许偏差 ± 2 mm。

4　焊接及锁定过程应采取措施始终保持限位器子、母块位置居中，两侧间隙差不应大于 0.5 mm。

5　无缝道岔与相邻单元轨节的锁定轨温差不应大于 5 °C。

6　钢轨焊头超声波探伤检查作业应符合下列规定：

1）每个钢轨焊头均应进行超声波探伤检查。探伤时焊接接头的温度不应高于 40 °C。当焊接接头的温度高于 40 °C 时，可浇水冷却，浇水冷却时的轨头表面温度应低于 35 °C。

2）焊接接头中的缺陷当量大于探伤灵敏度规定值时，应判定焊接接头不合格（判废）。

3）经探伤检查不合格者应锯切重焊。

7 每个钢轨焊接接头均应进行外观检查，焊头平直度允许偏差应符合表 11.4.4-1 规定，槽型钢轨焊接质量应符合表 11.4.4-2 规定。

表 11.4.4–1 焊接接头平直度允许偏差（mm/1 m）

序号	部位	允许偏差
1	轨顶面	0，+2
2	轨头内侧工作面	0，+0.3
3	轨底（焊筋）	0，+0.5

注：1 轨头内侧工作面中，符号“+”表示凹进。
2 轨底（焊筋）中，符号“+”表示凸出。

8 焊接结束后应复核几何形位。

9 不应在道岔区进行温度放散。道岔区两端与无缝线路的锁定焊接位置应距道岔不小于 24 m。

表 11.4.4-2 槽型钢轨铝热焊焊接接头质量要求

项目		要求
外观	平直度	垂直方向：0，0.3 mm，水平方向：－0.5，0.5 mm
	表面质量	表面不平度大于 0.2 mm，焊接接头及其附近槽型钢轨表面不应有裂痕，明显压痕、划伤、碰伤、打磨灼烧等伤损
超声波探伤		（1）轨头部分：不应大于或等于ϕ3 长孔当量； （2）轨腰部分：不应大于或等于ϕ3 竖孔当量； （3）轨底部分：不应大于或等于ϕ3-6 dB 竖孔当量； （4）缺陷当量比（1）（2）（3）固定的缺陷应小于或等于 3 dB，延伸长度不应大于 6 mm； （5）焊缝中不应存在裂纹，未焊合等面状缺陷
静弯	轨头受弯	$F \geqslant 1000$ kN，$f \geqslant 10$ mm
	轨头受拉	$F \geqslant 1000$ kN，$f \geqslant 10$ mm
疲劳		$F_{min} = 60$ kN，$F_{max} = 60$ kN
		支距：1.0 m，荷载循环次数 2×10^6
拉伸性能		$R_m \geqslant 780$ MPa
硬度	焊缝硬度	HP ± 20（HBW10：3 000）
	软化区宽度	$\alpha \leqslant 20$ mm
显微组织		焊缝、受热区域不应出现马氏体及魏式组织，焊缝显微组织应为珠光体加少量铁素体
断口		不应出现疏松、缩孔或由焊接引起的裂纹等缺陷；允许出现少量气孔，夹渣或夹砂等缺陷，最大尺寸为 2 mm 时，允许数量 1 个；最大尺寸为 1 mm 时，允许数量 2 个

注：HP 为焊接接头热影响区外两侧钢轨母材的平均硬度。

11.5 有砟道床施工

11.5.1 有砟道床施工应满足下列要求：

1 线路铺砟整道施工时，铺枕、铺轨作业区与铺砟整道作业区的距离不宜过长，铺轨后应及时组织上砟整道作业。施工宜采用铺设无缝线路的“流水作业法”。

2 有砟道床施工主要设备包括：道砟运输车、道砟摊铺机（装载机、压路机）等。

3 道砟等级应符合设计要求，道砟质量应符合《铁路碎石道砟》现行 TB/T 2140 标准的要求。

11. 5. 2 铺轨前预铺道砟应符合下列规定：

1 铺轨前预铺道砟宜双线一次铺设完成。

2 铺砟机械在施工中应遵循下列原则：

1）作业机械接地比压不应超过基床设计允许值，应避免对路基基床表层的扰动。

2）运砟车辆不应直接长距离频繁行驶在基床表层上。

3 摊铺机预铺道砟施工应符合下列规定：

1）摊铺机施工前，应预先选定摊铺机械的压实振动频率、摊铺厚度、摊铺速度等各项作业参数。

2）采用摊铺机预铺道砟时，应根据道砟摊铺高程，在路肩挂拉钢弦线，长度一般为 150 m ~ 200 m，每 10 m 设置一支点，并在两端用加紧器将钢弦拉紧。

4 机械碾压法预铺道砟施工。

铺砟前，应精确测量线路中线控制桩，测设标准为直线上每 50 m 一点，圆曲线上每 20 m 一点，缓和曲线上每 10 m 一点，并把中线点外移到线路的外侧。

5 预铺道砟（压实）厚度宜为 200 m ~ 250 mm，砟面平整度要求 20 mm/3 m，砟面中间不得凸起，可压出凹槽。

6　预铺道砟道床密度不应低于 1.6 g/cm^3。

11.5.3　分层上砟整道符合下列规定：

1　分层上砟整道施工工艺应符合要求，分层上砟整道最终应以线路达到初期稳定状态轨道标准为验收依据。

2　铺轨后应及时进行第一次上砟整道，确保线路稳定。

3　配砟整形作业：

配砟整形车在收放工作装置时，应选择线路比较平直的地段进行，在双线地段应与防护员联系。

4　起道、拨道、捣固作业宜在钢轨铺设轨温 −20 °C ~ +15 °C 范围内进行。

5　起道作业第一、二遍起道量不宜大于 60 mm，第三、四遍起道量不宜大于 50 mm。每次起道作业后轨枕头外侧应有一定数量的道砟，以保证轨道的稳定性。

6　拨道作业时，一次拨道量不宜大于 50 mm。

7　捣固作业应符合下列规定：

1）起道量 50 mm 以上时，宜选择双捣作业；起道量 50 mm 以下时，宜选择单捣作业。

2）枕下道砟厚度不足 150 mm 时，不得进行捣固作业。

8　动力稳定作业应符合下列规定：

1）每层道床起道、捣固作业后，应进行 1 ~ 2 次动力稳定作业。

2）从路基向桥上进行动力稳定时，应在上桥前 30 m 范围内把竖向荷载逐渐降低 50%，并在下桥后 30 m 范围内再把竖向荷载逐渐提高到原来的数值。隧道中采用在桥上同样的方法处理。稳定车在桥上进行动力稳定应避开桥梁自振频率，作业走行速度不得低于 1 km/h。

9 曲线外轨超高应分次起道达到设计值，并应在缓和曲线全长范围内均匀递减。

10 路基与桥梁、路基与隧道、新筑路基与既有线路基连接地段 30 m 范围及路基换填地段应加强捣固。

11 经分层上砟整道后，线路应达到初期稳定状态，并应符合以下规定：

1）轨道几何尺寸允许偏差应达到表 11.5.3 的要求。

表 11.5.3 轨道初期稳定静态几何尺寸允许偏差（静态）

序号	项 目	允许偏差（mm）
1	高低（10 m 弦量）	4
2	轨向（直线 10 m 弦量、曲线 20 m 弦量）	4
3	扭曲（基长 3 m）	4
4	轨距	± 2
5	水平	4

2）轨面高程及道床断面基本符合设计，轨枕盒内道砟应饱满、枕底满铺。

3）轨面高程宜比设计低 50 mm ~ 80 mm，轨道中线允许偏差为 20 mm。

4）道床状态参数指标：道床横向阻力不得低于 7.5 kN/枕；道床支承刚度不得低于 70 kN/mm。

11.5.4 停保基地或车辆段的有砟轨道线路应采用人工铺设、机械辅助方式实施，技术要求同上。

11.6 有砟道岔铺设

11.6.1 有砟道岔铺设应满足下列要求：

1 有砟道岔铺设施工工艺流程见图 11.6.1。

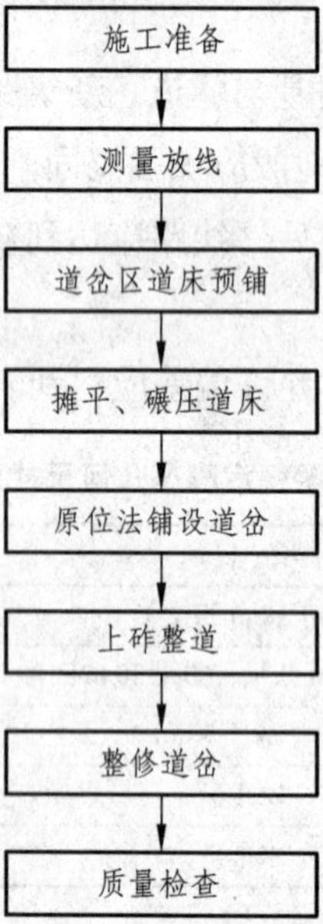

图 11.6.1 有砟道岔铺设施工工艺流程

2 道岔铺设位置及岔内钢轨相对位置应符合设计要求。

3 道岔组件及转换设备应在工厂预组装并验收，出厂时，制造厂应依据相关技术条件进行检验，并提供出厂合格证、铺设图和发货明细表等，按要求发运。

4 铺设前应核查托运单及装箱单所列的道岔零部件品种、规格及数量，并检查外观。

5 道岔铺设可采用原位铺设法（简称原位法）。

6　正线有砟道岔宜采用在原位直接铺设施工。与区间线路同时进行分层上砟整道作业。

7　道岔区线下工程施工完成，工程质量验收合格后方可进行道岔铺设。

8　铺岔前道床应平整密实，道砟材质、粒径级配应符合有关规定。

11.6.2　铺岔前预铺道砟应符合下列规定：

1　铺岔前预铺道砟工艺流程应符合要求。

2　预铺道砟前，应以CPⅢ控制点为依据，测设岔心、岔前、岔后、岔前100 m和岔后100 m控制基标。控制基标可采用刻有十字丝的钢筋制作，现场用混凝土包桩。

3　施工前应根据设计确定施工方法及工艺，其技术要求应符合相关规范及设计要求。

4　正线道岔预铺道砟应采用压强不小于160 kPa的机械碾压，密度不小于1.7g/cm^3。

5　砟面平整度用3 m靠尺检查，允许偏差为10 mm。

6　预铺道床厚度宜比设计小 80 mm ~ 100 mm。道岔前后各30 m范围应做好顺坡。

11.6.3　道岔铺设应符合下列规定：

1　道岔铺设可采用原位法。

2　道岔原位铺设组装平台搭设水平允许偏差应控制在±10 mm以内，不平的地方在木板与方钢之间用木楔找平。

3　道岔组装应符表11.6.3的规定。

表 11.6.3　道岔铺设主要结构尺寸允许偏差

序号	检测项目	允许偏差（mm）
1	轨距	±1，逐枕测量
2	支距	±1
3	尖（心）轨第一牵引点前与基本轨间隙	<0.5
4	尖（心）轨第一牵引点后与基本轨间隙	≤1.0
5	顶铁与尖轨或可动心轨轨腰的间隙	<1.0
6	尖轨轨底与滑床台、心轨轨底与台板的缝隙	<1.0
7	密贴状态下，尖轨轨底和辊轮的间隙△1	1≤△1<2
8	斥离状态下，尖轨轨底和滑床台板的缝隙△2	1≤△2<3
9	尖轨或心轨各控制断面（轨头宽度大于 15 mm）相对基本轨或翼轨顶面的降低值	±1.0
10	转辙器部分最小轮缘槽宽度	≥65
11	尖轨限位器两侧间隙值	±0.5（焊联前测量）
12	可动心轨辙叉第一牵引点处开口值	±1
13	心轨实际尖端至直股翼轨趾端的距离	0，+4
14	护轨轮缘槽宽度	−0.5，+1.0
15	岔枕铺设相对于直股的垂直度	牵引点两侧和心轨部分 4 mm，其余 10 mm
16	岔枕位置	±5
17	道岔全长	3 号道岔 ±10 mm，大于 6 号道岔 ±20 mm

4　道岔原位铺设轨排组装完成后，道岔起升宜采用专用升降设备同步起落，不得影响道岔几何形位的变化。

11.6.4 道岔铺砟整道应符合下列规定：

1 道岔铺砟整道工艺流程应符合要求。

2 道岔铺砟整道应符合下列规定：

1）道岔铺设到位后，采用起道机将道岔整组起平，采用规定等级的水准仪测量道岔整体标高，起平后的道岔标高宜低于设计标高 50 mm。

2）道岔结构尺寸调整时，应兼顾对应点的方向和轨距，实现综合调整，调整后道岔内轨距允许偏差应控制在 ± 1 mm 范围内，轨距变化率不应大于 1/1 500。支距允许偏差应控制在 ± 1 mm 范围内。

3）在道岔捣固车捣固前应根据 CPⅢ轨道控制网和加密基桩对道岔区及两端线路整体平顺性进行人工整治，保证道岔内高低允许偏差不大于 5 mm/10 m 弦。轨向允许偏差不大于 3 mm/10 m 弦。水平允许偏差不大于 2 mm。

11.6.5 道岔钢轨焊接及锁定应符合本标准第 11.4.4 条的规定。

11.7 无缝线路施工

11.7.1 无缝线路施工应符合下列规定：

1 无缝线路施工基本工艺流程图见图 11.7.1。

2 无缝线路铺设前应做好施工准备。

3 无缝线路施工设备的性能应满足施工工艺和进度要求。

4 施工前应调查当地气温资料，掌握轨温变化规律，合理安排施工组织。

5 铺轨作业区与单元轨节锁定作业区之间的距离不宜太长。

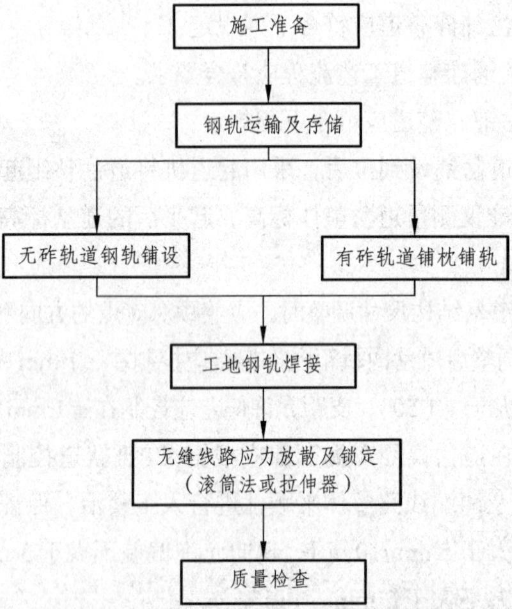

图 11.7.1　无缝线路施工基本工艺流程

6　单元轨条左右股焊接接头相错量不应大于 100 mm。

7　钢轨焊接、探伤人员需持证上岗。

8　钢轨闪光焊接型式检验应符合现行《钢轨焊接第 2 部分：闪光焊接》TB/T 1632.2 相关规定，未经型式检验合格，严禁施焊。

9　批量焊接生产过程中，应按现行《钢轨焊接第 2 部分：闪光焊接》TB/T 1632.2 相关规定进行生产检验，检验合格后方可继续生产。

10　每个钢轨焊头均应进行超声波探伤和外观检查，并标记编号，填写焊接记录报告。

11　工地钢轨焊接宜采用移动式闪光焊接。道岔内及两端钢轨接头宜采用铝热焊。

12 施工环境温度低于 0 ℃ 不宜进行工地焊接。刮风、下雨天气焊接时，应采取防风、防雨措施。

13 施工环境温度低于 10 ℃ 时，焊前应用火焰预热轨端 0.5 m 长度范围，预热温度应均匀，钢轨表面预热升温为 35 ℃ ~ 50 ℃，焊后应采取保温措施。

14 焊后推凸，焊渣不应划伤或挤入母材。推凸余量：焊接接头轨头、轨底及轨底顶面斜坡不应大于 1 mm，其他位置不应大于 2 mm。

15 工地钢轨焊接应符合钢轨布置图。

16 铺轨时应加强对道床成品的保护，扣配件装卸应避免砸坏道床和承轨槽。

11.7.2 工地 25 米钢轨闪光焊接应符合下列规定：

1 工地 25 米钢轨闪光焊接施工基本工艺流程应符合要求。

2 工地 25 米钢轨闪光焊接应配有移动式闪光焊接作业车、拉轨器、锯轨机、钢轨打磨机、正火机、调直机、探伤仪等设备。

3 工地 25 米钢轨闪光焊接应符合下列规定：

1）通过型式检验确定工艺参数。

2）拆除待焊轨头前方钢轨全部及轨头后方 10 m 范围内的扣件，并校直钢轨。

3）打磨两待焊轨轨端和焊机电极钳口的轨腰接触区，呈现光泽后方可施焊。

4）承受拉力的焊缝，在其轨温高于 300 ℃ 时应持力保压。焊缝区域冷却到 400 ℃ 以下时，焊轨作业车方可通过钢轨焊头。

5）作业车焊完后，应用相应机具对钢轨焊缝进行正火、打磨、平直度检查和超声波探伤等。

6）正火应在焊接接头不受拉力的条件下进行。焊接接头温度低于 500 °C（轨头表面）时方可正火加热，移动式闪光焊接焊头可采用气压焊加热器火焰摆动方式加热，加热宽度宜控制在 50 mm ± 10 mm 范围内，加热温度应控制在 850 °C ~ 950 °C，轨头冷却宜采用自然冷却。

7）焊缝及焊缝中心线两侧各 450 mm 长度范围内的轨顶面、轨头内侧面应使用仿形打磨机精细打磨，打磨时焊头温度不宜大于 50 °C。

4 工地 25 米钢轨闪光焊接接头超声波探伤应符合相关标准的规定。

5 工地 25 米钢轨闪光焊接接头平直度允许偏差应符合相关标准的规定。

6 工地 25 米钢轨闪光焊接完成后应做好以下工作：

1）检查焊好的接头，并打上焊接标记，填写焊接记录报告。

2）线路恢复时，扣配件应安装正确、配件齐全。

3）将轨道恢复到正常状态并清理焊接现场。

11. 7. 3 无缝线路应力放散及锁定符合下列规定：

1 无缝线路应力放散及锁定可采用拉伸器滚筒法或滚筒法，应符合下列规定：

1）当施工作业时的轨温低于设计锁定轨温时，应采用拉伸器滚筒法施工。

2）当施工作业时的轨温在设计锁定轨温范围内时，应采用滚筒法施工。

2 无缝线路应力放散及锁定施工前应做好施工准备。

3 钢轨位移观测桩设置应符合下列规定：

1）位移观测桩应按设计设置。单元轨节起终点的位移观测桩宜于单元轨节焊接接头对应，纵向相错量不应大于 30 m。位移观测桩应与电务设备错开。

2）位移观测桩应设置齐全、牢固可靠、易于观测和不易破坏。

3）路基上位移观测桩埋设深度应符合设计要求。

4）桥上位移观测桩可设置于桥梁固定支座附近稳固的桥面挡砟墙上，设置高度高于轨面 50 mm ~ 100 mm，标记必须稳固、耐久、可靠、便于观测。

5）位移观测桩位置、编号及观测记录应列入竣工资料。

4 无缝线路锁定应具备下列条件：

1）按设计要求设置钢轨位移观测桩。

2）施工轨温应在设计锁定轨温范围以内或以下时施工。

3）有砟道床应达到初期稳定状态，轨道质量应符合相关标准的规定。

5 无缝线路应力放散及锁定施工作业应符合下列规定：

1）线路锁定前应掌握当地轨温变化规律，根据作业区段的时间间隔，选定锁定线路的最佳施工时间。

2）测量轨温时，要对钢轨的不同位置进行多点测量，取其平均值。

3）放散应力时，应每隔 100 m 左右设一临时位移观测点观测钢轨的位移量，及时排除影响放散的障碍，达到应力放散均匀、彻底。

4）钢轨拉伸量由下式计算：

$$\Delta L = \alpha \cdot L \cdot \Delta t$$

式中 ΔL——单元轨节拉伸量（mm）；

α——钢轨线膨胀系数 0.011 8[mm/(m · °C)]；

L——单元轨节长度（m）；

Δt——设计锁定轨温与锁定作业轨温之差（°C）。

5）线路锁定后，应立即在钢轨上设置纵向位移观测的"零点"标记，按规定开始观测并记录钢轨位移情况。

6）拉伸器撤除后，已锁定单元轨节自由端会产生回缩量，下一单元轨节拉伸锁定时，应将该回缩量计入单元轨节拉伸量。

7）锁定日期及实际锁定轨温应列入竣工资料。

6 无缝线路缓冲区设置作业应满足下列要求：

1）缓冲区接头应方正，左右股轨端相错量不应大于 40 mm。

2）缓冲区应与相邻单元轨节同时锁定，接头预留轨缝应符合设计规定，接头螺栓涂油，安装齐全，螺母扭矩应达到 900N · m。

3）缓冲区钢轨接头轨面及内侧工作边要求平齐，偏差不超过 0.5 mm。

7 无缝线路锁定应符合下列规定：

1）无缝线路实际锁定轨温应控制在设计锁定轨温范围内。

2）无缝线路锁定时应准确确定并记录锁定轨温。相邻单元轨节锁定轨温之差不应大于 5 °C，左右股锁定轨温之差不应大于 3 °C，同一区间内的单元轨节最高与最低锁定轨温之差不应大于 10 °C。

3）胶垫应放正无缺损，扣件安装齐全，扣压力符合设计要求。

8　无缝线路有下列情况之一者，应重新放散调整应力后锁定线路，使其符合设计要求，并按实际锁定轨温及时修改有关技术资料和位移观测标记。

1）实际锁定轨温超出设计锁定轨温范围。

2）相邻单元轨节锁定轨温之差大于 5 °C。

3）左右股锁定轨温之差大于 3 °C。

4）同一区间内的单元轨节最高与最低锁定轨温之差大于 10 °C。

5）固定区位移观测桩处最大位移量大于 10 mm 或锁定轨温变化大于 ± 5 °C。

6）因处理线路故障或施工改变了原锁定轨温，使之超出设计锁定轨温范围。

7）施工时因故未按设计锁定轨温锁定线路。

9　无缝线路完工后，应备齐下列资料：

1）平面布置图及配轨图表。

2）铺轨日期、时间与实际锁定轨温记录。

3）工地移动闪光焊机焊接记录表（附录 A）、铝热焊接记录表（附录 B）及工地钢轨焊接接头超声波探伤记录（附录 C）。

4）无缝线路单元轨应力放散拉伸情况记录表（附录 D）。

5）无缝线路纵向位移观测记录表（附录 E）。

6）铺轨编号与焊缝编号对照表（附录 F）。

7）无缝线路基本技术状况登记表（附录 G）。

8）其他技术资料。

11.7.4　钢轨胶接绝缘接头应符合下列规定：

1　工地钢轨胶接绝缘接头施工工艺流程见图 11.7.4。

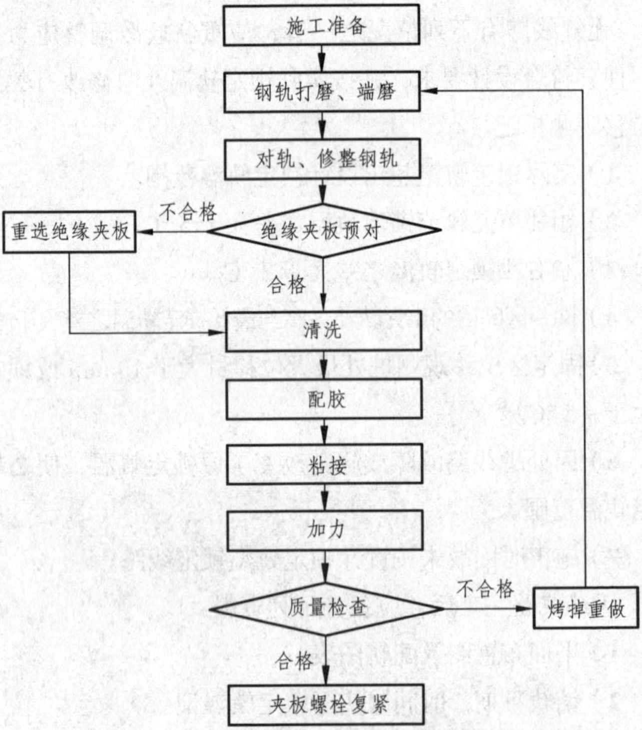

图 11.7.4　工地钢轨胶接绝缘接头施工工艺流程

2　钢轨胶接绝缘施工前应做好施工准备。

3　工地钢轨胶接绝缘接头施工宜在设计锁定轨温的范围内进行。

4　工地钢轨胶接绝缘接头施工准备应符合下列规定：

1）绝缘接头处钢轨平直度允许偏差不大于 0.3 mm/1 m。

2）检查轨端有无低塌、轨头剥离、掉块或锈蚀等现象。

3）钢轨胶接端的端面垂直度偏差及水平偏差均不大于 0.15 mm。

4）根据绝缘接头夹板螺栓孔尺寸，在钢轨上打孔，螺栓孔直径及间距允许偏差 ± 0.5 mm。

11.7.5 钢轨打磨、端磨作业应符合下列规定：

1 用轨端打磨机打磨钢轨端面，要求平整，并从轨头向轨底稍微偏斜 0.10 mm ~ 0.15 mm。

2 用角磨机打磨钢轨，要求距轨端 600 mm 粘接范围彻底除锈，粘接面完全露出金属光泽，无任何锈点。应用镜子检查轨颚部位的打磨情况，防止疏漏。

3 轨顶、轨头侧面及螺栓孔按 45° 角倒角，倒角宽度 1 mm ~ 2 mm，并用砂布打磨达到光滑。

4 用对轨架对待粘接轨，调整轨缝，绝缘接头轨缝为 6 mm。轨头侧面允许有 ± 0.3 mm 偏差，并将钢轨位置牢靠固定。

5 绝缘夹板预对应符合下列规定：

1）预对前用毛刷将粘接面和夹板绝缘层清理干净。

2）用加力扳手将螺栓扭力加到 1 000 N · m。

3）用兆欧表测量两粘接钢轨的轨头与轨头、轨头与夹板间的电阻值大于 300 MΩ时方能使用。

6 粘接作业应符合下列规定：

用刮刀在钢轨和夹板的贴合面上涂胶，要求均匀无遗漏，厚度 1 mm。

7 用测力扳手由中间向两端按规定顺序拧紧螺栓，要求扭力矩全部达到 1 000 N · m，并用道钉锤敲打夹板下沿，再复紧螺栓，反复敲打夹板，反复依次复紧螺栓 3 次。从和胶到紧完螺栓时间不得超过 16 min。

8 胶接完立即用兆欧表测量绝缘接头电阻值，大于 10 MΩ为合格，并做好记录。

9 胶接完 1 h 后进行第一次复紧，接头过 3 趟车后立即进行第二次复紧，上线 24 h 后进行第三次复紧。

10 钢轨交接绝缘接头质量检验应符合下列规定：

1）两股钢轨的绝缘接头应相对铺设，绝缘轨缝绝缘端板宜设于两承轨台中央，距承轨台边缘不应小于 100 mm。

2）电绝缘性能：潮湿状态，在端板处浇水（约 5 L），用兆欧表测量电阻值应大于 1 000 Ω。不合格应烤掉重做。

3）工地钢轨胶接绝缘接头外观质量允许偏差应满足表 11.7.5 的规定。

表 11.7.5 工地胶接绝缘接头外观质量允许偏差

序 号	部 位	允许偏差 mm/1 m
1	轨顶面	0，+0.2
2	轨头内侧工作面	−0.2，0

11 厂制钢轨胶接绝缘接头应符合下列规定：

1）胶接绝缘接头各项技术性能应符合胶接绝缘接头的相关技术要求，并具有型式检验合格证明书。

2）胶接绝缘钢轨的钢厂、钢种、轨型应与线路钢轨相同。

3）用于制作胶接绝缘接头的钢轨，应经过探伤检查，并应采用同一根钢轨锯开胶接。道岔内胶接绝缘钢轨长度按设计配轨要求确定。胶接端的端面垂直度偏差及水平偏差均不大于 0.15 mm。对轨后用 1 m 直尺检查：轨顶允许偏差 0，+0.2 mm，轨头侧边允许偏差 ±0.3 mm。胶接绝缘钢轨全长范围内不得有硬弯。

12 厂制钢轨胶接绝缘接头铺设应符合下列规定：

1）钢轨胶接绝缘接头铺设（焊接）前应按规定测定其电绝缘性能。

2）搬运、铺设、焊连钢轨胶接绝缘接头时严禁摔、撞。

3）铺设质量要求应符合相关标准的规定。

11.8 线路标志

11.8.1 正线应按设计需要设置下列线路标志：公里标、半公里标、曲线标、坡度标、桥梁标等。

11.8.2 线路标志的材质、规格、图案字样均应符合铁路线路标志图集的相关要求。

11.8.3 各种标志的数量、位置、高度及标志的方向应符合设计要求，标志应设置牢固。

11.8.4 各种标志应设置端正，涂料色泽鲜明，图像字迹清晰、完整。

11.9 施工质量验收

11.9.1 轨道施工的以下项目应进行中间检验，并符合相关规定：

1 钢轨、道岔及配件的材质、规格、品种及钢轨焊接质量；

2 施工测量控制网；

3 轨道架设及轨枕或短轨（岔）枕安装；

4 轨道精度调整；

5 混凝土预制构件、现浇混凝土材质、配合比、模板支立、混凝土灌注及试件制作。

11.9.2 轨道床竣工验收应符合下列规定：

1 混凝土强度应符合设计规定，并应无蜂窝、麻面和漏振。表面清洁，平整度允许偏差为 3 mm。变形缝直顺，在全长范围内允许偏差为 10 mm。

2 外露轨枕或短轨（岔）枕、接触轨预制底座的棱角应完整无损伤，预埋件位置正确。

3 水沟直（圆）顺；沟底坡与线路坡度一致并平顺，流水畅通，允许偏差为：位置 ± 10 mm，垂直度 3 mm。

11.9.3 轨道的钢轨和道岔，其扣件、接头夹板螺栓应拧紧并涂油。

11.9.4 轨道钢轨竣工验收，其精度应符合下列规定：

1 轨道中心线：距基标中心线允许偏差为 ± 3 mm。

2 轨道方向：直线段用 10 m 弦量，允许偏差为 2 mm；曲线段用 20 m 弦量正矢，允许偏差应符合表 11.9.4 的规定。

表 11.9.4 轨道曲线竣工正矢允许偏差（mm）

曲线半径（m）	缓和曲线正矢与计算正矢差	圆曲线正矢连续差	圆曲线正矢最大最小值差
25 ~ 50	3	6	9
51 ~ 100	3	12	18
101 ~ 200	3	6	9
201 ~ 250	6	12	18
251 ~ 350	5	10	15
351 ~ 450	4	8	12
451 ~ 650	3	6	9
> 650	3	4	6

3 轨顶水平及高程：高程允许偏差为±2 mm；左右股钢轨顶面水平允许偏差为 2 mm；在延长 18 m 的距离范围内应无大于 2 mm 三角坑。

4 轨顶高低差：用 10 m 弦量不应大于 2 mm。

5 轨距：允许偏差为 – 2，+3 mm；变化率不大于 1‰。

6 轨底（顶）坡：1/30，1/50。

7 轨缝：允许偏差为 – 2，+1 mm。

8 钢轨接头：轨面、轨头内侧应平（直）顺，允许偏差为 1 mm。

11. 9. 5 轨道道岔竣工验收，其精度应符合下列规定：

1 里程位置：允许偏差为 ± 20 mm。

2 导曲线及附带曲线：导曲线支距允许偏差为 2 mm；附带曲线用 10 m 弦量正矢为 2 mm。

3 轨顶水及高程：全长范围内高低差不应大于 3 mm，高程允许偏差为 ± 2 mm。

4 转辙器必须扳动灵活，尖轨与基本轨密贴，其间隙不应大于 lmm；尖轨尖端处轨距允许偏差为 ± 1 mm。

5 护轨头部外侧至辙岔心作用边距离允许偏差为 0，+3 mm；至翼轨作用边距离允许偏差为 – 2，0 mm。

6 轨面应平顺，滑床板在同一平面内。轨撑与基本轨密贴，其间隙不应大于 1 mm。

7 其他精度应符合相关标准的规定。

11. 9. 6 轨道线路验收合格后应进行通车试验，其运行速度：第一次为 15 km/h，第二次为 25 km/h，第三次为 45 km/h。

11. 9. 7 工程验收应提供下列资料：

1 原材料、配件、混凝土构件等出厂合格证及验收记录；

2 各种试验报告和质量评定记录；

3 钢轨焊接及检验记录；

4 隐蔽工程验收记录；

5 工程测量定位记录；

6 轨道锁定记录；

7 建筑和设备限界、轨距、高程、位置检验记录；

8 图纸会审记录、变更设计或洽商记录；

9 开竣工报告；

10 竣工图。

12 供电系统

12.1 一般规定

12.1.1 本章节适用于交流供电额定电压为35 kV及以下的变电所和电缆，直流牵引电网（额定电压为750 V或1 500 V架空接触网），1 kV及以下配线、动力电控设备安装施工及验收。

12.1.2 检验、安装和调试用的各类测量、计量、安全、运输等工器具，应检定合格，使用时间在有效期内，使用前进行校核。

12.1.3 户内（含隧道）作业前应满足下列要求：

1 设备房屋及孔洞的位置尺寸应符合设计要求。

2 安装组合电器（GIS）基础预埋件的区域应保持水平平整。

3 预留夹层、管道、通道、承力面应符合设计要求。

4 室内管线布置应符合设备施工和运行安全的距离要求，带电设备正上方不得穿越风、水管。

5 接地点及接地电阻值符合设计要求，经有相应资质的检测单位试验确认。

12.1.4 户外（含桥梁）作业前应满足下列要求：

1 设备基础的外形尺寸应符合设计要求，基础面偏差应在0～+20 mm间，纵横轴线中心位置应在±10 mm间，基础表面平整光洁、棱角完整，无跑浆、露筋等缺陷。

2 基础地脚锚栓间距应与柜体连接孔距相符，基础上安装的绝缘地脚锚栓不得与基础钢筋相连。

3　预留沟槽管道、承力面应符合设计要求。

4　接地点及接地电阻值符合设计要求，经有相应资质的检测单位试验确认。

12.1.5　接地（PE）或接零（PEN）支线必须单独与接地或接零干线相连，不得串联连接。

12.1.6　接地连接前应清除接触表面的附着物和铁锈。

12.1.7　设备装卸和运输前，应调查路线情况，制定安全运输措施。在装卸和运输过程中，不应有严重冲击或振动。干式变压器在运输途中应有防雨措施。电气设备在运输、保管期间应防止受潮、倾倒或遭受机械损伤，并应满足产品的相关技术要求。

12.1.8　变电所受电启动方案及送电开通程序应经建设部门或开通领导小组的批准，方可实施；参加受电启动和送电开通的各方应严格遵守。

12.1.9　受电前应用兆欧表再次测量变压器、断路器的绝缘电阻。按照设计正式定值核对各保护装置或整定器件的定值。

12.1.10　接触网预配件、零件中所有螺栓应采用力矩扳手紧固，用于配合紧固的扳手应为专用扳手，严禁使用活口扳手。

12.1.11　供电系统的施工及验收，除按本标准执行外，尚应符合国家现行的有关强制性标准的规定。

12.2　变电站

12.2.1　设备基础上的预埋件、预留孔和预留洞均不得遗漏，且应安装牢固，其偏差应符合表 12.2.1 的规定。

表 12.2.1 预埋件和预留孔洞的允许偏差

项　目		允许偏差（mm）
预埋钢板中心线位置		3
预埋管、预留孔中心线位置		5
插　筋	中心线位置	5
	外露长度	0，+10
预埋螺栓	中心线位置	2
	外露长度	0，+10
预留洞	中心线位置	10
	尺寸	0，+10

12.2.2 设备运达现场应进行检查，其质量应符合下列规定：

1 柜及柜内各装置、元器件的规格、型号应符合设计及相关产品标准要求；二次回路接线、端子排列正确，背面（安装）接线图图物相符。接线图与设计施工图互相一致。

2 柜体无破损、变形，面漆涂层完整，无锈蚀及损伤等缺陷。

3 充气部件应无渗漏、气体充至规定压力值；绝缘部件不得有变形、受潮，绝缘体表面应光滑、无裂纹和破损。

12.2.3 设备的安装位置、安全净距符合设计要求。设备组合必须按照厂家图纸由厂家或者厂家指导拼接和充气，保证气密、电气通路等各项指标符合要求、设备排列整齐。允许偏差不超过表 12.2.3 的规定，有产品或者设计明确特殊要求时，以最严格标准为限。

表 12.2.3 屏、柜、箱安装允许偏差

项 目		允许偏差（mm）
垂直度（每米）		<1.5
水平度	相邻两柜顶部	<2
	成列柜顶部	<5
不平度	相邻两柜面	<1
	成列柜面	<5
柜间接缝		<2

12.2.4 设备安装后，气压符合要求，各装置、元器件、端子排、柜门等应完好无损，功能正常，操作顺畅，固定牢靠，布局美观；其接线可靠，标签齐全准确，回路符合设计要求。

12.2.5 引入柜内的电缆应排列整齐、固定牢固、编号清晰、避免交叉；柜内及电缆夹层的电缆不应有接头。强弱电回路的电缆应分别成束分开排列。设备各相色应正确、清晰，A、B、C 相相色依次为黄绿红，柜面板上的模拟母线的标志颜色宜一致。

12.2.6 二次回路接线符合设计和产品要求，导通良好；所有孔洞应按设计要求封堵，外表平滑方正。

12.2.7 设备采用非绝缘法安装，柜体应直接可靠接地。接地母排至少应在不同的两点与接地干线连接，各接触面进行除锈、除漆等技术处理。

12.2.8 设备采用绝缘法安装并经框架泄漏保护接地，各接触面进行除锈、除漆等技术处理。绝缘垫厚度 d 符合设计要求，一般 3 mm≤d≤5 mm，垫于柜底下面积宜超过柜周围 10 mm ~ 20 mm。

安装后对设备外壳进行绝缘试验，用 2500 V DC 兆欧表测量对地绝缘>1 MΩ；非带电部分需接地时，应符合设计要求。

12. 2. 9 整流变压器和配电变压器应按《电气装置安装工程 电气设备交接试验标准》GB 50150 完成下列试验：

1 测量绕组连同套管的直流电阻；

2 检查变压器的接线组别和极性；

3 检查所有分接头的电压比；

4 测量与铁心绝缘的各紧固件（连接片可拆开者）及铁心（有外引接地线的）绝缘电阻；

5 测量绕组连同套管的绝缘电阻、吸收比或极化指数；

6 变压器绕组变形试验；

7 绕组连同套管的交流耐压试验。

12. 2. 10 交流高压开关柜等采用非绝缘安装的设备在组装完成后，应按《电气装置安装工程 电气设备交接试验标准》GB 50150 完成下列试验：

1 测量主回路的导电电阻；

2 主回路的交流耐压试验；

3 设备操动试验和保护、自投、故障记录功能验证。

12. 2. 11 直流开关柜等需绝缘安装设备组装完成后，应按《电气装置安装工程 电气设备交接试验标准》GB 50150 完成下列试验：

1 测量主回路的导电电阻；

2 测量绝缘电阻，绝缘安装设备应测试框架绝缘；

3 主回路的交流耐压试验；

4 设备内可分离元件的单体试验；

5 保护装置、元件动作值校验和整定；

6 元件报警、动作情况检查；

7 设备操动试验和保护、故障记录功能验证。

12.2.12 交直流电源装置应按合同、设计要求和厂家原理图完成下列测试：

1 检查各装置全部功能，模拟验证动作和信号输出；

2 检查各馈出回路中回路的相序、输出电压和各元件的功能。

12.3 接触网

12.3.1 设备、器材运达现场应进行检查，并符合下列规定：

1 水泥、砂石料、钢筋、地脚螺栓等材料其品种、规格、型号、质量应符合相关标准并与所配制混凝土的等级相适应。商品混凝土应有合格试验报告。

2 钢柱焊缝牢靠，镀锌表面应连续完整，具有实用性光滑，不允许有锌刺、滴瘤和多余结块。

3 金具、零配件表面光滑，无裂纹，线夹与线索接触面应平滑、平整；热浸镀锌的零件，锌层均匀，无剥落、漏镀、锈蚀现象。

4 线材表面应清洁、光滑，不应有硬弯、扭曲、折边、裂纹、毛刺、擦伤等。

5 绝缘子各项试验报告、合格证齐全，伞套外观检查无开裂。

6 隔离开关瓷柱应光滑、无裂纹，各部件连接牢固可靠，转动部分灵活。

7 避雷器瓷件外观检查良好，不允许有开裂，内部元件无松动。

8 分段绝缘器配件按要求配齐、连接牢固，绝缘滑道表面光滑、平直、无裂纹、无机械损伤，接头线夹外表面光滑，平直无弯曲、无裂纹。

12.3.2 化学锚栓钻孔孔位应避开接缝处、漏水点及对其混凝土强度不确定的地带，孔位的纵向位置、孔径、垂直度、深度及间距等应符合设计要求。

12.3.3 施工前应按设计文件对支柱杆位进行定测，跨距允许调整范围一般为 – 2 m ~ +1 m，调整后的跨距不得大于设计允许最大跨距。

12.3.4 支柱安装应符合下列规定：

1 支柱侧面限界符合设计要求，允许误差 ± 10 mm。

2 同一组软、硬横跨两根支柱中心连线应垂直于线路中心线，施工偏差不应大于 3°。

3 支柱承载后应直立或向受力反侧略有倾斜，施工允许偏差符合表 12.3.4 的规定。

表 12.3.4 钢柱倾斜允许偏差（从基础面算起）

项 目	允许偏差
钢柱顺线路方向应直立	0.2%
接触网锚柱向补偿器反侧倾斜	0 ~ 1%
硬横梁钢柱顺、横线路方向均应直立	0.3%
曲线段钢柱应向曲线外侧倾斜	0.3% ~ 0.5%

12.3.5 支持结构安装应符合下列规定：

1　支柱装配应符合下列规定：

1）箱体结构应水平安装，箱体垂直线路中心，误差不超过1°，受力后无弯曲。

2）腕臂结构应水平安装，允许偏差 ± 20 mm；平均温度时应垂直于线路中心，温度变化时的偏移不应大于计算值。

3）箱体、底座与支柱密贴，底座槽钢（角钢）呈水平，支持装置各部件处在同一垂面内（不包括定位装置）。顶端管帽封堵良好。

2　硬横梁的安装高度应符合设计要求，施工偏差 0 ~ +100 mm。硬横梁与支柱结合密贴，连接牢固可靠，螺栓紧固力矩应符合设计要求。硬横梁呈水平状态，梁的挠度符合设计要求。

3　软横跨定位索底座、抱箍安装高度应符合设计要求，软横跨受力后，固定索及定位索应水平，允许有轻微负弛度；横向承力索及定位索不得有接头；电分段绝缘子宜在同一垂直平面内，股道间横向电分段绝缘子应位于股道中心。

4　定位装置应符合下列规定：

1）滑动式弹性悬挂装置安装应符合设计要求，平均温度时应垂直于线路中心线，温度变化时，滑轨偏移量与接触线在该点的伸缩量一致。滑动式弹性悬挂装置安装应保证定位线夹处导线工作面与轨面连线平行，螺栓紧固力矩符合设计要求。

2）定位器安装应符合设计要求，平均温度时应垂直于线路中心线，温度变化时，偏移量与接触线在该点的伸缩量一致，最大偏角不超过 18°。定位器倾斜度应保证定位线夹处导线工作面与轨面连线平行。

12.3.6 接触线架设下锚张力补偿装置应符合设计要求，无扭转、硬弯、断裂等现象。接触线不允许有接头，交叉处正线及重要线的接触线应在下方，侧线及次要线的接触线应在上方。

12.3.7 补偿装置安装应符合下列规定：

1 弹簧补偿装置安装应符合下列规定：

1）接触线在补偿器处的额定张力应符合设计要求，补偿装置 a 值满足安装曲线图，补偿传动灵活。

2）钢丝绳与渐开线轮的出线位置在水平状态，无摩擦现象。

3）安全绳的展开长度符合要求，制动装置应安装可靠。

2 棘轮补偿装置安装应符合下列规定：

1）棘轮安装应垂直，无偏斜扭曲现象，补偿绳排布整齐、正确，补偿绳与棘轮边缘导槽不得相磨。

2）坠砣限制架安装符合设计要求，限制架导管应直立，补偿传动灵活，坠砣串无卡滞现象。

3）坠砣完整，表面光洁平整，坠砣串排列整齐，其缺口相互错开 180°，坠砣距地面安装高度应符合设计安装曲线。

12.3.8 接触悬挂安装应符合下列规定：

1 绝缘吊索安装应符合设计要求，吊索以索座为中心，两侧平分，允许偏差 ± 100 mm，两端受力均匀。直线区段吊索线夹端正、牢固，曲线地段吊索线夹应垂直于接触线工作面。

2 中心锚结应安装在设计指定位置上，中心锚结所在的跨距内不得有接触线接头。直线区段的中心锚结线夹端正，曲线区段中心锚线应与接触线倾斜度相一致中心锚结线夹应牢固可靠。中心锚结绳的弛度应符合设计要求，中心锚结线夹两边锚结绳张力相等。

3　接触线调整应符合下列规定：

1）电压等级 750 V 接触网带电体距结构体、车体之间的最小净距：静态为 25 mm，动态为 25 mm。

2）接触线悬挂点距轨面的高度应符合设计要求，接触线最大坡度及变化率应符合设计要求。

3）正线在直线区段拉出值一般为 ± 200 mm，曲线上则根据曲线半径及跨距值确定，但最大不超过 250 mm。

12. 3. 9　电连接安装位置应符合设计要求，电连接线与线夹接触应良好，并涂电力复合脂，电连接线夹应端正牢固。电连接线截面积符合设计要求，并预留温度变化的位移长度。

12. 3. 10　线岔安装应符合下列规定：

1　应根据现场温度安装，平均温度时，限制管中心重合于接触线交叉点，高于平均温度时应偏向下锚方向，低于平均温度时应偏向中锚方向。

2　单开道岔采用交叉布置方式时，道岔定位柱及拉出值应保证两接触线并叉点位于设计要求范围内。两工作支拉出值在任何情况下不得大于 300 mm，侧线接触线应高出正线接触线 10 mm ~ 20 mm。

12. 3. 11　设备安装应符合下列规定：

1　隔离开关应符合下列规定：

1）隔离开头安装位置、型号及各部尺寸、绝缘性能应符合设计文件的要求，连接牢固可靠，各转动部分灵活。

2）开关托架呈水平状态，瓷柱垂直，操作机构安装位置应便于操作，并符合设计要求，传动杆垂直与操作机构轴线一致，连接牢固，无松动现象。

2 避雷器应符合下列规定：

1）安装位置、规格、型号、引线方式应符合设计要求，引线连接正确牢固，并预留因温度变化而引起的位移长度。

2）避雷器的接地电阻值应不小于 10 Ω。

3 分段绝缘器应满足下列要求：

1）位置应设在列车进站端，车辆基地各电化库入口处。

2）分段绝缘器安装位置应符合设计要求，连接牢固可靠，与接触线接头处应平滑，分段绝缘器与受电弓接触部分与轨面边线平行，受电弓通过时应平滑无打弓现象。

3）分段绝缘器安装后应保持原有锚段的张力。

12.3.12 接地装置接地线应紧贴基础、杆身，顺直平整，与支柱连接牢固，并做防腐处理，接地电阻不大于 10 Ω。

12.4 电 缆

12.4.1 电缆及电缆附件的进场验收应满足下列要求：

1 电缆及电缆附件的规格、型号、质量应符合设计及订货合同要求。

2 电缆外表应无绞拧、铠装压扁、护层断裂和表面严重划伤等缺陷。

3 电缆的绝缘试验合格。

4 采用的电缆附件规格与电缆一致，零部件完整齐全，其规格、型号符合设计要求。主要性能应符合相应产品技术标准的规定。

12.4.2 电缆管道的施工质量应符合下列规定：

1 管道内径不应小于电缆外径的 1.5 倍；

2 电缆管应排列整齐，引至设备的电缆管管口的位置应便于设备连接且不妨碍设备维修,露出地面的电缆管管口宜为 100 mm ~ 300 mm；

3 电缆排管在电缆敷设前应疏通，清除杂物。

12. 4. 3 电缆托架安装应符合下列规定:

1 托架位置应正确，并固定牢固，水平和垂直允许偏差均为 ± 5 mm；

2 托架的同层托板应在同一水平面上；

3 电缆托架在安装完成后应与接地干线进行可靠连接。

12. 4. 4 电缆敷设前应进行检查，并满足下列要求:

1 电缆型号、规格应符合设计规定电缆外观无损伤，绝缘良好；

2 电缆托架应齐全，固定牢固。

12. 4. 5 电缆接头的布置应符合下列规定:

1 穿管敷设的电缆，其接头处应设置电缆井，接头位置应互相错开；

2 托架上的电缆接头，应用绝缘托板托置固定，托板伸出电缆头两侧不应小于 200 mm。

12. 4. 6 电缆固定点位置应符合下列规定:

1 垂直敷设或超过 45°倾斜敷设的电缆在每个支架处或桥架上每隔 2 m 处；

2 水平敷设的电缆，其首末两端、转弯或电缆接头处。

12. 4. 7 电缆固定所用部件的选择，应满足下列要求：

1 除交流单相电缆情况外，可采用经防腐处理的扁钢制夹具或尼龙扎带、镀塑金属扎带。强腐蚀环境，应采用尼龙扎带或镀塑金属扎带。

2 交流单相电缆的刚性固定，宜采用铝合金等不构成磁性闭合回路的夹具；其他固定方式，可用尼龙扎带、绳索。

3 不得用铁丝直接捆扎电缆。

12.4.8 电缆标志牌装设应满足下列要求：

1 在电缆线路的下列地点应设标志牌：

1）电缆线路的首尾端；

2）电缆线路改变方向的地点；

3）电缆头装设地点和电缆接头处。

2 制作标志牌时，规格应统一，其上应注明线路编号，电缆型号、芯数、截面和电压，起讫点和安装日期。

12.4.9 在电缆附件制作完成后，应按《电气装置安装工程电气设备交接试验标准》GB 50150 完成下列试验：

1 测量绝缘电阻；

2 直流耐压试验；

3 检查电缆线路的相位或接线检查。

12.5 变电所综合自动化

12.5.1 监控系统的设备及附件的规格和型号应符合设计规定，各种接插件的规格应与设备接口相互一致，且符合订货合同要求。操作系统软件及监控系统应用软件应符合设计及订货合同规定。

12.5.2 正式向控制柜和保护柜及监控主机送电前，对二次回路配线或数据传输电缆进行详细检查及有关的绝缘测试。确认合格后，方可送电。

12.5.3 变电所综合自动化系统的设备安装应符合现行国家标准《电气装置安装工程 盘、柜及二次回路接线施工及验收规范》GB 50171 的规定。

12.5.4 强电回路与弱电回路应该分开布线。

12.6 控制中心

12.6.1 控制中心内监控设备安装完成后应满足下列要求：

1 控制信号屏当地监控、当地维护、数据采集与传输、数据预处理及当地和远程通信功能应符合设计要求，当地显示数据完整，快速准确，界面和功能符合实际情况和运行需要，操作统一方便。

2 现场总线的网络拓扑结构、节点形式及网络参数设置应符合设计要求，现场通信接线符合厂家要求。各设备单元之间的网络协议应符合设计要求，并满足通信规定。

3 根据产品技术要求，通过当地监控主机或利用便携机通过应急控制模块单元分别对每一个间隔内的电气装置进行单体传动试验及相互的闭锁功能检查，逐一模拟各保护功能启动，对每一个遥测量进行就地和远程比对校验，应符合设计要求，监控主机显示相应信号和参数快速准确。

4 监控主机自动记录并能提供查询、打印本所的所有按规定保存的操作记录、越限记录、保护动作记录、远程定值修改记录、事件记录及其他历史记录。

5 各种信息能完整准确地向上级传输，并正确再现；系统能掉电恢复后自启动，各种信息正常。

12.6.2 设备单体调试完毕后，应按设计要求完成下列功能验证：

1 配电变压器、整流机组本体保护联跳上下级断路器，开门联锁；

2 变电所全所 10 kV 空气柜之间的电气联锁；

3 整流机组与 10 kV 断路器、直流断路器、负极隔离开关之间的联锁；

4 车场或变电所的隔离开关之间的联锁；

5 变电所全所绝缘法安装的设备框架泄漏保护联跳。

12.6.3 同一送电批调试完毕后，应按设计要求完成如下功能验证：

1 10 kV 开关柜相邻变电所之间差动保护联跳；

2 变电所之间直流联跳，包括正常运行方式和大双边运行方式。

12.7 杂散电流防护系统

12.7.1 电力电缆敷设及与钢轨、结构端子的连接应符合下列要求：

1 电力电缆进场进行外观检查、绝缘试验。

2 电力电缆进出建筑物、穿越壁板、下穿轨道或道路、沟道引接、人员踩踏处应接电缆保护管。

3 电力电缆与钢轨的连接采用直接放热焊焊接，焊接密实牢固，焊点采取防腐措施；应制作终端头，将电缆与土建预留接线端子用锚栓紧固连接。

4 电力电缆终端头的电缆护层剥切长度、绝缘包扎长度及芯线连接强度应符合电缆头制作工艺要求，对其铠装应有防腐措施。

5 电力电缆仅在排流柜侧单端接地；电缆转接箱应外壳就近接地，开孔封堵。

12.7.2 排流柜和单向导通装置安装应满足下列要求：

1 设备运达现场应进行检查。柜及柜内各装置、元器件的规格、型号应符合设计及订货合同要求；二次回路接线、端子排列正确，背面（安装）接线图图物相符。接线图与设计施工图互相一致。柜体无破损、变形，面漆涂层完整，无锈蚀及损伤等缺陷。绝缘部件不得有变形、受潮，绝缘体表面应光滑、无裂纹和破损。户外设备的防污防雨性能符合设计要求。

2 设备的安装位置、安全净距符合设计要求，排列整齐。

3 设备安装后，各装置、元器件、端子排、柜门等应完好无损，功能正常，操作顺畅，固定牢靠，布局美观；母线锚栓、电缆锚栓搭接紧密，符合规范要求；连接部位及线缆应受力均匀、不得有应力变形现象；其二次接线可靠，标签齐全准确，回路符合设计要求。

4 设备采用非绝缘法安装，柜体应直接可靠接地。

12.7.3 设备和电缆试验应满足下列要求：

1 电力电缆应按《电气装置安装工程 电气设备交接试验标准》GB 50150 完成试验。

2 设备组装完成后，应按《电气装置安装工程 电气设备交接试验标准》GB 50150 完成如下试验：

测量主回路的导电电阻、测量绝缘电阻、主回路的直流耐压试验、设备内可分离元件的单体试验、保护装置、元件动作值校验和整定、元件报警、动作情况检查、设备操动试验和保护功能验证。

3 设备单体试验完成且与控制信号屏接线完成后，应模拟设备各类保护动作和状态，在控制信号屏验证全部遥测信号符合设计要求，主机显示快速准确。

12.7.4 杂散电流检测系统变电所级安装接线应满足下列要求：

1 杂散电流所级检测装置、参比电极、智能传感器、配线等杂散电流监测系统用装置、材料运达现场应进行检查。装置、材料的规格、型号应符合设计及订货合同要求，外表完好，无破损现象。各种接插件的规格应与相应设备接口互相一致，通信端口符合产品规定。

2 现场总线的网络拓扑结构、节点形式及网络参数设置应符合设计要求，现场通信接线符合厂家要求。各设备单元之间的网络协议应符合设计要求，并满足通信规定。

3 杂散电流所级检测装置在控制信号屏上的安装应符合设计和厂家要求，连线正确，固定牢靠，布局美观，方便观察。

4 线缆进出建筑物、穿越壁板、下穿轨道或道路、沟道引接、人员踩踏处应接线缆保护管。保护管口至线缆末端的接续处的线缆应加套软管保护，保护管内严禁线缆接续。

12.8 施工质量验收

12.8.1 施工验收时，应按下列要求进行检查：

1 变电所设备应满足下列要求：

1）固定牢靠，外表清洁完整；

2）电气连接可靠，接触良好；

3）操动机构动作灵活可靠，合、分闸指示正确，辅助开关动作可靠，接点无烧损；

4）脱扣装置整定值准确，动作可靠；

5）主触头及部件调整后的间隙值，符合产品技术文件的规定。

2 架空接触网应满足下列要求：

1）各种零部件安装齐全、牢固，且无超出允许偏差；

2）接触悬挂带电部分至所有接地部分之间的安全距离符合规定值；

3）接触导线高度、结构高度和转换坡度应符合设计规定，导线弹性均匀，无弯曲、扭转现象；

4）接触网设备不得侵入设备限界；

5）补偿装置灵活可靠，符合设计标准；

6）中心锚结绳的长度和安装质量符合要求；

7）接触导线上的各种线夹无歪斜现象；

8）隔离开关安装正确，操作灵活；

9）接地线连接正确、可靠；

10）沿线树木与接触网的水平距离，跨越接触网的电力线与接触网的垂直距离应符合设计规定。

3 配线及动力电控设备应满足下列要求：

1）各种支持件固定牢固；

2）箱柜安装位置正确，箱柜门锁闭装置良好；

3）非带电金属部分的接地或接零良好。

4 电缆线路与接地装置应满足下列要求：

1）排列整齐，标志牌齐全、清晰；

2）电缆固定、弯曲半径、相关距离符合要求；

3）电缆接头、终端头无渗漏，电缆终端的相色正确；

4）接地良好；

5）电缆沟内无杂物，盖板齐全；

6）直埋电缆路径标志与实际相符，路径标志清晰、牢固；

7）跨越隧道顶部的电缆固定牢固，并无侵入设备限界；

8）接地装置外露部分的连接可靠，标志齐全、明显；

9）接地装置的接地电阻值符合设计规定。

5 牵引变电所应满足下列要求：

1）控制、信号与保护功能试验；

2）电流增量保护和双边联跳保护试验；

3）直流短路试验；

4）列车起动试验。

6 监控系统应满足下列要求：

1）模拟盘及远动终端设备的安装应符合要求；

2）系统的接地装置及其电阻值符合规定；

3）设备的系统功能测试应符合设计规定；

4）设备 72 h 连续运行试验及试运行考核应符合本规范规定。

12.8.2 工程竣工验收应提供下列资料：

1 原材料和设备的合格证及说明书；

2 图纸会审记录、变更设计或洽商记录；

3 各种测试记录；

4 隐蔽工程验收记录；

5 质量评定记录；

6 试运行及系统调试记录；

7 开竣工报告；

8 竣工图。

13 信号系统

13.1 一般规定

13.1.1 本章适用于信号线路和设备安装工程的施工质量验收。

13.1.2 工程实施前应做好与土建、装修、供电、通信、轨道、车辆等相关专业的接口确认和工序交接。

13.1.3 信号系统工程应按现行国家标准《建筑工程施工质量验收统一标准》GB 50300 中相关规定进行施工质量控制。

13.2 基础制作

13.2.1 地脚螺栓进场时应进行检查，其型号、规格、质量应符合设计要求及相关产品标准的规定。

13.2.2 钢筋的品种、级别、规格、配筋数量、位置、间距应符合设计要求及相关产品标准的规定。

13.2.3 结构混凝土的强度等级必须符合设计要求。

13.2.4 基础螺栓的位置、尺寸、埋深应符合设计要求。基础螺栓应竖立垂直，螺栓间距应正确，外露部分应有防锈措施，基础表面应平整光洁并无明显丢边掉角现象。

13.2.5 钢筋绑扎安装质量牢固，无漏扣现象。

13.2.6 地脚螺栓的外露长度及防腐保护符合设计要求。

13.2.7 基础标高、几何尺寸符合设计要求。

13.3 光、电缆敷设

13.3.1 光、电缆到达现场应进行检查，其型号、规格、质量应符合设计要求及相关产品标准的规定。

13.3.2 光、电缆敷设前应进行单盘测试，测试指标应符合产品技术条件及设计要求。采用高阻兆欧表、电容耦合测试仪、电缆测试仪、万用表等测试光电缆。

13.3.3 光、电缆线路的径路、敷设位置应符合设计要求。

13.3.4 光、电缆外护层（套）不得有破损、变形或扭伤，接头处应密封良好。

13.3.5 光、电缆与其他管线的间隔距离应符合设计要求。

13.3.6 电源线、信号线，到达现场应进行检查，其型号、规格、质量应符合设计要求及相关产品标准的规定。

13.3.7 电源线、信号线不应破损、受潮、扭曲、折皱，线径正确。每根电源线或信号线不应断线、错线，线间绝缘、组间绝缘应符合产品技术条件或设计要求。

13.3.8 数条水平线槽垂直排列时，布放应按弱电、强电的顺序从上至下排列。

13.3.9 线槽内电缆、电线排列整齐，不扭绞、交叉及溢出线槽。

13.3.10 缆线在管内或槽内不应有接头和扭结。缆线的接头应在接线盒内焊接或用端子连接。

13.3.11 当采用屏蔽电缆或穿金属保护管以及在线槽内敷设时，与具有强磁场和强电场的电气设备之间的净距离应大于 0.8 m。屏蔽线应单端接地。

13.3.12 电源线与信号线交叉敷设时，应成直角；当平行敷设时，相互间的距离应符合设计要求。

13.3.13 当采用金属管（槽）防护时，应经过热镀锌、涂漆等防腐处理，电（光）缆引入室内的引入孔应用防火材料封堵严密。

13.3.14 电（光）缆穿越轨道、排水沟时必须使用防护管，并应满足下列要求：

1 在整体道床处过轨时，防护管两端应超出轨枕端，并用管卡直接固定在地面上；

2 电（光）缆在地下接续时，地下接头装置应用线槽进行防护，防护长度不应小于 1 m。

13.3.15 光电缆敷设、接续或固定安装时弯曲半径不应小于光缆外径的 15 倍。电缆敷设和接续时，铝护套电缆的弯曲半径不应小于电缆外径的 15 倍，铅护套电缆的弯曲半径不应小于电缆外径的 7.5 倍，全塑电缆不得小于电缆外径的 10 倍，多芯电缆的弯曲半径，不应小于其外径的 6 倍。

13.3.16 电（光）缆敷设余留量应满足下列要求：

1 引至室内的电（光）缆余留量不应小于 5 m；

2 室外设备端电（光）缆余留量不应小于 2 m；

3 电（光）缆过桥，在桥两端的余留量不应小于 2 m；

4 电（光）缆在障碍物处应有余留量，其长度应符合设计要求。

13.3.17 电（光）缆在室外与其他管线、建筑物交叉或平行敷设时的防护，应符合设计要求和相关标准的规定。

13.3.18 过伸缩缝、转接盒及缆线终端处理应做余留处理。

13.3.19 线槽敷设截面利用率不宜大于 50%，保护管敷设截面利用率不宜大于 40%。

13.3.20 室内光缆宜在金属线槽中敷设，在桥架敷设时应在绑扎固定段加装垫层；应有必要的防护措施；光缆连接线两端的余留、处理应符合工艺要求。

13.3.21 电缆防护用钢管、铸铁管、电缆槽、硬塑料管及其电缆防护器材进场应进行验收，其质量应符合相关产品标准的规定。电缆防护管两端伸出轨枕端不得小于 500 mm，埋于地面 200 mm。防护管内径应大于电缆外径 1.5 倍，防护管为钢管时，管口处应有防护措施。埋设在路肩的电缆、集中联锁的干线电缆、不同时期施工的信号设备的电缆及冻害地区电缆，应设于水泥槽或其他阻燃材料制造的电缆槽中。

13.3.22 信号电缆测试技术标准满足下列要求：

1 普通电缆线间绝缘电阻及任意芯线对地绝缘电阻阻值不得小于 500 MΩ·km；

2 综合扭绞电缆线间绝缘电阻及任意芯线对地绝缘电阻阻值不得小于 3 000 MΩ·km；

3 特殊规格的电缆，电气特性应符合相关产品标准规定及设计要求。

13.4 进路表示器安装

13.4.1 进路表示器、现地控制盘及其附属设施进场时应进行检查，其型号、规格、质量应符合设计要求及相关产品标准的规定。

13.4.2 进路表示器的安装位置、安装高度、显示方向及灯光配列应符合设计规定。

13.4.3 现地控制盘的安装位置、安装高度、显示方向应符合设计规定。

13.4.4 进路表示器金属支架有接地要求时，应保证接地良好；有绝缘要求时，支架的绝缘电阻符合设计规定。

13.4.5 进路表示器光源应符合设计要求及相关产品标准的规定。

13.4.6 进路表示器、现地控制盘配线应符合设计要求及相关产品标准的规定。

13.4.7 进路表示器采用金属基础支架安装方式。支架安装应平稳、牢固。螺栓应紧固、无松动。金属基础支架使用前应经热镀锌防腐处理。

13.4.8 进路表示器灯室结构应符合设计要求及相关产品标准的规定。

13.4.9 进路表示器支架顶面应保持水平、安装牢固。

13.4.10 进路表示器组件安装应符合设计要求及相关产品标准的规定。

13.5 道岔设备安装

13.5.1 转辙机进场时应进行检查，其型号、规格、质量应符合设计要求及相关产品标准的规定。

13.5.2 转辙机的安装位置、安装方式应符合设计要求及相关产品标准的规定。

13.5.3 转辙机动作杆与密贴调整杆应在一条直线上，并与表示杆、道岔第一连接杆平行，其前后偏差不应大于 20 mm。

13.5.4 转辙机的内部配线应符合下列要求：

1 配线型号及规格应符合设计和产品技术要求；

2 配线不得有中间接头，并无损伤、老化现象；

3 机箱内部的配线应绑扎整齐；

4 配线在引入管进出口处应加防护。

13.5.5 各零部件安装应正确和齐全；螺栓应紧固、无松动；开口销应齐全。

13.6 计轴设备安装

13.6.1 计轴装置进场时应进行检查，其型号、规格、质量应符合设计要求及相关产品标准的规定。

13.6.2 计轴装置的安装位置、安装方法应符合设计和产品技术要求。

13.6.3 计轴磁头的安装应符合下列要求：

1 磁头应安装在同一根钢轨上，磁头安装必须用绝缘材料与钢轨隔离；

2 磁头在钢轨上的安装孔中心距轨底高度、孔径、孔与孔的间距应符合产品技术要求。

13.6.4 计轴电子盒的安装应符合下列要求：

1　电子盒内部配线应连接正确、排列整齐；

2　电子盒密封装置应完整。

13.6.5　计轴装置采用的专用电缆，其长度应符合设计要求；电缆走线应平缓走向，严禁盘圈、弯折。

13.6.6　磁头安装应平稳、牢固，螺栓应紧固、无松动。

13.6.7　电子盒安装应与地面保持垂直。安装应平稳、牢固，螺栓应紧固、无松动。

13.7　路口控制器安装

13.7.1　路口控制器及路口控制器支架进场时应进行检查，其型号、规格、质量应符合设计要求及相关产品标准的规定。

13.7.2　路口控制器的安装位置、安装方法应符合设计和产品技术要求。

13.7.3　路口控制器采用金属基础支架安装方式。支架安装应平稳、牢固。螺栓应紧固、无松动。金属基础支架使用前应经热镀锌、涂漆等防腐处理。

13.7.4　路口控制器安装应平稳、牢固，螺栓应紧固、无松动。

13.8　环线安装

13.8.1　环线线圈进场时应进行检查，其采用的线圈的型号、规格、质量应符合设计及相关产品标准的规定。

13.8.2　环线安装位置、安装方式、埋设深度（水泥包封）应符合设计和产品技术要求。

13.8.3 环线的安装中心必须与钢轨两侧距离相等。

13.9 轨道电路安装

13.9.1 轨道电路设备进场时应进行检查，其设备型号、规格、质量应符合设计及相关产品标准的规定。

13.9.2 轨道电路的安装位置、安装方法应符合设计和产品技术要求。

13.9.3 轨道电路的内部配线应符合下列要求:

1 配线型号及规格应符合设计和产品技术要求;

2 配线不得有中间接头，并无损伤、老化现象;

3 机箱内部的配线应绑扎整齐;

4 配线在引入管进出口处应加防护。

13.9.4 轨道电路接线盒必须安装在钢轨内侧，紧贴钢轨。

13.9.5 相邻轨道电路间的间距必须满足设计要求。

13.9.6 在横向绝缘时，整个轨道电路内左右导轨彼此电绝缘，回流存在于轨道电路的情况时,该连接必须移动到轨道电路的终端处。

13.10 正线路口控制柜

13.10.1 路口控制柜进场时应进行检查，其型号、规格、质量应符合设计及相关产品标准的规定。

13.10.2 路口控制柜安装位置、安装方式应符合设计和产品技术要求。

13.10.3 机柜底座安装时底座必须完好，无碎裂、无裂缝。

13.10.4 机柜安装前需检查机柜表面完好，机柜门正常打开。

13.10.5 机柜内部配线必须符合设计和产品技术要求，绑扎整齐，美观。

13.11 AP设备安装

13.11.1 无线AP天线、立柱、AP箱、支架进场时应进行检查，其型号、规格、质量应符合设计要求及相关产品标准的规定。

13.11.2 无线AP天线、AP箱的安装位置、安装方法应符合设计和产品技术要求。

13.11.3 无线AP天线顶面应与钢轨顶面平行，距钢轨顶面距离应符合设计规定。

13.11.4 无线AP天线安装的纵向，横向偏移量应符合设计和产品技术要求。

13.11.5 无线AP天线立柱安装稳固、杆体垂直，倾斜度不得超过5‰。

13.11.6 AP箱安装应牢固，螺栓紧固、无松动。

13.11.7 无线AP组件安装应符合设计要求及相关产品标准的规定。

13.11.8 无线AP天线安装角度应符合设计要求。

13.12 操作显示设备安装

13.12.1 操作显示设备进场时应进行检查，其型号、规格、质量应符合设计要求及相关产品标准的规定。

13.12.2 操作显示设备安装位置、整体布局应符合设计要求。

13.12.3 计算机及附属设备安装应符合下列要求：

1 各种接口连接应符合设计要求，应连接正确、牢靠；

2 防电磁干扰的屏蔽措施应符合相关技术要求，屏蔽连接应牢固可靠，中间应无断开；

3 计算机配线应采用专用电缆，电缆引入处开孔位置应适宜，并有防护措施；

4 计算机显示屏图像、字符应清晰，键盘、鼠标应操作灵便，打印机、扫描仪等应安装正确。

13.12.4 计算机及附属设备应摆放稳固、整齐，方便操作。

13.13 调度管理机柜安装

13.13.1 各类机柜（架）进场时应进行检查，其型号、规格、质量应符合设计要求及相关产品标准的规定。

13.13.2 机房内机柜（架）的平面布置、安装位置、机面朝向、柜（架）间距应符合设计要求。

13.13.3 机柜（架）安装应符合下列要求：

1 机柜（架）固定方式应符合设计要求。机柜（架）底座与地面固定应平稳、牢固。当机房内铺设有防静电地板时，底座应与防静电地板等高。

2 机柜（架）安装应横平竖直、端正稳固。同排各种机柜（架）应正面处于同一平面、底部处于同一条直线。

3 机柜（架）间需绝缘隔离时，各种绝缘装置应安装齐全、无损伤。

4　机柜（架）有抗震设计要求时，机柜（架）的抗震加固措施应符合设计要求。

13.13.4　机柜（架）内所有设备的紧固件应安装完整、牢固，各种零配件应无脱落。

13.13.5　机柜（架）铭牌文字和符号标志应正确、清晰、齐全。

13.13.6　机柜（架）漆面色调应一致，并无脱落现象；机柜（架）金属底座应经热镀锌、涂漆等防腐处理。

13.14　系统调试

13.14.1　联锁综合试验应满足下列要求：

1　应确保进路上转辙机、进路表示器和区段的联锁，联锁条件不符时，严禁进路开通；敌对进路必须相互照查，不得同时开通。

2　室内、外设备一致性检验应满足下列要求：

1）控制台（显示器）上复示信号显示与室外对应信号机的信号显示含义应一致，灯丝断丝报警功能符合设计要求。

2）室外轨道电路位置与控制台（显示器）上的轨道区段表示应一致。

3）室外道岔实际定/反位位置与控制台（显示器）上的道岔位置表示相符；操作道岔时，室外道岔转换设备动作状态与室内有关设备动作状态应一致。

4）室外其他设备状态与控制台（显示器）上的相关表示应一致。

3　正线与车辆基地间的接口测试及功能检验应符合设计要求。

13.15 施工质量验收

13.15.1 工程竣工应按表 13.15.1 竣工验收项目规定进行验收，并符合本规范有关规定。

表 13.15.1 竣工验收项目

名称	项目	检查内容
管路敷设	管路	路径、规格
	煨管	弯曲半径、凹扁程度
	连接	连接方式，连接长度及接头处理
	其他	结构变形缝处的管路处理，管口处理，备用管规格、数量、是否贯通
电缆敷设	托架、吊架	安装位置、配件是否齐全
	电缆	型号、规格、电气参数、电缆径路
室外设备	轨道电路	扼流变压器、调谐单元安装位置，配件；连接线连接，轨道继电器，分路灵敏度测试
	变压器箱、电缆盒	安装位置和高度，内部配线，基础埋设，钢轨引接线安装，限流器使用阻值
	电动转辙机	设备安装、配线，道岔尖轨开程，工作电流，摩擦电流
	色灯信号机	安装位置，灯位排列，灯光显示，配件，灯泡端电压，主副灯丝断丝转换
	列车自动防护和自动运行系统车载与轨旁设备	安装、配线、技术指标测试，天线调整距离，管路防护，零部件
接地装置	接地体	埋设位置、深度、数量，接地电阻值
室内设备	控制台、电源屏、组合架（柜）	安装位置，盘面排列，内部配线，操作按钮及扳键，表示灯显示，设备技术指标
	车站、车辆段联锁试验	1）控制台的控制与表示。 2）按列车进路联锁表检查每条进路的联锁条件。 3）检查每条进路取消，信号重复开放，进路正常解锁，人工解锁，调车中途返回解锁；引导接车，引导信号开放和解锁；区段人工解锁等反映设计意图的电路功能。 4）联系电路实验

13.15.2 工程竣工验收应提供下列资料：

1 原材料和设备合格证、说明书、试验记录；

2 图纸会审记录、变更设计或洽商记录；

3 测试与调试记录；

4 隐蔽工程验收记录；

5 质量评定记录；

6 开竣工报告；

7 竣工图。

14 其他附属设施

14.1 一般规定

14.1.1 本章适用于有轨电车工程附属给排水工程的施工及验收。

14.1.2 新建管线与既有管网连接时，必须经主管部门批准，并按相应标准要求施工。

14.1.3 有轨电车给排水工程施工应执行国家现行法律法规及技术标准，严格按照有效的设计文件施工，符合设计使用年限内正常使用要求。

14.1.4 有轨电车给排水工程应采用先进、成熟、科学的检测方法，检测数据应真实可靠，所用方法和仪器设备应符合相关标准的规定，仪器精确度应能满足质量控制要求。并应能全面反映工程质量状况。

14.1.5 有轨电车给排水工程各类施工质量检测报告、检查验收记录和其他有关工程技术资料，应按规定及时填写，并应严格履行责任人签字确认制度。

14.1.6 有轨电车给排水工程所用的原材料、半成品、成品等产品的品种、规格、性能应符合设计和国家有关产品质量标准的规定。严禁使用国家明令淘汰、禁用的产品。接触饮用水的构筑物、材料、设备应符合国家生活饮用水卫生标准的相关规定。

14.2 施工准备

14.2.1 施工前，应根据施工需要进行调研，并应掌握沿线的下列情况和资料：

1 施工现场地形、地貌、建筑物、各种管线和其他设施的情况；

2 工程地质和水文地质资料；

3 气象资料；

4 工程用地、交通运输及排水条件；

5 施工供水、供电条件；

6 工程材料、施工机械供应条件；

7 在地表水体中或岸边施工时，应掌握地表水的水文和航运资料；在寒冷地区施工时，尚应掌握地表水的冻结及流冰的资料；

8 结合工程特点和现场条件的其他情况和资料。

14.2.2 技术准备应满足下列要求：

1 认真理解设计文件，并在自审的基础上按程序进行相关图纸会审。

2 根据施工前所掌握沿线的情况资料，编制有针对性的施工方案。施工方案应准照合理利用资源，节约能源、节约用水、节约用地，做好环境保护、水土保护等原则进行编制。

对超过一定规模危险性较大的分部或分项工程，应按相关规定组织专家对施工方案进行论证。

3 按相关规定进行技术交底。

14.2.3 人员准备应满足下列要求：

1 施工管理人员及操作人员应具备相应资质；

2 操作人员按规定进行三级教育。

14. 2. 4 开工前须根据设计文件做好材料、设备准备，按规定做了相关检测、检验并合格。

14. 2. 5 根据施工方案、设计文件及相关条件，准备相应的机械设备。机械设备应按相关规定进行验收，经验收合格后方可使用。

14.3 管 道

14. 3. 1 施工准备完成后，按设计文件及现场条件进行测量放线工作。

14. 3. 2 对需要降水的项目按已经审核完毕的施工方案进行降水，降水深度在沟槽底面以下 0.5 m。

14. 3. 3 不开槽法的施工工艺按《给排水管道工程施工及要收规范》GB 50268 规定的相关内容实施；采取沟槽开挖的，沟槽开挖及支护的类型应按审批好的施工方案及相关文件进行，开挖宽度应按设计文件要求，设计无要求时可按公式（14.3.3）计算确定：

$$B = D_0 + 2 \times (b_1 + b_2 + b_3) \qquad (14.3.3)$$

式中 B——管道沟槽底部的开挖宽度（mm）；

D_0——管外径（mm）；

b_1——管道一侧的工作面宽度（mm），可按表 14.3.3 选取；

b_2——有支撑要求时，管道一侧的支撑厚度，可取 150 mm ~ 200 mm；

b_3——现场浇筑混凝土或钢筋混凝土管渠一侧模板厚度（mm）。

表 14.3.3　管道一侧的工作面宽度

管道外径 D_0（mm）	管道一侧的工作面宽度 b_1（mm）		
	混凝土类管道		金属类管道、化学建材管道
$D_0 \leqslant 500$	刚性连接	400	300
	柔性连接	300	
$500 < D_0 \leqslant 1\ 000$	刚性连接	500	400
	柔性连接	400	
$1\ 000 < D_0 \leqslant 1\ 500$	刚性连接	600	500
	柔性连接	500	
$1\ 500 < D_0 \leqslant 2\ 000$	刚性连接	800 ~ 1 000	700
	柔性连接	600	

14. 3. 4　开槽施工管道施工工艺应按图 14.3.4 的步骤进行。

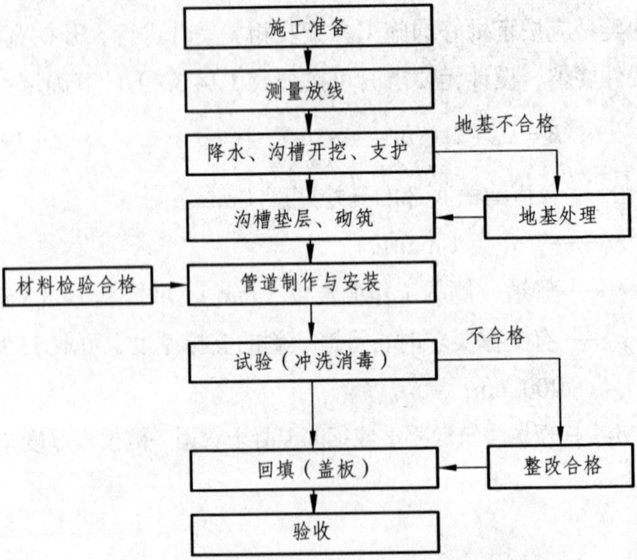

图 14.3.4　开槽施工管道施工工艺流程图

14.4 管道附属构筑物

14.4.1 井室施工应满足下列要求：

1 井室的混凝土基础应与管道基础同时浇筑，同时还应满足下列要求：

1）平基与管座的模板，可一次或两次支设，每次支设高度宜略高于混凝土的浇筑高度；

2）平基、管座的混凝土设计无要求时，宜采用强度等级不低于 C15 的低坍落度混凝土；

3）管座与平基分层浇筑时，应先将平基凿毛冲洗干净，并将平基与管体相接触的腋角部位，用同强度等级的水泥砂浆填满、捣实后，再浇筑混凝土，使管体与管座混凝土结合严密；

4）管座与平基采用垫块法一次性浇筑时，必须先从一侧灌注混凝土，对侧的混凝土高过管底与灌注侧混凝土高度相同时，两侧再同时浇筑，并保持两侧混凝土高度一致；

5）管道基础应按设计要求留变形缝，变形缝的位置应与柔性接口相一致；

6）管道平基与井室基础宜同时浇筑；跌落水井上游接近井基础的一段应砌砖加固，并将平基混凝土浇至井基边缘；

7）混凝土浇筑中应防止离析；浇筑后应进行养护，强度低于 1.20 MPa 时不得承受荷载。

2 砌筑结构的井室施工应符合下列规定：

1）砌筑前砌块应充分湿润；砌筑砂浆配合比应符合设计要求，现场拌制应拌和均匀、随用随拌；

2）排水管道检查井内的流槽，宜与井壁同时进行砌筑；

3）砌块应垂直砌筑，需要收口砌筑时，应按设计要求的位置设置钢筋混凝土梁进行收口；圆井采用砌块逐层砌筑收口，四面收口时每层收进不应大于 30 mm，偏心收口时每层收进不应大于 50 mm；

4）砌块砌筑时，铺浆应饱满，灰浆与砌块四周粘结紧密、不得漏浆，上下砌块应错缝砌筑；

5）砌筑时应同时安装踏步，踏步安装后在砌筑砂浆未到达规定抗压强度等级前不得踩踏；

6）内外井壁应采用水泥砂浆勾缝；有抹面要求时，抹面应分层压实。

3 预制装配式结构的井室施工应符合下列规定：

1）预制构件及其配件经检验符合设计和安装要求；

2）预制构件转装配位置和尺寸正确，安装牢固；

3）采用水泥砂浆接缝时，企口坐浆与竖缝灌浆应饱满，装配后的接缝砂浆凝结硬化期间应加强养护，并不得受外力碰撞或震动；

4）设有橡胶密封圈时，胶圈应安装稳固，止水严密可靠；

5）设有预留短管的预制构件，与其管道的连接应按《给水排水管道工程施工及验收规范》GB 50268 的相关规定执行；

6）底板与井室、井室与盖板之间的拼缝，水泥砂浆应填塞严密，抹角光滑平直。

4 现浇钢筋混凝土结构的井室施工应符合下列规定：

1）浇筑前，钢筋、模板工程经验收合格，混凝土配合比应满足设计要求；

2）振捣密实，无漏振、走模、漏浆等现象；

3）及时进行养护，强度等级未达到设计要求的不得受力；

4）浇筑时应同时安装踏步，踏步安装后在混凝土强度未达到规定强度等级前不得踩踏。

14.4.2 支墩施工应符合下列规定：

1 管节及管件的支墩和锚定结构位置准确，锚定牢固。钢制锚固件必须采取相应的防腐处理。

2 支墩应在坚固的地基上修筑。无原状土做后背墙时，应采取措施保证支墩在受力情况下，不致破坏管道接口。采用砌筑支墩时，原状土与支墩之间应采用砂浆填塞。

3 支墩应在管节接口做完、管节位置固定后修筑。

4 支墩施工前，应将支墩部位的管节、管件表面清理干净。

5 支墩宜采用混凝土浇筑，其强度等级不应低于C15。采用砌筑结构时，水泥砂浆强度等级不应低于M7.5。

6 管节安装过程中的临时固定支架，应在支墩的砌筑砂浆或混凝土达到规定强度后方可拆除。

7 管道及管件支墩施工完毕，并达到强度要求后方可进行水压试验。

14.5 施工质量验收

14.5.1 给排水管道、管道附属工程施工质量验收应在施工单位自检基础上，按检验批、分项工程、分部（子分部）工程、单位（子单位）工程的顺序进行，并符合下列规定：

1 工程施工质量应符合本规范和相关专业验收规范的规定；

2 工程施工质量应符合工程勘察、设计文件的要求；

3 参加工程施工质量验收的各方人员应具备相应的资格；

4 工程施工质量的验收应在施工单位自检、评定合格的基础上进行；

5 隐蔽工程在隐蔽前应由施工单位通知监理等单位进行验收，并形成验收文件；

6 涉及结构安全和使用功能的试块、试件和现场检测项目，应按规定进行平行检测或见证取样检测；

7 检验批的质量应按主控项目和一般项目进行验收；每个检查项目的检查数量，除《给水排水管道工程施工及验收规范》GB 50268 的有关条款明确规定外，应全数检查；

8 对涉及结构安全和使用功能的分部工程应进行试验或检测；

9 承担检测的单位应具有相应资质；

10 外观质量应由质量验收人员通过现场检查共同确认。

14.5.2 单位（子单位）工程、分部（子分部）工程、分项工程和检验批的划分可参见《给水排水管道工程施工及验收规范》GB 50268 的附录 A 在工程施工前确定，质量验收记录的填写应按《给水排水管道工程施工及验收规范》GB 50268 的附录 B 填写。

14.5.3 检验批及分项工程应由专业监理工程师组织施工项目的技术负责人（专业质量检查员）等进行验收。

14.5.4 分部（子分部）工程应由专业监理工程师组织施工项目质量负责人等进行验收。对于涉及重要部位的地基基础、主体结构、非开挖管道、桥管、沉管等分部（子分部）工程设计和勘察单位工程项目负责人、施工单位技术质量部门负责人应参加验收。

14.5.5 单位工程经施工单位自行检验合格后，应由施工单位向建设单位提出验收申请。单位工程有分包单位施工时，分包单位对所承包的工程应按本规范的规定进行验收，验收时总承包单位应派人参加；分包工程完成后，应及时地将有关资料移交总承包单位。

14.5.6 参加验收各方对工程质量验收意见不一致时，可由工程所在地建设行政主管部门或工程质量监督机构协调解决。

14.5.7 工程竣工验收后，建设单位应将有关文件和技术资料归档。

14.5.8 其他附属设施的施工质量及验收，除应符合本规范的规定外，尚应符合国家现行有关标准的规定。

附录 A　工地移动闪光焊机焊接记录表

线名		区间		区间	区间	年　月　日
轨型		熔炉号		熔炉号	熔炉号　℃	轨温　℃
长轨编号		焊头里程			焊头编号	
焊接操作	电压	V	高电压	V	低电压	V
	开始烧化送进速度	mm/s	终了烧化速度	mm/s	焊接时间	s
	高压烧化时间	s	低压烧化时间	s	末期高压烧化时间	s
	加速烧化时间	s	带电顶锻时间	s	无电顶锻时间	s
	高压不稳定烧化时间	s	油压	MPa	顶锻量	mm
	操作人员		备注:或附计算机记录。			
外观检查	轨面：　mm/m；		内工作边：　mm/m；		底面：　mm。	

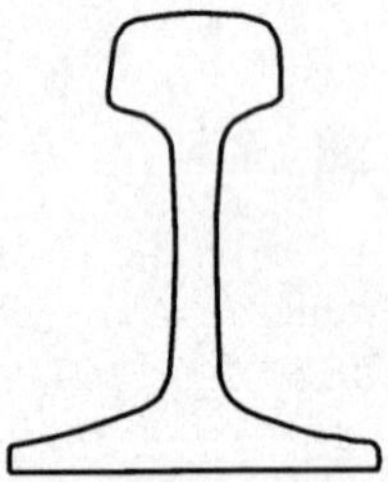

检查与结论：

焊接操作人员：　　质检员：　　技术主管：

附录 B　铝热焊接记录表

<table>
<tr><td>线名</td><td></td><td>区间</td><td></td><td>股别</td><td></td><td>日期</td><td colspan="3">年　月　日</td></tr>
<tr><td>轨型</td><td></td><td>熔炉号</td><td></td><td>天气</td><td></td><td>气温</td><td>℃</td><td>轨温</td><td>℃</td></tr>
<tr><td>长轨编号</td><td></td><td>焊头里程</td><td colspan="3"></td><td>焊头编号</td><td colspan="3"></td></tr>
<tr><td rowspan="4">焊接操作</td><td colspan="2" rowspan="2">执行人</td><td colspan="2" rowspan="2"></td><td rowspan="2">预热</td><td>时间</td><td colspan="3"></td></tr>
<tr><td>状况</td><td colspan="3"></td></tr>
<tr><td rowspan="2">轨缝</td><td>头</td><td>mm</td><td>反应时间</td><td colspan="2">m　s</td><td>拆模时间</td><td colspan="2">m　s</td></tr>
<tr><td>底</td><td>mm</td><td>保温时间</td><td colspan="2">m　s</td><td>整修结束</td><td colspan="2">h　m　s</td></tr>
<tr><td rowspan="4">焊药情况</td><td colspan="2">型　号</td><td colspan="3"></td><td rowspan="2">液石化油气</td><td>高　压</td><td colspan="2">MPa</td></tr>
<tr><td colspan="2">编　号</td><td colspan="3"></td><td>低　压</td><td colspan="2">MPa</td></tr>
<tr><td colspan="2">物理状况</td><td colspan="3"></td><td rowspan="2">氧气</td><td>高　压</td><td colspan="2">MPa</td></tr>
<tr><td colspan="2">焊接反应</td><td colspan="3"></td><td>低　压</td><td colspan="2">MPa</td></tr>
<tr><td>外观检查</td><td colspan="9">轨面：　mm/m；　内工作边：　mm/m；　底面：　mm。</td></tr>
<tr><td colspan="5">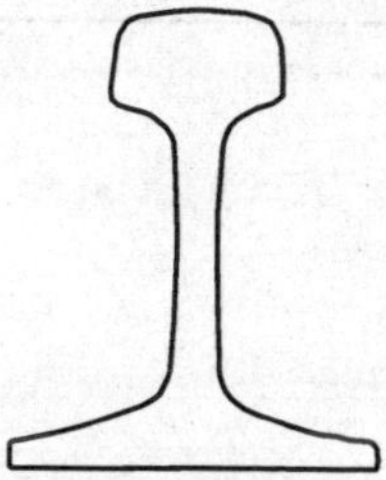</td><td colspan="5">检查与结论：</td></tr>
<tr><td colspan="10">焊接操作人员：　　质检员：　　技术主管：</td></tr>
</table>

附录C　工地钢轨焊接接头超声波探伤记录表

<table>
<tr><td colspan="2">线别</td><td></td><td>区间</td><td></td><td>焊缝里程</td><td></td><td>上下行</td><td></td></tr>
<tr><td colspan="2">长轨号</td><td></td><td>股别</td><td></td><td>焊头编号</td><td></td><td>焊接方法</td><td></td></tr>
<tr><td colspan="2">检查部位</td><td colspan="3">波形显示</td><td colspan="2">伤损情况</td><td colspan="2" rowspan="10">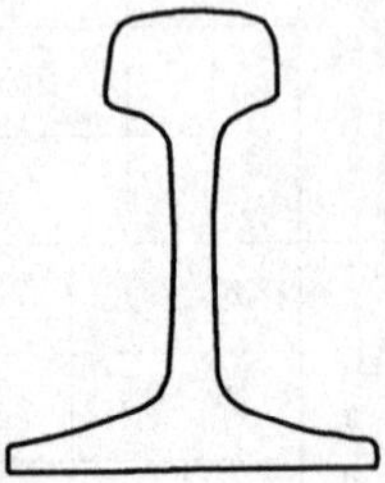</td></tr>
<tr><td rowspan="2">轨头</td><td>内侧</td><td colspan="3"></td><td colspan="2"></td></tr>
<tr><td>外侧</td><td colspan="3"></td><td colspan="2"></td></tr>
<tr><td colspan="2">轨　腰</td><td colspan="3"></td><td colspan="2"></td></tr>
<tr><td colspan="2">三角区</td><td colspan="3"></td><td colspan="2"></td></tr>
<tr><td colspan="2" rowspan="3">轨　底</td><td>波形显示</td><td colspan="2">横向移距</td><td>前后移距</td><td>伤损情况</td></tr>
<tr><td></td><td colspan="2"></td><td></td><td></td></tr>
<tr><td></td><td colspan="2"></td><td></td><td></td></tr>
<tr><td colspan="3">第　　　次焊接</td><td>备注</td><td colspan="3"></td></tr>
<tr><td colspan="2">检　查</td><td colspan="2"></td><td>记录</td><td></td><td>日期</td><td colspan="2">年　　月　　日</td></tr>
</table>

附录D 无缝线路单元轨应力放散拉伸情况记录表

区 间		单元轨编号		起止里程	
单元轨长度 m		放散日期		天 气	
应力放散方法					
始端锁定轨温	左股： ℃ 右股： ℃	终端锁定轨温	左股： ℃ 右股： ℃	锁定作业轨温	左股： ℃ 右股： ℃
拉伸量	左股： mm 右股： mm	拉伸换算轨温	左股： ℃ 右股： ℃	实际锁定轨温	左股： ℃ 右股： ℃

测点编号		1	2	3	4	5	6	7	8	9	10
测点间距（m）											
左股	计划位移量（mm）										
左股	实际位移量（mm）										
右股	计划位移量（mm）										
右股	实际位移量（mm）										
备注											

制表： 复核： 年 月 日

附录E　无缝线路纵向位移观测记录表

线　　至　　区间，DK　　+　　至DK　　+

单元轨节编号　　　　　　锁定日期　　　　　　建桩日期

日期	时间	气温	轨温	纵向位移量（mm）														实际锁定轨温（°C）	备注
				1		2		3		4		5		6		7			
				左	右	左	右	左	右	左	右	左	右	左	右	左	右		

观测单位：　　　　　　观测人：　　　　　　技术主管：

年　　月　　日　　　　年　　月　　日

注：① 左右股以顺行车方向划分。

② 顺行车方向纵向位移为“+”、逆行车方向纵向位移为“－”。

附录 F　铺轨编号与焊缝编号对照表

线名：　　线　　　　段　　　　线别：

铺轨编号	长钢轨出厂编号		联合接头编号	厂焊接头起止编号	铺轨起讫里程	附注
	左股					
	右股					
	左股					
	右股					
	左股					
	右股					
	左股					
	右股					
	左股					
	右股					
	左股					
	右股					

施工单位：　　制表：　　复核：　　年　月　日

附录G　无缝线路基本技术状况登记表

共　　页第　　页

<table>
<tr><td>序号</td><td colspan="2">项　目</td><td colspan="3">技术状况</td></tr>
<tr><td>1</td><td colspan="2">单元轨节（道岔）编号</td><td colspan="3"></td></tr>
<tr><td>2</td><td colspan="2">铺设地段</td><td colspan="3">线　　区间（上、下行）</td></tr>
<tr><td>3</td><td colspan="2">单元轨节起讫里程</td><td colspan="3">DK　　至DK　　净长　　m</td></tr>
<tr><td rowspan="2">4</td><td rowspan="2">单元轨节长度</td><td>左股（m）</td><td colspan="3"></td></tr>
<tr><td>右股（m）</td><td colspan="3"></td></tr>
<tr><td>5</td><td colspan="2">铺设日期、时间</td><td colspan="3"></td></tr>
<tr><td rowspan="4">6</td><td rowspan="4">应力放散及锁定</td><td>锁定时始端轨　温</td><td>左股：　℃
右股：　℃</td><td>锁定时终端锁定轨温</td><td>左股：　℃
右股：　℃</td></tr>
<tr><td>拉伸前轨温</td><td>左股：　℃
右股：　℃</td><td colspan="2"></td></tr>
<tr><td>拉伸量</td><td>左股：
右股：</td><td>拉 伸
换算轨温</td><td>左股：　℃
右股：　℃</td></tr>
<tr><td>锁定作业轨温</td><td>左股：　℃
右股：　℃</td><td>实 际
锁定轨温</td><td>左股：　℃
右股：　℃</td></tr>
<tr><td>7</td><td colspan="2">焊接方法</td><td colspan="3">左股：
右股：</td></tr>
<tr><td>8</td><td colspan="2">工地焊接数量</td><td colspan="3">左股：
右股：</td></tr>
<tr><td>9</td><td colspan="2">绝缘接头类型
数量和里程</td><td colspan="3"></td></tr>
<tr><td>10</td><td colspan="2">平剖面简图</td><td colspan="3"></td></tr>
<tr><td>11</td><td colspan="5">附注：</td></tr>
</table>

本标准用词说明

1　为便于执行本标准条文时区别对待，对要求严格程度不同的用词说明如下：

1）表示很严格，非这样做不可的：

正面词采用“必须”，反面词采用“严禁”。

2）表示严格，在正常情况下均应这样做的：

正面词采用“应”，反面词采用“不应”或“不得”。

3）表示允许稍有选择，在条件许可时首先应这样做的：

正面词采用“宜”，反面词采用“不宜”。

4）表示有选择，在一定条件下可以这样做的，采用“可”。

2　条文中指明应按其他有关标准执行的写法为：“应符合……的规定”或“应按……执行”。

引用标准名录

1 《道路交通信号灯设置与安装规范》GB 14886

2 《电气装置安装工程 高压电器施工及验收规范》GB 50147

3 《电气装置安装工程 电力变压器、油浸电抗器、互感器施工及验收规范》GB 50148

4 《电气装置安装工程 母线装置施工及验收规范》GB 50149

5 《电气装置安装工程 电气设备交接试验标准》GB 50150

6 《电气装置安装工程 电缆线路施工及验收规范》GB 50168

7 《电气装置安装工程 接地装置施工及验收规范》GB 50169

8 《电气装置安装工程 盘、柜及二次回路接线施工及验收规范》GB 50171

9 《电气装置安装工程 蓄电池施工及验收规范》GB 50172

10 《混凝土结构工程施工质量验收规范》GB 50204

11 《电气装置安装工程 电力变流设备施工及验收规范》GB 50255

12 《给水排水管道工程施工及验收规范》GB 50268

13 《地下铁道工程施工及验收规范》GB 50299

14 《建筑工程施工质量验收统一标准》GB 50300

15 《城市轨道交通通信工程质量验收规范》GB 50382

16 《盾构法隧道施工及验收规范》GB 50446

17 《城市轨道交通信号工程施工质量验收规范》GB 50578

18 《城市道路交通设施设计规范》GB 50688

19 《地铁设计规范》GB 50157
20 《建筑地基基础工程施工规范》GB 51004
21 《道路交通标志和标线》GB 5768
22 《爆破安全规程》GB 6722
23 《公路交通工程钢构件防腐技术条件》GB/T 18226
24 《城市轨道交通工程测量规范》GB/T 50308
25 《城镇道路工程施工质量验收规范》CJJ 1
26 《城市桥梁工程施工与质量验收规范》CJJ 2
27 《道路交通信号控制机》GA 47
28 《建筑地基处理技术规范》JGJ 79
29 《公路路基施工技术规范》JTG F10
30 《铁路隧道超前地质预报技术规程》Q/CR 9217
31 《高速铁路桥涵工程施工技术规程》Q/CR 9603
32 《客货共线铁路隧道工程施工技术规程》Q/CR 9653
33 《铁路工程土工试验规程》TB 10102
34 《铁路工程地基处理技术规程》TB 10106
35 《铁路瓦斯隧道技术规范》TB 10120
36 《铁路路基工程施工质量验收标准》TB 10414
37 《铁路桥涵工程施工质量验收标准》TB 10415
38 《铁路电力牵引供电工程施工质量验收标准》TB 10421
39 《铁路混凝土工程施工质量验收标准》TB 10424
40 《高速铁路工程测量规范》TB 10601
41 《高速铁路电力工程施工质量验收标准》TB 10757
42 《客货共线铁路信号工程施工技术指南》TZ 206

43 《喷射混凝土应用技术规程》JGJ/T 372

44 《路面标线涂料》JT/T 280

45 《公路桥涵施工技术规范》JTG/T F50

四川省工程建设地方标准

四川省有轨电车施工及验收标准

Construction and acceptance criteria for
trams in Sichuan Province

DBJ51/T 086 – 2017

条 文 说 明

目 次

1 总 则

1.0.1 本标准的编制目的是加强和统一四川省有轨电车工程施工和验收。本标准是施工单位进行施工以及政府部门、建设单位、监理单位、勘察设计单位和施工单位对工程施工质量进行监督、管理和控制的主要依据之一。

由于施工阶段的质量控制是工程整体质量控制的关键环节，工程整体质量在很大程度上取决于施工阶段的质量控制，所以本标准根据城市有轨电车工程的质量特性，规定了建设活动各方对工程施工以及施工质量控制的方法、程序、职责以及质量指标，借以保证工程质量。

1.0.2 本条对本标准适用范围作出界定。本标准适用于四川地区新建和改扩建有轨电车工程施工及验收。在标准体系中，本标准是有轨电车工程中土建、轨道、供电及信号等专业工程施工及施工质量验收的主体标准。凡未作规定的，均应按国家和四川省现行有关规范标准执行。

1.0.4 有轨电车的建设与施工必须遵守国家及四川省的法令法规。当工程具有具体要求而本规范无规定时，应执行国家及四川省相关规范、标准，或由建设、设计、施工、监理等有关方面协商解决。

本规范引用的国家有关规范、规程、标准均为现行且有效的，条文中给出了编号，以便于使用时查找。

3 基本规定

3.1 一般规定

3.1.1 本条是对建设单位、施工单位、勘察设计单位、监理单位等单位职责的基本要求。

3.1.6 本条是施工、技术、安全、质量管理方面的主要要求，是落实操作人员实现技术要求、生产优质产品、保证安全生产的重要施工管理措施。安全技术教育与培训是企业对作业层人员教育的基本内容，在施工前进行有针对性的技术安全教育，对安全生产具有重要的实现意义。作业前由主管技术人员向作业人员进行详细的安全技术交底是落实安全生产的重要措施，同时明确了责任。

3.4 工程施工质量验收

3.4.1 检验批是施工过程中条件相同并有一定数量的材料、构配件或安装项目，由于其质量水平基本均匀一致，因此可作为检验的基本单元，并按批验收。

检验批是工程验收的最小单位，是分项工程、分部工程、单位工程质量验收的基础。检验批验收包括资料检查、主控项目和一般项目项目检查。

质量控制资料反映了检验批从原材料到最终验收的各施工工序的操作依据，检验情况以及保证质量所必需的管理制度。对其完整性的检查，实际是对过程控制的确认，是检验批合格的前提。

检验批的合格与否主要取决于对主控项目和一般项目的检验结果。主控项目是对检验批的基本质量起决定性影响的检验项目，须从严要求，因此要求主控项目必须全部符合有关专业验收规范的规定，这意味着主控项目部允许有不符合要求的检验结果。对于一般项目，虽然允许存在一定数量的不合格点，但某些不合格点的指标与合格要求偏差较大或存在严重缺陷时，仍将影响使用功能或感官质量，对这些部位应进行维修处理。

为了使检验批的质量满足安全和功能的基本要求，保证工程质量，各专业验收规范应对各检验批的主控项目、一般项目的合格质量给予明确的规定。

3.4.2 分项工程的验收是以检验批为基础进行的，一般情况下，检验批和分项工程两者具有相同或相近的性质，只是批量的大小不同而已。分项工程质量合格的条件是构成分项工程的各检验批验收资料齐全完整，且各检验批均已验收合格。

3.4.3 分部工程的验收是以所含各分项工程验收为基础进行的。首先，组成分部工程的各分项工程已验收合格且相应的质量控制资料齐全、完整。此外，由于各分项工程的性质不尽相同，因此，作为分部工程不能简单地组合而加以验收，尚需进行以下检查项目：

1 分部工程所含分项工程的质量均应验收合格。这是一项统计汇总工作，应注意核对有没有漏项目的分项工程，各分项工程验收是否正确。

2 质量保证资料应完整。这是一项统计汇总工作。主要是检查检验批的验收资料、施工操作依据、质量记录是否完整配套，是否全面反映了质量状况。

3 地基基础、梁部结构的检验和抽样检测结果应符合本标准的有关规定。主要检查项目是否有缺漏、检测记录是否符合要求，检测结果是否符合本标准的规定和设计要求。

4 观感质量应通过验收。感官质量检查须由参加验收的各方人员共同进行，最后共同协商确定是否通过验收。

3.5 工程施工质量验收的程序和组织

3.5.1 检验批是建筑工程施工质量验收的最基本层次，是单位工程质量验收的基础，所有检验批均应由专业监理工程师组织验收。验收前，施工单位应完成自检，对存在的问题自行整改处理，然后申请专业监理工程师组织验收。

3.5.2 关键工序对工程施工质量起着重要影响，关系到整个工程质量，为保证质量，严格把关，规定关键工序和首次检验批应由总监理工程师组织施工、建设、勘察、设计等单位相关负责人共同验收。

4　地基处理

4.2　原地面碾压

4.2.1　大面积碾压的施工，在有条件的场地或工程，应首先考虑采用一次性施工。

压实机械的使用要求：压实机械应先轻后重，碾压速度先慢后快。

4.2.3　在建设期间，压实填土场地阻碍原地表水的畅通排泄往往很难避免，但遇到此种情况时，应根据当地地形及时修筑雨水截水沟、排水盲沟等，疏通排水系统，使雨水或地下水顺利排走。对填土高度较大的边坡应重视排水对边坡稳定性的影响。

设置在压实填土场地的上、下水管道，由于材料及施工等原因，管道渗漏的可能性很大，应采取必要的防渗漏措施。

4.2.4　在斜坡上进行压实填土，应考虑压实填土沿斜坡滑动的可能，并应根据天然地面的实际坡度验算其稳定性。当天然地面坡度大于20%时，填料前，宜将斜坡的坡面挖出若干台阶，使压实填土与斜坡坡面紧密接触，形成整体，防止压实填土向下滑动。此外，还应将斜坡顶面以上的雨水有组织地引向远处，防止雨水流向压实的填土内。

4.2.5　原地面碾压原则：1）“先轻后重”即初压轻，复压重，先静力碾压，后振动碾压。2）“先慢后快”是指压路机的碾压速度随着碾压遍数增加应逐渐加快，初压时要以较低的速度进行碾压，避免产生碾压轮拥土现象，防止压路机陷车等异常情况发生。3）“先边后中”的碾压顺序，作业时压路机必须先从路基的一侧（距路基边缘 30 cm ~ 50 cm 处），沿路基延伸方向，逐渐向路基中心线处进行碾压，在越过路基中心 30 cm ~ 50 cm 后，再从路基的另一侧边缘开始向路基中心线处碾压。实施弯道碾压作业时，应先从路基内侧逐渐压向路基外侧，亦即从路基低处向路基高处。

冲击碾压法施工的冲击碾压宽度不宜小于 6 m，工作面较窄时，需设置转弯车道，冲压最短直线距离不宜小于 100 m，冲压边角及转弯区域应采用其他措施压实；施工时，地下水位应降低到碾压地面以下 1.5 m。

压实填土的施工必须在上道工序满足设计要求后再进行下道工序施工。

振动监测：当场地周围有对振动敏感的精密仪器、设备、建筑物等或有其他需要时宜进行振动监测。测点布置应根据监测目的和现场情况确定，一般可在振动强度较大区域内的建筑物基础或地面上布设观测点，并对其振动速度峰值和主振频率进行监测，具体控制标准及监测方法可参照现行国家标准《爆破安全规程》GB 6722 执行。对于居民区、工业集中区等受振动可能影响人居环境时可参照现行国家标准《城市区域环境振动标准》GB 10070 和《城市区域环境振动测量方法》GB/T 10071 要求执行。

噪声监测：在噪声保护要求较高区域内可进行噪声监测。噪声的控制标准和监测方法可按现行国家标准《建筑施工场界环境噪声排放标准》GB 12523 执行。

4.2.6 压实填土施工结束后，当不能及时施工基础和主体工程时，应采取必要的保护措施，防止压实填土表层直接日晒或受雨水浸泡。

4.3 土方换填

4.3.3 粉质黏土、灰土垫层及粉煤灰换填垫层施工，应符合下列规定：

1 分层施工时，上下两层的缝距不得小于 500 mm，且接缝处应夯压密实。

2 灰土拌和均匀后，应当日铺填夯压；灰土夯压密实后，3 天内不得受水浸泡；粉煤灰垫层铺筑后，宜当日压实，每层验收后应及时铺填上层或封层，并应禁止车辆碾压通行。

4.4 复合地基

4.4.1 振冲施工选用振冲器要考虑设计荷载、工期、工地电源容量及地基土天然强度等因素。30 kW 功率的振冲器每台机组约需电源容量 75 kW，其制成的碎石桩径约 0.8 m，桩长不宜超过 8 m，因其振动力小，桩长超过 8 m 加密效果明显降低；75 kW 振冲器每台机组需要电源电量 100 kW，桩径可达 0.9 m ~ 1.5 m，振冲深度可达 20 m。

在邻近有已建建筑物时，为减小振动对建筑物的影响，宜用功率较小的振冲器。

为保证施工质量，电压、加密电流、留振时间要符合要求。如电源电压低于 350 V 则应停止施工。使用 30 kW 振冲器密实电流一般为 45 A ~ 55 A;55 kW 振冲器密实电流一般为 75 A ~ 85 A;75 kW 振冲器密实电流为 80 A ~ 95 A。

为了保证桩顶部的密实，振冲前开挖基坑时应在桩顶高程以上预留一定厚度的土层。一般 30 kW 振冲器应留 0.7 m ~ 1.0 m, 75 kW 应留 1.0 m ~ 1.5 m。当基槽不深时可振冲后开挖。

振冲施工可按下列步骤进行:

1）清理平整施工场地，布置桩位。

2）施工机具就位，使振冲器对准桩位;

3）启动供水泵和振冲器，水压宜为 200 kPa ~ 600 kPa，水量宜为 200 L/min ~ 400 L/min，将振冲器徐徐沉入土中，造孔速度宜为 0.5 m/min ~ 2.0 m/min，直至达到设计深度；记录振冲器经各深度的水压、电流和留振时间。

4）造孔后边提升振冲器，边冲水直至孔口，再放至孔底，重复（2 ~ 3）次扩大孔径并使孔内泥浆变稀，开始填料制桩。

5）大功率振冲器投料可不提出孔口，小功率振冲器下料困难时，可将振冲器提出孔口填料，每次填料厚度不宜大于 500 mm；将振冲器沉入填料中进行振密制桩，当电流达到规定的密实电流值和规定的留振时间后，将振冲器提升 300 mm ~ 500 mm。

6）重复以上步骤，自下而上逐段制作桩体直至孔口，记录各段深度的填料量、最终电流值和留振时间。

7）关闭振冲器和水泵。

4.4.2 本条说明如下：

1 沉管法施工，应选用与处理深度相适应的机械。可用的施工机械类型很多，除专用机械外还可利用一般的打桩机改装。目前所用机械主要可分为两类，即振动沉管桩机和锤击沉管桩机。

用垂直上下振动的机械施工的称为振动沉管成桩法，用锤击式机械施工成桩的称为锤击沉管成桩法，锤击沉管成桩法的处理深度可达 10 m。桩机通常包括桩机架、桩管及桩尖、提升装置、挤密装置（振动锤或冲击锤）、上料设备及检测装置等部分。为了使桩管容易打入，高能量的振动沉管桩机配有高压空气或水的喷射装置，同时配有自动记录桩管贯入深度、提升量、压入量、管内砂石位置及变化（灌砂石及排砂石量），以及电机电流变化等检测装置。有的设备还装有计算机，根据地层阻力的变化自动控制灌砂石量并保证沿深度均匀挤密并达到设计标准。

2 不同的施工机具及施工工艺用于处理不同的地层会有不同的处理效果。常遇到设计与实际情况不符或者处理质量不能达到设计要求的情况，因此施工前在现场的成桩试验具有重要的意义。

通过现场成桩试验，检验设计要求和确定施工工艺及施工控制标准，包括填砂石量、提升高度、挤压时间等。为了满足试验及检测要求，试验桩的数量应不少于（7 ~ 9）个。正三角形布置至少要 7 个（即中间 1 个周围 6 个）；正方形布置至少要 9 个（3 排 3 列，每排每列各 3 个）。如发现问题，则应及时会同设计人员调整设计或改进施工。

3 振动沉管法施工，成桩步骤如下：

1）移动桩机及导向架，把桩管及桩尖对准桩位；

2）启动振动锤，把桩管下到预定的深度；

3）向桩管内投入规定数量的砂石料（根据施工试验的经验，为了提高施工效率，装砂石也可在桩管下到便于装料的位置时进行）；

4）把桩管提升一定的高度（下砂石顺利时提升高度不超过 1 m ~ 2 m），提升时桩尖自动打开，桩管内的砂石料流入孔内；

5）降落桩管，利用振动及桩尖的挤压作用使砂石密实；

6）重复 4）、5）两工序，桩管上下运动，砂石料不断补充，砂石桩不断增高；

7）桩管提至地面，砂石桩完成。

施工中，电机工作电流的变化反映挤密程度及效率。电流达到一定不变值，继续挤压将不会产生挤密效果。施工中不可能及时进行效果检测，因此按成桩过程的各项参数对施工进行控制是重要的环节，必须予以重视，有关记录是质量检验的重要资料。

4　对于黏性土地基，当采用活瓣桩靴时宜选用平底型，以便于施工时顺利出料。

5　锤击沉管法施工有单管法和双管法两种，但单管法难以发挥挤密作用，故一般宜用双管法。

双管法的施工根据具体条件选定施工设备，其施工成桩过程如下：

1）将内外管安放在预定的桩位上，将用作桩塞的砂石投入外管底部；

2）以内管做锤冲击砂石塞，靠摩擦力将外管打入预定深度；

3）固定外管将砂石塞压入土中；

4）提内管并向外管内投入砂石料；

5）边提外管边用内管将管内砂石冲出挤压土层；

6）重复 4）、5）步骤；

7）待外管拔出地面，砂石桩完成。

此法优点是砂石的压入量可随意调节，施工灵活。

其他施工控制和检测记录参照振动沉管法施工的有关规定。

6 砂石桩桩孔内的填料量应通过现场试验确定。考虑到挤密砂石桩沿深度不会完全均匀，实践证明砂石桩施工挤密程度较高时地面要隆起，另外施工中还有损耗等，因而实际设计灌砂石量要比计算砂石量增加一些。根据地层及施工条件的不同增加量一般为计算量的 20%～40%。

当设计或施工的砂石桩投砂石量不足时，地面会下沉；当投料过多时，地面会隆起，同时表层 0.5 m～1.0 m 常呈松软状态。如遇到地面隆起过高，也说明填砂石量不适当。实际观测资料证明，砂石在达到密实状态后进一步承受挤压又会变松，从而降低处理效果。遇到这种情况应注意适当减少填砂石量。

施工场地土层可能不均匀，土质多变，处理效果不能直接看到，也不能立即测出。为了保证施工质量，使在土层变化的条件下施工质量也能达到标准，应在施工中进行详细的观测和记录。观测内容包括：桩管下沉随时间的变化；灌砂石量预定数量与实际数量；桩管提升和挤压的全过程（提升、挤压、砂桩高度的形成随时间的变化）等。有自动检测记录仪器的砂石桩机施工中可以直接获得有关的资料，无此设备时须由专人测读记录。根据桩管下沉时间曲线可以估计土层的松软变化随时掌握投料数量。

7 以挤密为主的砂石桩施工时，应间隔（跳打）进行，并宜由外侧向中间推进；对黏性土地基，砂石桩主要起置换作用，为了保证设计的置换率，宜从中间向外围或隔排施工；在既有建（构）筑物邻近施工时，为了减少对邻近既有建（构）筑物的振动影响，应背离建（构）筑物方向进行。

8 砂石桩桩顶部施工时，由于上覆压力较小，因而对桩体的约束力较小，桩顶形成一个松散层，施工后应加以处理（挖除或碾压）。

4.4.3 国内的水泥土搅拌桩大多采用国产的轻型机械施工，这些机械的质量控制装置较为简陋，施工质量的保证很大程度上取决于机组人员的素质和责任心。因此，加强全过程的施工监理，严格检查施工记录和计量记录是控制施工质量的重要手段，检查重点为水泥用量、桩长、搅拌头转数和提升速度、复搅次数和复搅深度、停浆处理方法等。

水泥土搅拌法施工主要步骤应为：

1）搅拌机械就位、调平；

2）预搅下沉至设计加固深度；

3）边喷浆（粉）、边搅拌提升直至预定的停浆（灰）面；

4）重复搅拌下沉至设计加固深度；

5）根据设计要求，喷浆（粉）或仅搅拌提升直至预定的停浆（灰）面；

6）关闭搅拌机械。在预（复）搅下沉时，也可采用喷浆（粉）的施工工艺，必须确保全桩长上下至少再重复搅拌一次。对地基土进行干法咬合加固时，如复搅困难，可采用慢速搅拌，保证搅拌的均匀性。

4.4.4 近年来旋喷注浆技术得到了很大的发展，利用超高压水泵（泵压大于 50 MPa）和超高压水泥浆泵（水泥浆压力大于 35 MPa），辅以低压空气，大大提高了旋喷桩的处理能力。在软土中的切割直径可超过 2.0 m，注浆体的强度可达 5.0 MPa，有效加固深度可达 60 m。所以对于重要的工程以及对变形要求严格的工程，应选择较强设备能力进行施工，以保证工程质量。

旋喷注浆的主要材料为水泥，对于无特殊要求的工程宜采用强度等级为 42.5 级及以上普通硅酸盐水泥。根据需要，可在水泥浆中分别加入适量的外加剂和掺合料，以改善水泥浆液的性能，如早强剂、悬浮剂等。所用外加剂或掺合剂的数量，应根据水泥土的特点通过室内配比试验或现场试验确定。当有足够实践经验时，亦可按经验确定。旋喷注浆的材料还可选用化学浆液。因费用昂贵，只有少数工程应用。

4.4.5 现有成孔方法包括沉管（锤击、振动）和冲击等方法，但都有一定的局限性，在城市或居民较集中的地区往往限制使用，如锤击沉管成孔，通常允许在新建场地使用，故选用上述方法时，应综合考虑设计要求、成孔设备或成孔方法、现场土质和对周围环境的影响等因素。

施工灰土挤密桩时，在成孔或拔管过程中，对桩孔（或桩顶）

上部土层有一定的松动作用，因此施工前应根据选用的成孔设备和施工方法，在基底标高以上预留一定厚度的土层，待成孔和桩孔回填夯实结束后，将其挖除或按设计规定进行处理。

4.4.6 在旧城危改工程中，由于场地环境条件的限制，多采用人工洛阳铲、螺旋钻机成孔方法，当土质较松软时采用沉管、冲击等方法挤土成孔，可收到良好的效果。

混合料含水量是决定桩体夯实密度的重要因素，在现场实施时应严格控制。用机械夯实时，因锤重，夯实功大，宜采用土料最佳含水量 $w_{op}-(1\%\sim2\%)$，人工夯实时宜采用土料最佳含水量 $w_{op}+(1\%\sim2\%)$，均应由现场试验确定。各种成孔工艺均可能使孔底存在部分扰动和虚土，因此夯填混合料前应将孔底土夯实，有利于发挥桩端阻力，提高复合地基承载力。为保证桩顶的桩体强度，现场施工时均要求桩体夯填高度大于桩顶设计标高 200 mm ~ 300 mm。

4.4.7 水泥粉煤灰碎石桩的施工，应根据设计要求和现场地基土的性质、地下水埋深、场地周边是否有居民、有无对振动反应敏感的设备等多种因素选择施工工艺。这里给出了四种常用的施工工艺：

1）长螺旋钻干成孔灌注成桩，适用于地下水位以上的黏性土、粉土、素填土、中等密实以上的砂土以及对噪声或泥浆污染要求严格的场地。

2）长螺旋钻中心压灌灌注成桩，适用于黏性土、粉土、砂土；对含有卵石夹层场地，宜通过现场试验确定其适用性。北京某工程卵石粒径不大于 60 mm，卵石层厚度不大于 4 m，卵石含量不大于30%，采用长螺旋钻施工工艺取得了成功。目前城区施工对噪声或泥浆污染要求严格，可优先选用该工法。

3）振动沉管灌注成桩，适用于粉土、黏性土及素填土地基及对振动和噪声污染要求不严格的场地。

4）泥浆护壁成孔灌注成桩，适用于地下水位以下的黏性土、粉土、砂土、填土、碎石土及风化岩层。

4.4.8 柱锤冲扩桩法成孔方式有如下三种：

1）冲击成孔：将柱锤提升一定高度，自由下落冲击土层，如此反复冲击，接近设计成孔深度时，可在孔内填少量粗骨料继续冲击，直到孔底被夯密实。最基本的成孔工艺，条件是冲孔时孔内无明水、孔壁直立、不塌孔、不缩颈。

2）填料冲击成孔：成孔时出现缩颈或塌孔时，可分次填入碎砖和生石灰块，边冲击边将填料挤入孔壁及孔底，当孔底接近设计成孔深度时，夯入部分碎砖挤密桩端土。当冲击成孔出现塌孔或缩颈时，采用本法。这时的填料与成桩填料不同，主要目的是吸收孔壁附近地基中的水分，密实孔壁，使孔壁直立、不塌孔、不缩颈。碎砖及生石灰能够显著降低土壤中的水分，提高桩间土承载力，因此填料冲击成孔时应采用碎砖及生石灰块。

3）复打成孔：当塌孔严重难以成孔时，可提锤反复冲击至设计孔深，然后分次填入碎砖和生石灰块，待孔内生石灰吸水膨胀、桩间土性质有所改善后，再进行二次冲击复打成孔。当采用填料冲击成孔施工工艺也不能保证孔壁直立、不塌孔、不缩颈时，应采用本方案。在每一次冲扩时，填料以碎砖、生石灰为主，根据土质不同采用不同配比，其目的是吸收土壤中水分，改善原土性状，第二次复打成孔后要求孔壁直立、不塌孔，然后边填料边夯实形成桩体。

套管成孔可解决塌孔及缩颈问题，但其施工工艺较复杂，因此只在特殊情况下使用。

4.6 砂（碎石）垫层

4.6.1 换填垫层的施工参数应根据垫层材料、施工机械设备及设计要求等通过现场试验确定，以求获得最佳密实效果。对于存在软弱下卧层的垫层，应针对不同施工机械设备的重量、碾压强度、振动力等因素，确定垫层底层的铺填厚度，使既能满足该层的压密条件，又能防止扰动下卧软弱土的结构。

4.6.3 对于厚度不同的垫层，应防止垫层厚度突变；在垫层较深部位施工时，应注意控制该部位的压实系数，以防止或减少由于地基处理厚度不同所引起的差异变形。

4.6.4 垫层下卧层为软弱土层时，因其具有一定的结构强度，一旦被扰动则强度大大降低，变形大量增加，将影响到垫层及路基的安全使用。通常的做法是，开挖基坑时应预留厚约 200 mm 的保护层，待做好铺填垫层的准备后，对保护层挖一段随即用换填材料铺填一段，直到完成全部垫层，以保护下卧土层的结构不被破坏。

4.7 毛细水隔断层

4.7.3 当填土达到土工布隔断层高程时，按设计要求进行挂线，自线路中心向两侧做成 4%的横坡，平整后铺设土工布。土工布应沿线路方向铺设，幅面铺展平顺，以免其受拉；土工布的连接采用纵横向搭接或缝合。采用搭接时，搭接宽度不小于 30 cm，误差不得超过 5 cm，搭接要密贴，不得使土和砂挤入接缝内；缝合是先将土工布双层重叠摊铺，用便携式缝纫机以双线缝合（缝合搭接宽度不得小于 5 cm），然后翻开铺展，饱满地涂上粘合剂。土工布铺好后及时进行回填，回填第一层应以人工进行摊铺，厚度不得小于 0.3 m，以防土工布损坏和变形。回填时应及时做好两侧的排水沟，以防路堤坡脚再次盐渍化。

沥青胶砂（土）隔断层。铺设前，基底 30 cm 厚的土层压实十分关键，必须做到路基中部略高，两侧略低，即按 2%的坡度向两侧倾斜、整平，配制好的沥青砂运至工地必须立即使用。一般按 5 cm 厚迅速摊开、刮平，撒少量粉砂（防止粘结），随之压实。接缝处要密贴。沥青砂铺设后，随之填土。防止牲畜踏破或其他人为破坏，填土在 0.6 m 厚度内，禁止用羊足碾；若用推土机施工，为防止铲刀将隔断层推坏，可采用横向推土，逐步延伸，在降雨和低温（日均气温≤5 °C）季节不宜施工。

5 基　床

5.1　一般规定

5.1.1 为基床施工完工后指标要求。

5.4　路基面

5.4.1　此条为避免路基断面发生突变而做的要求。

5.4.3　建筑限界是强制规定，任何预埋构件都不得侵入建筑限界。对于破坏的路基面，应采用不低于 C25 的混凝土补齐。

5.4.4　对不易风化的硬质岩石路堑路基面超挖凹坑应用不低于 C25 的混凝土填平，若设计文件中对回填混凝土等级要求更高，则应按设计要求施作。

5.4.5　对凹坑填补段的回填除了回填材料应与路基面相同外，其压实度要求也应与路基回填要求一致。

5.4.6　对有可能出现连续低温的工程，应编制低温专项施工方案并进行审查。

5.4.7　修补爆破时局部缺损的路肩应采用与 5.4.4 条相同的回填材料。路基面上的溶洞指的是位于路基设计标高以下的小型溶洞。

5.5　施工质量验收

5.5.1　由于施工队伍、建筑材料、施工机械等存在差异，所以要求机床施工前应进行换填摊铺压实工艺性试验来确定主要工艺参数，以确保达到设计要求。

1 经检验合格的填料可用于施工现场，严禁未经检验或不合格的填料拉入现场。

由于施工队伍、建筑材料、施工机械等存在差异，所以要求机床施工前应进行换填摊铺压实工艺性试验来确定主要工艺参数，以确保达到设计要求。

主要是对基床底层施工质量检验的主控项目和一般项目进行了分类分项要求，施工中应重点加强对主控项目的检验，对一般项目也应按照条文中的规定执行。

2 经检验合格的填料可用于施工现场，严禁未经检验或不合格的填料拉入现场。

由于施工队伍、建筑材料、施工机械等存在差异，所以要求机床施工前应进行换填摊铺压实工艺性试验来确定主要工艺参数，以确保达到设计要求。

本条为避免路基断面发生突变也做了相应要求。

本条对基床表层施工质量检验的主控项目和一般项目进行了分类分项要求，施工中应重点加强对主控项目的检验，对一般项目也应按照条文中相关的规定执行。

5.5.2 本条主要是对路基面施工质量检验的主控项目进行了分类分项要求，施工中应重点加强对主控项目的检验。

6 一般路基

6.1 一般规定

6.1.3 同一层位采用种类相同、条件相同的填料进展填筑，有利于路基最大干密度的保障。

6.2 路 堑

6.2.1 本条说明如下：

1 由于修筑路堑，很可能引起区域性流径变化，不但影响区域性防洪与排水，而且也危及路堑本身安全。因此，应根据修筑路堑而引起的变化，对防洪和排水重新进行规划与设计，使其与该区域内的排水设施相沟通，以形成完整的防洪、排水系统，确保路堑和附近建筑物、地下设施、道路和农田安全。

2 有轨电车延伸至城市郊区爬向地面时，为防止地面水流入隧道内，故要求洞口应安装好排水设施。

6.2.2 天沟是截流路堑顶部以上流水的，侧沟是排除路堑边坡和路基表面水的，为保证其流水畅通而不渗漏，制定本条规定。

6.2.3 路堑开挖时，由于地形所致，边坡线很可能不处于同一等高线上，为保证边坡线位置正确，特制定本条规定。

6.2.4 路堑开挖时，需根据开挖边坡线和机械设备额定开挖高度，自上而下分层开挖，以保持坡面土体稳定，防止坍塌，确保施工安全。

路堑边坡随挖、随修理，这样不但施工方便，而且也保证施工安全。

设有防护的路堑，一般地质都较差，所以要边挖边封闭边坡，如达不到这一要求时，必须采取稳定边坡的措施。

6. 2. 5 本条规定的顺层开挖及短开挖等，均是为稳定边坡、保证施工安全而采取的措施。

6. 2. 6 由于环境保护和景观的要求，弃土点需经有关部门批准后方可使用。如设计规定在路堑两侧存、弃土时，应按设计要求施工，并符合城市规划和环卫要求。

6.3 路 堤

6. 3. 1 为使路堤与地基结合牢固并保持稳定，特对各种不同情况的地基处理提出了要求。

6. 3. 2 路堤填料对路堤强度和稳定性影响很大，所以需采用透水性好的土质，如采用透水性差的填料时，必须在接近最佳含水量时进行压实。凡淤泥、过湿土、垃圾土以及直径大于 150 mm 冻土在任何情况下都不得使用。

本条对路堤填筑密实度要求，主要是为保证运营后线路畅通无阻，避免路基因沉降量过大影响运营而制定的。

6. 3. 3 本条说明如下：

1 路堤填筑一般有横向和纵向碾压两种方式，而有轨电车多为双线路堤，所以应采用顺路堤碾压的方式。而要求碾轮外缘距边坡外缘 500 mm，主是为保证碾压机械的安全并防止沉陷而提出的。

2 分段施工的连接处是路堤压实的薄弱点，为保证其碾压的密实度而制定本规定。

3 采用振动压路机，每层填筑较厚，而振动压路机振动频率大，冲击力强，如不先静压即进行振动碾压，不但影响机械操作，而且不易保证填筑的密实度。

4 为避免路堤产生水囊而减弱其承载力，特制定本规定。

6.3.4 桥头、涵洞（管）结构，一般为钢筋混凝土、混凝土或砌筑结构，为防止因回填土产生的侧压力影响结构安全或受损坏，因此，要求结构强度或砌筑砂浆达到设计强度后，方可回填。

为避免桥台及挡土墙和护坡背后回填土受冻膨胀对其产生附加推力和受水浸泡产生湿陷而影响路基承载力及稳定性，故对填筑施工提出了要求。

为防止涵洞（管）两侧受力不均匀而产生位移和开裂，因此，对涵洞（管）两侧路堤缺口的填筑做出了相应的规定。

6.3.5 软土、沼泽地和杂土地段，为使路堤填筑时产生的荷重与地基抗剪强度相适应，故要求应按设计对地基进行处理。由于地基处理增加了技术处理工作量，为保证与其他地段同时完工，应安排提前施工。

路堤的边坡坡度是根据土壤自稳性由设计经过计算确定的，如果边坡出现裂缝、坍滑等现象，就不能保证路基本身的稳定，所以路堤边坡要求夯实，坡度应符合设计要求。

为保证路堤在任何季节及自然因素作用下不受损坏，可按设计要求采用以下不同的防护措施：

1 易生长植物坡面，可植耐旱草皮或灌木；不易生长植物的坡面宜采用抹面、捶面、喷浆或喷射混凝土、干砌或浆砌石以及做护坡、护墙等进行防护。

2 易受地表水冲刷的护坡，除采用砌石或挡土墙外，尚可采用抛石、做石笼、筑坝或进行河道改移等措施。

6.3.6 水是影响路堤稳定性的主要因素，雨季施工中，应在意防洪、排水和保持土壤正常含水量，并从施工组织、材料选择到施工技术等，采取综合措施，以保证工程质量。

6.3.7 冬季施工，要密切注意天气预报，防止气温骤然造成填料和填筑面冻结。

路堤冬季填筑时，由于土中的水分冻结并形成一定强度，在压实过程中，虽然也可能达到密实度要求，但解冻之后，冻结的毛细水孔形成孔隙，随着时间推移，会产生较大沉落。

为了保证冬季路基工程施工质量，本条文做出了相应的规定。

6.3.8 土工试验是保证路堤填筑质量的重要措施之一，除应测试其最佳含水量之外，由于路堤是分层填筑的，所以要求在一般情况下应以每层的长度和面积控制取试样组数。

6.4 施工质量验收

6.4.1 路堑、路堤工程施工，除隐蔽工程必须进行检查验收外，对主要工序也应进行检查，以保证工程质量。

7 特殊路基

7.4 高边坡、滑坡地段路基

7.4.8 根据工程的目的是直接抵抗滑坡推力还是通过消除滑坡诱发因素的间接效果，可将滑坡治理工程技术措施分为减滑工程和抗滑工程。

7.4.10 抗滑桩、抗滑挡墙等重要开挖工程，除设计特需额外，务必采用跳槽开挖的施工工艺。根据情况可跳一槽或者两槽进行施工，严禁全断面开挖。

不论采用减滑工程还是抗滑工程，都必须做好地下水和地表水的处理措施。目前的治水措施主要采用截、排、护和填的方法。

7.5 崩塌地段路基

7.5.5 岩堆中松散岩块一般占 70%以上，稳定性不好，因此，路基通过岩堆地区主要应使岩堆保持稳定。条文规定采用注水泥浆固结岩堆或修建挡墙、护面墙都是稳定岩堆的有效方法，可根据实际情况采用。

8 桥梁工程

8.1.5 有轨电车工程一般利用桩基、承台、墩身和梁体钢筋作为综合接地装置，这有别于一般公路、市政工程，所以有轨电车的桥梁施工时需特别注意接地装置设置和保护。

8.2 预应力混凝土简支梁

8.2.6 第 6 款，如果混凝土未达到要求的强度、弹模和龄期即行张拉，混凝土收缩、徐变所引起的预应力损失将大为增加，容易导致梁体后期挠度超标，甚至混凝土开裂等质量问题。

8.2.7 第 1 款，预应力管道压浆的浆体在 5 °C 以下时停止凝结、强度不增长，甚至冻结，在梁体温度回升后，浆体解冻时会胀裂梁体混凝土。

8.2.8 封锚混凝土体积小，与梁体混凝土浇筑的时间差较大，质量和连接性不容易保证，易产生裂纹导致漏水、漏气腐蚀预应力钢筋和锚头。因此从材料和施工工艺上作出比较详细的规定。

8.3 桥梁基础

8.3.15 第 1 款，桩基钻孔护壁泥浆的比重、黏度、含砂率等性能指标应根据钻孔设备、桩位地质及水文等条件选用，以能稳定孔壁为准；本标准对护壁泥浆指标不做硬性规定。

8.3.17 第2款,孔内泥浆性能对桩身混凝土灌注质量影响较大，泥浆比重过大、黏度偏小或含砂率过大宜使钻渣沉淀过快导致桩身混凝土夹渣，甚至断桩的质量问题；反之，又失去护壁作用宜导致坍孔，所以本标准对混凝土灌注前的泥浆性能指标作出明确规定。

8.5 预应力混凝土桥位制梁

8.5.2 第2款，扣件式钢管作为模板支撑体系，其间距、垂直度、接头、扣件等施工质量都较难控制达到设计状态，导致支架承载力折减较多，容易导致支架垮塌安全事故，故本标准要求不得采用扣件式钢管支架作为模板支撑体系，但是在施工中可将扣件式钢管作为满堂支架的剪刀撑。

8.5.2 第 8 款，最大施工荷载包括梁体自重、侧模和内模自重、梁体浇筑时的人员及机具荷载。当侧模和内模自重、梁体浇筑的人员及机具荷载没有计列时，可采用梁体自重的 120%最为最大施工荷载。

8.5.3 第 4 款，移动模架属于非标类设备、结构形式很多，不同型号、不同厂家的移动模架对墩台的作用点和作用力都有较大差别。施工前根据采用的移动模架对墩台作用点、作用力对墩台具体检算十分必要。

8.7 预应力混凝土梁（连续刚构）悬臂浇筑

8.7.5 第 2 款，悬浇连续梁合龙前，合龙口两端悬臂端受环境温度变化、日照影响会发生伸缩、竖向及横向位移，从而导致合龙段混凝土在凝固过程中受到张拉或压缩的超应力而产生裂纹，所以在合龙段混凝土浇筑前需将合龙口进行临时锁定，待合龙段混凝土达到设计强度后解除临时锁定。

9 涵洞工程

9.2 装配式涵洞

9.2.1 装配式涵洞推荐按照工厂化预制、现场拼装工法施工，为控制成品质量，要求采用钢模板预制。

9.2.2 装配式涵洞运输时是受力状态与运营时受力情况差异很大，施工中应严格遵照设计要求并做好相应保护措施。

9.2.6 圆管涵预制拼接的宜采用顺序拼接方式；箱涵预制拼接可采用由线路中心线向两侧拼接的方式。平接接口接缝处理因涵节构造的不同，会存在不同的拼缝尺寸和塞缝构造设计要求。接缝施工后可采用砂浆抹面方式抹平接缝表面。

9.4 顶进涵

9.4.2 顶进涵在下穿铁路工程建设中应用较多，安全风险高。下穿铁路营业线顶进涵施工应符合《改建既有线和增建第二线铁路工程施工技术暂行规定》和铁路运营管理单位的相关规定，制订安全专项施工方案，与铁路运营管理单位签订安全协议。

9.4.4 顶进涵节段预制的模板应有可调整尺寸的措施，以便对整体外形进行控制。涵身节段预制时，可将节段外侧的前3米长的按正公差设置，或从前端到后端的均匀分配公差设置。后端外侧尺寸不宜采用正公差，宜尽量按零公差控制。

9.4.5 因降水作业会较大影响路基沉降，地下水位较高的工区，需要配合采用止水帷幕、搅拌桩封底等措施，在保障工作坑工作条件的前提下，减少对线路运营的影响。

9.4.8 顶进施工需建立监测监控系统和安全预警机制，确保作业的安全与质量。

10 隧道工程

10.1 一般规定

10.1.1 虽然盾构法所采用的设备和施工方式与矿山法大相径庭，但它仍是一种暗挖施工方式，故本标准将盾构法划归暗挖法施工。

10.2 地质预报

10.2.2 地质调查法包括隧道地表补充地质调查和洞内地质素描等。地质调查法应根据隧道已有勘察资料、地表补充地质调查资料、洞内开挖工作面地质素描，通过地层层序对比、地层分界线及构造线地下和地表相关性分析、断层要素与隧道几何参数的相关性分析、临近隧道内不良地质体的前兆分析等，利用地质理论、地质作图和趋势分析等工具，推测开挖工作面前方可能揭示的地质情况。

10.2.4 按照《铁路隧道超前地质预报技术规程》Q/CR 9217，超前地质预报前，应根据隧道工程地质与水文地质条件、地质因素对隧道施工影响程度及诱发环境问题的程度，对隧道分段进行地质复杂程度分级。隧道地质复杂程度分级应根据开挖过程中的超前地质预报成果和实际动态调整。隧道超前地质预报应根据不同的地质复杂程度分级，针对不同类型的地质问题，选择不同的方法和手段进行，并贯穿于施工全过程。

10.3.7 水泥土墙桩内插入型钢施工应符合下列要求：

1 型钢应在成桩后及时插入，插入长度和出露长度应符合设计要求。

2 型钢定位应通过设置型钢定位卡等控制。

3 型钢插入过程中应采用经纬仪或铅垂线控制型钢插入垂直度，及时校正偏差。型钢垂直度偏差应符合设计要求，并不大于 $H/200$（H 为型钢插入深度）。

10.3.9 回灌可采用井点、砂井、砂沟等，施工应符合下列要求：

1 回灌井间距应根据降水井间距和被保护物的平面位置确定。回灌井与降水井的距离不宜小于 6 m。

2 回灌井应进入稳定水面以下 1 m，且位于渗透性较好的土层中，过滤管的长度应大于降水井过滤管的长度。

3 回灌水量可通过水位观测孔中水位变化进行控制和调节，不宜超过原水位标高。回灌水箱高度可根据灌入水量配置。

4 回灌砂井的灌砂量应为井孔体积的 95%，填料宜采用含泥量不大于 3%、不均匀系数 3 ~ 5 的纯净中粗砂。

5 回灌井与降水井应协调控制，回灌水宜采用清水。

10.3.10 围护结构内支撑施工要注意钢支撑的端头与冠梁或围檩的连接，以及钢支撑的预加力。要注意以下几点：

1 围护结构内支撑施工时，钢支撑的端头与冠梁或围檩的连接应符合：

1） 支撑端头应设置厚度不小于 10 mm 的封头钢板，端板与支撑杆件满焊接，焊缝厚度及长度应能承受全部支撑力或与支撑等强，必要时应设加劲肋，肋板数量、尺寸应满足支撑端头局部稳定要求和传递支撑力的要求。

2）支撑端面与支撑轴线不垂直时，可在冠梁或围檩上设置预埋铁件或采取其他构造措施以承受支撑与冠梁或围檩间的剪力。

2 钢支撑预加力应符合：

1）支撑安装后，应及时检查各节点的连接情况，符合要求后施加预压力，施加预压力应在支撑两端同步对称进行。

2）预压力应分级施加、重复进行，加至设计值时，应再次检查各连接点情况，待额定压力稳定后锁定。

10.4 暗挖施工

10. 4. 6 台阶法施工在一般情况下，Ⅲ级围岩循环进尺不宜超过3.0 m；Ⅳ级软弱围岩上台阶循环进尺不宜超过 2 榀钢架设计间距，Ⅴ、Ⅵ级围岩上台阶循环进尺不宜超过 1 榀钢架设计间距；Ⅳ、Ⅴ级围岩下台阶循环进尺不宜超过 2 榀钢架设计间距。若围岩自稳能力较强，循环进尺可适当加大。

10.5 衬砌施工

10. 5. 1 模板台车的使用应符合下列要求：

1 模板台车应具有足够的动载荷刚度和强度，安全系数应大于动载荷的 1.6 倍以上，行走系统应具有足够的牵引力和牢固的结构。

2 曲线隧道台车就位应考虑内外弧长差引起的左右侧搭接长

度的变化，以使弧线圆顺，减少接缝错台。

3 模板与混凝土的搭接长度应大于 10 cm，撑开就位后应检查台车各节点连接是否牢固，有无错动移位情况，模板是否翘曲或扭动，位置是否准确。

10.5.6 衬砌混凝土灌注后，拱部因混凝土凝固收缩易形成空隙，因此必须对拱部回填注浆。该回填注浆应该在衬砌拆模前进行。应符合下列要求：

1 注浆回填宜采用如说明图 10.5.6-1 和说明图 10.5.6-2 的纵向预贴注浆管道法。

2 预贴注浆花管宜采用ϕ20 mm ~ ϕ30 mm 的 PVC 管，并应在管身布设梅花形溢浆孔。排气管不布孔，应根据排气需要安设。

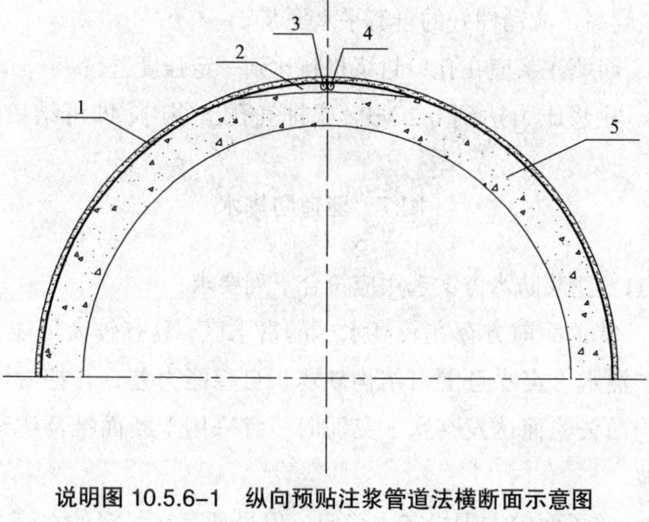

说明图 10.5.6-1　纵向预贴注浆管道法横断面示意图

1—防水层；2—空隙；3—预贴排气管；4—预贴 PVC 注浆花管；

5—二次衬砌

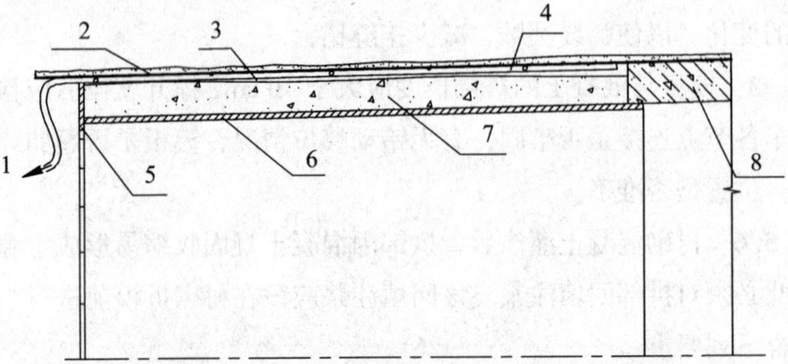

说明图 10.5.6-2　纵向预贴注浆管道法纵断面示意图

1—接注浆机；2—防水层；3—空隙；4—预贴 PVC 注浆花管；5—衬砌台车端模；6—衬砌台车模板；7—本循环二次衬砌；8—上循环二次衬砌

3　回填注浆应采用微膨胀性水泥砂浆，有特殊要求的地段可采用强度高、流动性好的自流平水泥浆。

4　回填注浆应在孔口封堵材料达到一定强度进行。

5　注浆压力达到 0.2 MPa 或排气孔出浆时，即可结束注浆。

10.7　隧道防排水

10. 7. 11　注浆防水方案选用应符合下列要求：

1　掌子面前方存在较高水压的富水区，具有较大可能、较大规模的涌水、突水且围岩结构软弱，自稳能力差，开挖后可能导致掌子面失稳而诱发突水、突泥时，宜采用全断面帷幕注浆或周边注浆。

2　掌子面前方围岩基本稳定，但局部存在一定的水流，开挖后可能导致掌子面大量渗漏水而无法施作初期支护时，宜采用超前局部注浆。

3 围岩有一定自稳能力，开挖后水压和水量较小，但出水量超过设计允许排放量时，宜采用径向注浆。

4 注浆防水宜选择采用水泥浆液，超细水泥浆、水泥-水玻璃浆液等材料。

注浆防水施工应符合下列要求：

1 根据地下水情况、防水范围、设备性能、浆液扩散半径和对注浆防水效果的要求等综合因素确定注浆孔数、布孔方式及钻孔角度。

2 采用全断面围帷注浆时，注浆初始循环应根据水压、水量、地层完整性及设计压力确定止浆墙的形式，并设置孔口管。

3 预注浆段的长度应视具体情况合理确定，掘进时应保留足够的止水岩盘厚度。

4 注浆压力应根据水文地质条件合理确定，宜比静水压力大 0.5 MPa ~ 1.5 MPa。

5 钻孔注浆顺序应由下往上、由少水处到多水处、隔孔钻注。

6 预注浆检查孔的渗水量应小于设计允许值，浆液固结达到设计强度后方可开挖。径向注浆结束后应达到设计规定的允许渗漏量。

10.8 施工通风与降尘

10.8.1 隧道通风设计需风量计算的五种因素计算式如下：

1 排出炮烟需风量按下式计算：

$$Q=\frac{2.25}{t}\sqrt[3]{A\cdot b\cdot S^2\cdot L^2\cdot K/P^2}\ (\mathrm{m^3/min}) \qquad (10.8.1\text{-}1)$$

式中 t——通风时间（min）；

A——爆破耗药量（kg）；

b——1 kg 炸药有害气体生成量（L），通常取值 40；

S——巷道断面积（m^2）；

L——巷道长度或临界长度（m）；

K——考虑淋水使炮烟浓度降低的系数；

P——巷道计算长度范围内漏风系数。

2 洞内最大工作人数需风量按下式计算：

$$Q=q\cdot k\cdot m\ (\mathrm{m^3/min}) \qquad (10.8.1\text{-}2)$$

式中 q——每人需要的新鲜空气标准（m^3/min）；

k——风量备用系数；

m——同一时间内洞内工作最多人数。

3 最低风速要求需风量按下式计算：

$$Q=V\cdot S\times 60\ (\mathrm{m^3/min}) \qquad (10.8.1\text{-}3)$$

式中 V——洞内允许最小风速（m/s）；

S——巷道断面积（m^2）。

4 按瓦斯涌出量计算需风量按下式计算：

$$Q=\frac{Q_{CH_4}}{B_{允}-B_0}K\ (\mathrm{m^3/min}) \qquad (10.8.1\text{-}4)$$

式中　Q_{CH_4}——工作面瓦斯涌出量（m^3/min）；

$B_{允}$——工作面瓦斯允许浓度；

B_0——送入工作面风流的瓦斯浓度；

K——瓦斯涌出不均匀系数。

5　稀释和排出内燃机械废气需风量按下式计算：

$$Q = k \times \sum N_i T_i \quad (m^3/min) \tag{10.8.1-5}$$

式中　k——规定的单位需风量（m^3/min）；

N_i——各内燃机功率（kW）；

T_i——同时工作柴油机设备利用率系数。

10.8.8　几种常见施工通风方式见说明图 10.8.8-1 ~ 5。

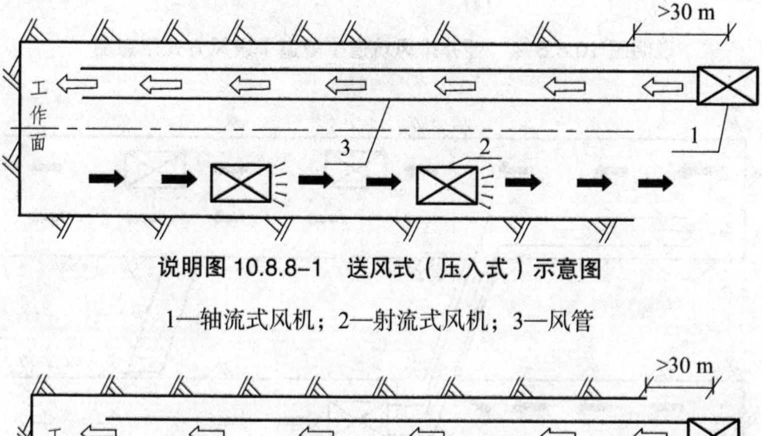

说明图 10.8.8-1　送风式（压入式）示意图

1—轴流式风机；2—射流式风机；3—风管

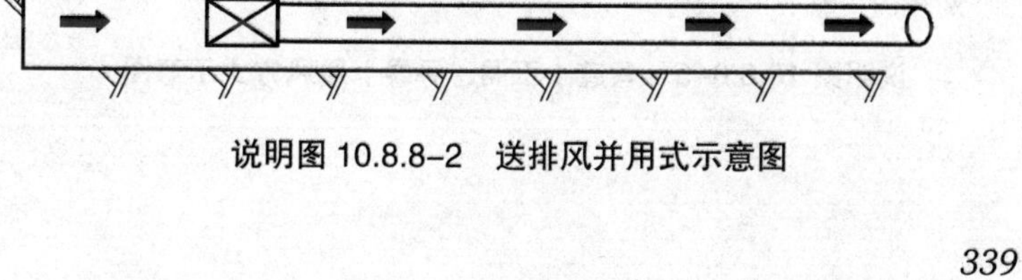

说明图 10.8.8-2　送排风并用式示意图

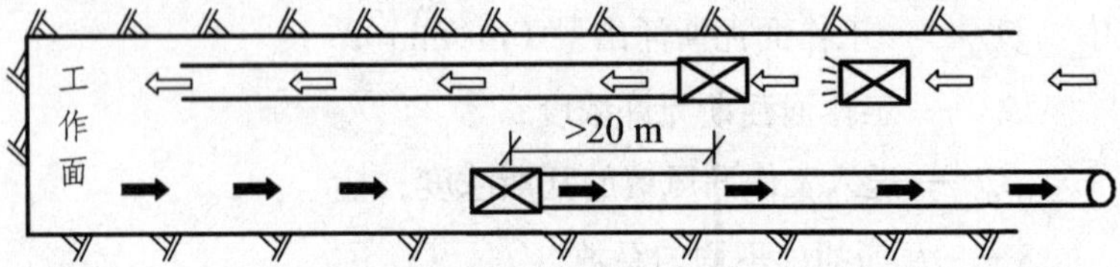

说明图 10.8.8-3　送排风混合式示意图

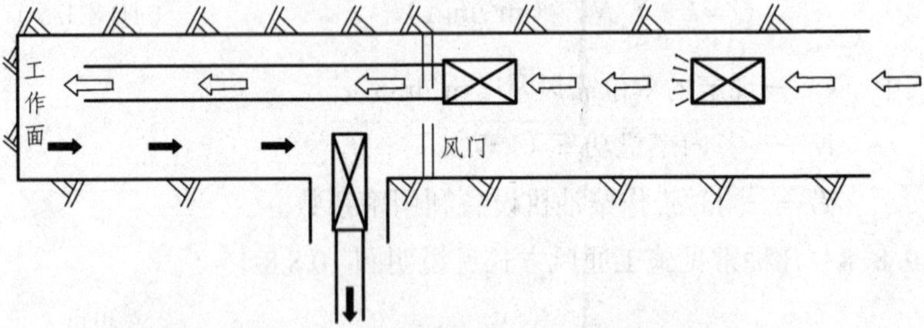

说明图 10.8.8-4　竖井排风坑道（隧道）送风方式示意图

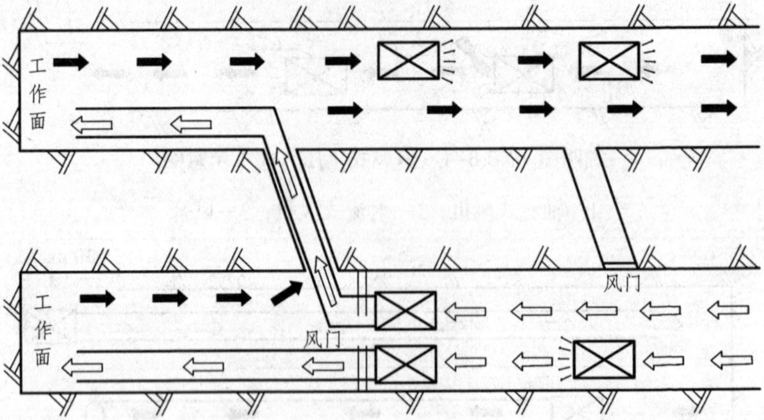

说明图 10.8.8-5　巷道（正洞、平导）通风方式示意图

10.10 监控量测

10.10.3 基坑等级原则上由设计明确，如设计未明确时，可参考其他相关规范，结合有轨电车工程特点，对基坑变形控制等级进行划分。划分见说明表 10.10.3。

说明表 10.10.3 基坑变形控制等级

变形控制等级	地面最大沉降量及围护结构水平位移控制要求	周边环境条件
一级	1. 地面最大沉降量≤0.15%H； 2. 支护结构最大水平位移≤0.15%H，且≤30 mm	1. 离基坑 0.75H 周边有地铁、煤气管、大型压力总水管等重要市政建筑设施、建（构）筑物必须确保安全； 2. 开挖深度≥14 m，且在 1.5H 范围内有重要建筑、重要管线等市政设施； 3. 环境安全无特殊要求，开挖深度≥20 m
二级	1. 地面最大沉降量≤0.2%H； 2. 支护结构最大水平位移≤0.25%H，且≤40 mm	1. 离基坑 1.5H 周边没有重要干线、在使用的大型构筑物、建筑物或市政建筑设施； 2. 环境安全无特殊要求，开挖深度≥14 m
三级	1. 地面最大沉降量≤0.5%H； 2. 支护结构最大水平位移≤0.7%H，且≤70 mm	环境安全无特殊要求

注：1 基坑安全等级应与变形控制等级一致，膨胀土基坑安全等级按一级采用。

2 进入基岩的基坑可结合岩面位置及对建（构）筑物的有利影响，适当降低安全等级。

3 对管线等变形标准，可以根据相关权属部门要求确定；建筑物按《建筑地基基础设计规范》GB 50007 规定，注意扣除已发生的变形。

4 地面最大沉降量及支护结构水平位移还应结合局部环境安全控制标准，取最小值控制。

11 轨道工程

11.2 施工控制网

11.2.2 第5款做如下说明：

1 复测控制网测量精度统计分析包含：

1）独立环闭合差及重复基线较差统计；

2）GPS 自由网平差和约束平差后最弱边方位角中误差和边长相对中误差统计；

3）导线方位角闭合差，全长相对闭合差，测角中误差统计；

4）水准测量测段间往返测较差，附合水准路线高差闭合差、水准路线每千米高差偶然中误差统计。

2 复测与原测成果的对比分析包含：

1）平面控制网复测与原测坐标成果较差；

2）GPS 网复测与原测相邻点间坐标差之差的相对精度的比较；

3）导线复测与原测水平角、边长较差；

4）相邻水准点复测与原测高差较差。

11.2.4 做如下说明：

11 采用矩形环的水准路线形式测量时，左边第一个闭合环的四个高差应由两个测站完成，其他闭合环的四个高差可由一个测站按照后—前—前—后、前—后—后—前的顺序进行单程观测。结构网图见说明图 11.2.4。

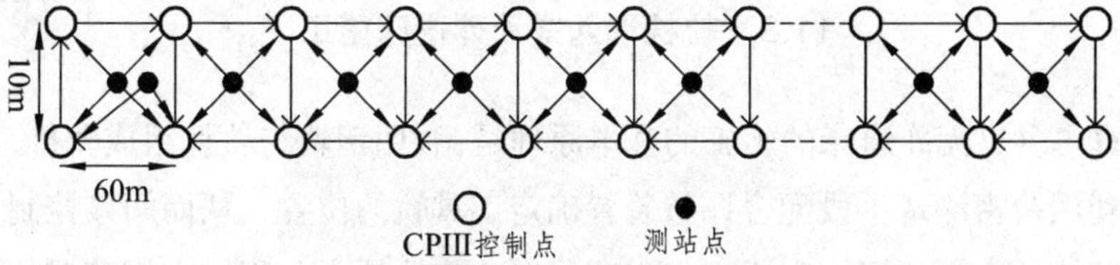

图 11.2.4　水准观测示意网图

13　满足各自区段平差后公共点的平面坐标（*X*，*Y*）的较差应小于 ± 3 mm 的要求；满足该条件后，后一测段 CPⅢ网平差，应采用本测段联测的 CPⅡ加密控制点及重叠段前一区段连续的 1 ~ 3 对 CPⅢ点坐标进行约束平差后，其他未约束的重叠点在两个区段分别平差后的坐标差值不宜大于 1 mm，若坐标差值大于 1 mm 时，应查明原因，确认无误后，未约束的重叠点坐标应采用后一区段 CPⅢ网的平差结果，并在新提交成果中备注栏注明为“更新成果”。

CPⅢ高程测量分段方式与 CPⅢ平面测量分段方式保持一致，前后区段独立平差重叠点高程较差应小于 ± 3 mm。满足该条件后，后一区段 CPⅢ网平差，应采用本区段联测的加密水准基点及重叠段前一区段连续 1 ~ 3 对 CPⅢ点高程成果进行约束平差后，其他未约束的重叠点在两个区段分别平差后的坐标差值不宜大于 1 mm。若大于 1 mm 与平面处理方法一致。

特别注意桥梁上相邻测段由于测量时间不同，尽量选在温度接近的时间进行衔接测量，当温度变化较大时，引起的伸缩变形较大（一般每米 1 °C 伸缩 0.01 mm），导致平面搭接较差超限，采用合理的搭接方式处理，使 CPⅢ平面坐标顺接。

11.3 轨枕埋入式无砟道床施工

11.3.1 无砟道床的施工的基本原理是：利用钢轨与轨枕组成轨排，利用精密测量手段配合调整装置确定工具轨的位置，从而间接控制轨枕的空间位置，利用现浇道床混凝土将轨枕永久固结在钢筋混凝土道床内。

11.3.4 做如下说明：

8 粗调机工效高，适合于大段落施工。人工粗调作业更适合我国国情。采用手摇式起道机配合横向滑移板可实现轨排的粗调作业；利用螺杆调整器竖向支撑螺杆直接进行起道作业，费力费时，且极易造成螺杆丝扣的严重磨损，影响轨排的稳定性和施工精度，严禁使用；齿条式起道机占用横向操作空间大，落道冲击力大易造成钢轨变形；竖向支撑螺杆下支垫钢板和铁片，不利于轨排的稳定，极易出现横向滑移，因此，严禁使用；利用同型号的夹板（鱼尾板）对工具轨进行纵联，每侧安装 2 枚鱼尾螺栓，将短轨头割除轨底部分形成“T”形，便于插入和取出。利用短轨头为精调小车等轨行工装顺利通过提供条件。

12 进行下一测站轨排精调作业时，应重测上一测站不少于 8 根轨枕的距离，同一点位的横向和高程的相对偏差均不应超过 ± 2 mm。如果复测超限，应重新设站后再次复测。如果依然超限，应对换站前的所有钢轨支撑点重新进行调整，直至满足要求后方能换站。对于小于 ± 2 mm 的偏差，应使用线性或函数进行换站搭接平顺修正，顺接长度应遵循 1 mm/10 m 变化率原则。

轨排精调到位后，应采取措施对轨排进行加固，以防止混凝土浇筑时轨排移位及上浮。路基地段一般采用地锚对轨枕进行固定，地锚采用 290 mm × 50 mm × 25 mm 的型钢制作，用高强砂浆将其锚固在支承层内，深度为 210 mm ~ 230 mm，外露端钻孔，将带丝扣的螺栓穿过地锚，一端与轨枕桁架钢筋焊联，另一端通过螺栓与型钢紧固，直线地段每间隔 2 根轨枕安装一个地锚，曲线地段每间隔 1 根轨枕安装一个地锚；桥梁和隧道地段采用侧向拉杆进行固定，侧向拉杆一端与桥梁防撞墙或隧道电缆槽相连，一端与工具轨相连，侧向拉杆与钢轨调整器位置一一对应。

11.4　道岔区原位组装式无砟轨道施工

11.4.2　做如下说明：

6、7　有轨电车无砟道岔本身自重较轻，施工起落调整难度小，初步定位时轨面高程及道岔平面位置铺设允许偏差应控制在 5 mm 以内，以利于精调时采用专用机具微调到位。

11.4.4　做如下说明：

6　焊接接头中发现下列缺陷时应判废：

1）双探头探伤时：轨底角（距轨底角 20 mm 范围）大于等于$\phi 3-6$ dB（比$\phi 3$ 平底孔反射波低 6 dB）平底孔当量；其他部位大于等于$\phi 3$ 平底孔当量。

2）横波单探头探伤时：轨头和轨腰大于等于$\phi 3$ 长横孔当量；轨底大于等于$\phi 4$ 竖孔当量；轨底角（距轨底角 20 mm 范围）大于等于$\phi 4-6$ dB（比$\phi 4$ 竖孔反射波低 6 dB）竖孔当量。

3）缺陷当量比探伤灵敏度规定的缺陷低 3 dB，但延伸长度大于 6 mm。

11.7　无缝线路施工

11.7.1　做如下说明：

5　新铺设的钢轨线路，已经具有无缝线路的特性，钢轨热胀冷缩，可能会损害无砟道床、出现大轨缝和低接头等病害，危及行车安全和工程质量。因此，铺设跨区间无缝线路应采用流水作业法，在铺设钢轨后，应及时进行单元轨节联合接头焊接，尽快完成单元轨节应力放散（含拉伸）、焊联锁定成无缝线路。

6　为实现“左右股单元轨节接头相错量不宜超过 100 mm”的规定，钢轨装车时左右股长度应符合配轨计划，铺轨时应控制钢轨接头相错量，若左右股接头相错量超过 100 mm 应及时锯轨。

14　焊渣不应挤入、划伤钢轨焊头或母材：焊接接头包括焊缝和热影响区，推凸时焊头处于高温状态，焊渣容易“挤入”，而钢轨温度相对较低，不易发生“挤入”，但焊渣有可能“划伤”钢轨母材。这两种情况都是禁止的。

12 供电系统

12.1 一般规定

12. 1. 1 直流牵引供电系统额定电压值 750 V、1 500 V 是我国国家标准，据此制定本条标准。

12. 1. 2 本条规定是为保证变电所施工质量和施工安全。

12. 1. 3 ~ 12. 1. 4 说明了进行变电所施工前应进行的相应的接口检查。

12. 1. 9 设备受电前，为保证安全，对于受电设备必须进行例行检查。

12.2 变电站

12. 2. 1 本条规定了变电所设备安装前与土建专业接口检查的内容，在检查中心线位置时，应沿纵、横两个方向量测，并取其中的较大值。

12. 2. 2 ~ 12. 2. 6 适用于预装式箱式变电站及传统土建变电所室内设备安装及接线，对设备安装的整个过程中的检查项目进行了说明。

12. 2. 5 ~ 12. 2. 6 直流牵降变电所内的直流开关设备需进行绝缘安装，并经框架泄漏保护接地，其余设备采用非绝缘安装柜体应直接可靠接地。

12.2.9～12.2.12 参考《高速铁路电力牵引供电工程施工质量验收标准》TB 10758 相关条文，对变电所内设备安装完成后，各设备需要进行的交接试验项目进行了说明。

12.3 接触网

12.3.1 对设备、器材进场安装前外观、技术资料及相关报告等检查提出的一般要求。

12.3.2 为保证化学锚栓安装后荷载符合要求，制定本规定。

12.3.3 跨距允许调整是根据地铁施工经验，并参考《地下铁道工程施工及验收规范》GB 50299 的规定而制定。

12.3.4 支柱侧面限界根据设计图纸要求制定。软横跨支柱垂直线路误差是参考《铁路电力牵引供电工程施工质量验收标准》TB 10421 的规定而制定。支柱斜率要求是根据铁路施工经验，并参考《铁路电力牵引供电工程施工质量验收标准》TB 10421 的规定而制定。

12.3.5 本条是对支持结构安装提出的要求，根据设计图纸要求、铁路施工经验，并参考《铁路电力牵引供电工程施工质量验收标准》TB 10421 及《地下铁道工程施工及验收规范》GB 50299 的规定而制定。

12.3.6 根据 DIN 标准规定新架设接触线不准有接头。

12.3.7 本条是根据地铁施工经验制定的。

12.3.8 为保证良好的弓网关系，确保受电弓取流质量制定本条规定，其中带电体净距、拉出值参考《地铁设计规范》GB 50157 的规定而制定。

12.3.12 接地装置为接触网重要组成部分，本条重点强调地线连接质量及电阻值要求。

12.4 电 缆

12.4 本节主要规定了有轨电车供电系统中的环网电缆敷设，外电源电缆敷设、变电所内一次、二次电缆敷设的施工技术标准，参考《高速铁路电力工程施工质量验收标准》TB 10758 的相关条文。

12.4.1 电缆及电缆附件进场使用之前，应对其观感及电气性能进行检查。

12.4.2 电缆管管口露出地面 100 mm ~ 300 mm，是为了防止地面积水进入电缆管。

12.4.3 在托架上敷设的电缆，为保证美观，需对电缆托架的安装位置、水平度、垂直度及托板的水平度进行要求。

12.4.4 为保证施工安全和施工质量，在电缆敷设前，需按照要求再次检查所使用的电缆及电缆附件。

12.4.5 因为高压电缆头发生故障时产生大的声音并排出有害气体，并不便于检修，为保证运营安全和维护方便做出了此规定。

12.4.6 本条根据现行国家标准《电气装置安装工程 电缆线路施工及验收规范》GB 50168 第 5.1.20 条与有轨电车工程实际情况而制定的。

12.5 变电所综合自动化

12.5 变电所综合自动化是将变电所的二次设备（包括测量仪表、信号系统、继电保护、自动装置和远动装置）经过功能的组合，利用计算机技术、现代电子技术、通信技术和信号处理技术，实现对蜷缩的主要设备及变、配电线路的自动监视、测量、自动控制和微机保护，以及调度通信等综合自动化功能。综合自动化系统主要包含了微机监测和微机保护以及它们之间的光、电缆二次配线。

12.5.4 强电设备的操作，将使强电回路及其操作回路的电流产生突变，与强电回路并排走线的弱电信号输入线上，将会感应出干扰脉冲，影响主机正常工作。

12.6 控制中心

12.6.1 主要说明了电力监控中心和与其对应的变电所子监控系统（变电所综合自动化系统）应当具备的一些功能。

12.6.2 变电所内设备完成单体调试后，应对变电所进行整体调试，本条列举出了变电所整体调试中，应当进行的一些功能性验证项目。

12.6.3 同一送电批内的变电所调试完毕后，应当进行变电所级的保护联动试验，本条列举出了变电所级保护联动试验中，应当进行的一些功能性验证项目。

12.7 杂散电流防护系统

12.7.1 本条对电力电缆进场检查、敷设要求及与钢轨焊接、结构端子连接做了规定。

12.7.2 本条对排流柜及单向导通装置的进场检验及安装要求做了说明。

12.7.3 设备和电缆连接完成后，需要对其进行综合调试，本条对试验项目进行了说明。

13 信号系统

13.1 一般规定

13.1.2 说明了信号施工前应进行的相应接口和工序的检查。

13.1.3 制定本条是为了管理信号施工过程中的质量控制而制定。

13.2 基础制作

13.2.1～13.2.3 对制作基础的相关材料硬度、材质及相关报告等检查提出的相关要求。

13.2.4 为保证基础螺栓安装稳固性，而制定本条细则。

13.3 光、电缆敷设

13.3.1 对材料的进场进行线型、规格及相关产品标准提出一般规定。

13.3.2 为保证线缆技术标准符合设计要求，而制定本条细则。

13.3.3～13.3.4 结合施工图纸与现场，满足《地下铁道工程施工及验收规范》GB 50299 电缆敷设中的规定要求。

13.3.7～13.3.11 线缆工艺根据铁路施工经验，施工方法结合图纸与参照《地下铁道工程施工及验收规范》GB 50299 及《城市轨道交通信号工程施工质量验收规范》GB 50578 的规定而制定。

13.3.13 电缆过轨及接续按照质量标准制定，具体实施细则参考

《城市轨道交通信号工程施工质量验收规范》GB 50578 的规定而制定。

13.3.15～13.3.16 电缆的弯曲半径及余留量的严格按照铁路技术规范具体参照《城市轨道交通信号工程施工质量验收规范》GB 50578 和《地下铁道工程施工及验收规范》GB 50299 的规定而制定。

13.4 进路表示器安装

13.4.1 对进场设备及附属设施的外观、型号、技术参数及相关要求等检查而制定本条。

13.4.2～13.4.3 本条是对安装的显示及界限符合相关要求，而制定本条细则。

13.4.4～13.4.6 对产品符合设计的规定，结合图纸按照相关技术要求而制定。

13.4.7 对支架的材质、硬度应满足实际施工的需求而制定。

13.4.8～13.4.10 设备及附属设施应符合国际标准，产品满足铁路施工规范要求而制定。

13.5 道岔设备安装

13.5.1 对进场设备及附属设施的外观、型号、技术参数及相关要求等检查而制定本条。

13.5.3～13.5.6 本章是道岔的安装方式方法提出要求，现场根据图纸与施工经验，结合《城市轨道交通信号工程施工质量验收规范》

GB 50578 和《城市轨道交通工程设备安装调试作业指南》而制定本条施工细则。

13.6 计轴设备安装

13.6.1 对进场设备及附属设施的外观、型号、技术参数及相关要求等检查而制定本条。

13.6.2～13.6.6 要求计轴及计轴装置安装提出要求，结合施工图纸与产品说明书，其中钢轨开孔参数数值，严格按照厂家的技术要求，参照《城市轨道交通信号工程施工质量验收规范》GB 50578及现场实际情况而制定。

13.7 路口控制器安装

13.7.1 对进场设备及附属设施的外观、型号、技术参数及相关要求等检查而制定本条。

13.7.2 本条是对安装的方法及界限符合相关要求，而制定本条细则。

13.7.3～13.7.4 对安装支架的材质、硬度应符合国标及满足实际施工的需求而制定。

13.8 环线安装

13.8.1 对设备及附属设施的型号、线径、技术参数及相关要求等检查而制定本条。

13.8.2～13.8.3 本条细则是对安装方法及界限符合设计及产品相关要求，而制定本条细则。

13.9 轨道电路安装

13.9.1 对进场设备及附属设施的外观、型号、技术参数及相关要求等检查而制定本条。

13.9.2～13.9.6 本章是轨道电路的安装方式方法提出要求，根据设计图纸，结合《城市轨道交通工程设备安装调试作业指南》及《地下铁道工程施工及验收规范》GB 50299 而制定本条施工细则。

13.10 正线路口控制柜

13.10.1 对设备、器材进场安装前外观、技术资料、规格及相关产品报审资料等检查制定本条细则。

13.10.2～13.10.5 本章是机柜及附属设备的安装提出要求，按照图纸的要求结合施工的技术指南，并参考《城市轨道交通信号工程施工质量验收规范》GB 50578 的规定而制定。

13.11 AP 设备安装

13.11.1 对进场设备及附属设施的外观、型号、技术参数及相关要求等检查而制定本条。

13.11.2～13.11.3 为保证 AP 设备安装后性能稳定，而制定本细则。

13.11.3～13.11.5 本条是对安转误差及参数值进行规定，严格按照规范要求及产品规格书。具体参照《城市轨道交通信号工程施工质量验收规范》GB 50578 的规定而制定。

13.12 操作显示设备安装

13.12.1 对进场设备及附属设施的外观、型号、技术参数及相关要求等检查而制定本条。

13.12.2～13.12.4 本章是对计算机安装提出要求，严格按照图纸要求及产品技术规定，结合《城市轨道交通信号工程施工质量验收规范》GB 50578 而制定本条细则。

13.13 调度管理机柜安装

13.13.1 对设备、器材进场安装前外观、技术资料、规格及相关产品报审资料等检查制定本条细则。

13.13.2～13.13.4 本章是机柜的安装提出要求，按照图纸的要求，结合施工的技术指南，并参考《城市轨道交通信号工程施工质量验收规范》GB 50578 的规定而制定。

13.14 系统调试

13.14.1 为保证系统调试的稳定性，确保调试所采用的仪器、仪表应经计量检测，并在计量检验有限期内，其中重点强调调试应按照相关技术标准，并参考《客货共线铁路信号工程施工技术指南》TZ 206 和《铁路信号工程施工质量验收标准》TB 10419 而制定本条细则。

14 其他附属设施

14.1 一般规定

14.1.6 给排水管道工程所使用的管材、管道附件及其他材料的品种类型较多、产品规格不统一，所采用的产品会直接影响工程结构安全使用功能及环境保护。为此，管材、管件及其他材料必须符合国家有关产品标准。为保障人民身体健康，供应生活饮用水管道的卫生性能必须符合国家标准《生活饮用水输配水设备及防护材料的安全性能标准》GB/T 17219 的规定。本规范推倡应用新材料、新技术、新工艺，严禁使用国家明令淘汰、禁用的产品。

14.2 施工准备

14.2.1 施工现场的自然条件和工程条件是确定施工方案、编制施工组织方案的基础，因此，在施工前应进行详细调研。

14.5 施工质量验收

14.5.1～14.5.4 施工质量验收具体可参见《给排水管道施工及验收规范》GB 50268 中的相应条款。

14.5.8 有轨电车其他附属设施的建设与施工除遵守本标准的要求外，还必须遵守国家及四川省的法令法规。